얽힘의 윤리와 정치철학

얽힘의 윤리와 정치철학
― 기후 위기와 인공지능 시대 살아가기

초판1쇄 펴냄 2025년 8월 25일

지은이 박성진
펴낸이 유재건
펴낸곳 (주)그린비출판사
주소 서울시 서대문구 이화여대2길 10, 1층
대표전화 02-702-2717 | **팩스** 02-703-0272
홈페이지 www.greenbee.co.kr
원고투고 및 문의 editor@greenbee.co.kr

책임편집 문혜림
편집 이진희, 민승환, 성채현 | **디자인** 심민경, 조예빈
독자사업 류경희 | **경영관리** 장혜숙

저작권법에 의하여 한국 내에서 보호를 받는 저작물이므로 무단전재와 무단복제를 금합니다.
책값은 뒤표지에 있습니다. 잘못 만들어진 책은 구입처에서 바꿔 드립니다.
ISBN 979-11-94513-29-2 03190

독자의 학문사변행學問思辨行을 돕는 든든한 가이드 _(주)그린비출판사

얽힘의 윤리와 정치철학

박성진 지음

기후 위기와
인공지능 시대
살아가기

그린비

일러두기

1. 인명, 간행물 제목, 주요 개념 등은 국립국어원 외래어표기법을 따랐으며, 관행적으로 쓰이는 표현이 있는 경우 그를 따랐다. 익숙하지 않은 인명이나 주요 개념, 한글만으로 뜻을 이해하기 힘든 용어의 경우에는 원어를 병기했다.

2. 단행본과 정기간행물은 겹낫표(『 』), 논문은 낫표(「 」)로 구분했다.

3. 본문에서 직접 인용한 문헌 가운데 국역본이 있는 경우 그 제목만 제시했고, 국역본이 없는 경우 원서명을 병기했다.

4. 참고문헌 중 국역본이 있는 경우 미주에 원서와 함께 서지정보를 밝혔다.

프롤로그
견고한 모든 것들의 무너짐

> 이제는 공포의 맛도 거의 다 잊어버렸구나.
> 밤에 비명을 들으면 가슴이 서늘해지던 시절도 있었다.
> 무서운 이야기를 들으면 머리칼이 살아 있는 양
> 뻣뻣이 곤두선 적도 있었다. 공포도 실컷 맛본 나다.
> 그러나 이젠 살인의 기억도 예사가 되어 버리고,
> 아무리 무서운 일에도 나는 끄떡하지 않는다.
> (『맥베스』, 5막 5장)

위기 그리고 환상으로부터의 탈주

스코틀랜드 장군 맥베스는 왕위를 차지하기 위한 탐욕으로 비극적인 결말을 맞이하게 된다. 그는 마녀들의 예언에 따라 왕이 되기는 했지만, 결국 스스로 파멸의 길을 걷게 된다. 살인도, 비참함도, 끔찍한 일들에도 모두 익숙해지며 그렇게 스스로 무너져 갔다. 맥베스의 이러한 모습은 지금 우리 호모 사피엔스의 모습과 너무도 닮아 있다. 끔찍한 일들에 무덤덤해진 우리는 지금 스스로 파멸의 길로 나아가며 무너져 내리고 있다. 때로는 무너짐을 인식하기도 하지만, 그저 그것을 바라보며 아무런 대책도 세우지 못하고 있다. 생태적 위기와 인공지능의 부상이 인류에게 어떻게 다가올지 수많은 징후들이 경고를 보내고 있지만, 실제로 우리가 하는 것은 아무것도 없다. 단지 과거의 기준으로 미래를 재단할 뿐이다. 이제 이러한 미봉책은 통하지 않는다. 견고했던 모든 것들이 무너졌다. 이제 우리는 변해야 한다. 그것이 우리가 삶을 살아 낼 수 있는 유일한 방법이거니와, 그나마 이 문명을 제대로 정리할 수 있는 유일한 대안이다.

 문명의 끝자락에서 우리는 마침내 우리가 만든 세계의 잔해 위에 서 있다. 한때 성장을 멈추지 않을 것만 같았던 세상은 그 빛을 상실하고 있으며, 어느 사이 깊은 어둠과 낯선 불빛이 그 자리를 대신하고 있다. 찢어진 적막 속에서 들리는 것은 마지막 어리석음과 자만심뿐이다. 도대체 무엇이 우리를 이토록 몰락하게 만들었는가? 너무 오랫동안 우리는 스스로를 세계의 주인이라 믿어 왔다. 인간 중심의 사유 속에서 자연은 오로지 이용 대상에 불과했고, 기술의 진보는 우리의 욕망을 채우는 도구라 여겨졌다. 우리는 땅을 파고 바다를 메우며, 숲을 불태우고 하늘을 오염시켰다. 그 과정에서 수많은 생명들이 신음했지만, 그들의 목소리를 외면했다. 그럼에도 여전히 우리는 우리의 번영을 당연시하고 있다. 결국 인간 중심의 오만함은 우리가 딛고 선 터전을 서서히 무너뜨렸고, 마침내 우리가 쌓아 올린 문명을 벼랑 끝으로 내몰았다. 이제 우리는 새로운 방식으로 살아가야 한다.

 지금 인류는 철학을 근본적으로 재구성해야 하는 전례 없는 도전에 직면해 있다. 기존의 윤리학과 정치철학은 다가올 위기와 변화에 대응하기에 역부족인 것처럼 보인다. 우리의 사유와 철학은 이제 한계에 봉착했으며, 우리는 한 번도 경험하지 못한 시대를 살아 내야 한다. 그럼에도 우리는 익숙한 사유와 철학으로 다가올 시대에 대응하려고만 하고 있다. 독일의 사회학자 울리히 벡의 말처럼, 과거의 철학이나 때 지난 윤리적 사고로 새로운 시대에 대응하는 것은 747 항공기 바퀴에 자전거 브레이크를 다는 것과 같다. 세상이 점점 더 복잡해지고 상호 연결되어 인간과 기계, 자연과 문화, 심지어 생명과 비생명의 경계가 모호해지는 상황에서 우리가 과거의 사유를 계속 고집하는 것은 하나의 아집일 뿐이다. 기후 위기는 인류 문명의 근간을 재편할 수 있는 잠재력을 지닌 실존적 위협으로 다가오고 있으며, 인공지능과 로봇 기술은 빠르게 발전하면서 인지, 주체성 그리고 지능 자체의 본질에 대한 우리의 이해를 재구성하고 있다. 나아가 생명공학과 유전공학은 인간의 조건을 재정의하며 우리 종의 미래 그리고 자연과의 관계에 대한 새로운 질문을 제기하고 있기도 하다. 합리성, 개인주의, 진보, 자유주의, 인간 중심주의 그리고 휴머니즘 등 현대 서구 사상을 형성한 계몽주의적 이상은 이제 '인류세'의 복잡한 현실과 씨름하면서 점점 그 힘을 상실해 가고 있다. 따라서 이 책은 우리가 세상에서 차지하는 위치와 지구를 공유하는 무수한 존재자들과의 관계에 대해 새로운 사고방식이 필요하다는 확신에서 출발한다. 이것은 포스트휴머니즘, 녹색 공화주의 그리고 신유물론이라는 세 가지 철학적 담론을 통해 '얽힘의 철학'을 구성하고 우리 시대의 복잡성에 대응하기 위한 간절한 시도라 할 수 있다.

'인류세'라는 용어는 최근 몇 년 동안 인간 활동이 기후와 환경에 지배적인 영향을 미치는 현재의 지질학적 시대를 설명하는 용어로 널리 사용되어 왔다. 대기 화학자 파울 크뤼천(Paul Crutzen)과 유진 스토머(Eugene F. Stoermer)에 의해 널리 알려진 이 개념은 인류가 지구 시스템에 미친 심대한 영향에 대해 경고한다. 해양의 산성화에서부터 미세 플라스틱의 확산 그리고 현재 진행 중인 여섯 번째 대멸종까지 인간이 유발한 환경 변화는 지구에 거주하는 존재자들을 위협하고 있다. 인간이 만든 변화에 의해 수많은 종이 사라질 것이지만, 아이러니하게도 그 실질적 가해자인 인간은 종의 절멸을 지켜보며 거의 마지막에서야 사라지게 될 것이다. 그러므로 '인류세'는 이제 단순히 지질학적 연대를 지칭하는 것이 아니라 자연과 문화의 분리, 인간종의 예외성, 자연 세계를 통제하고 관리하는 인간의 능력에 대한 오랜 가정에 의문을 제기하는 철학적 도전이기도 하다. 브뤼노 라투르(Bruno Latour)가 주장하듯, 인류세는 우리가 그동안 익숙하게 견지해 오던 정치적·윤리적 사유의 재구성을 요구하고 있다. 기존의 철학을 넘어 우리 공동의 미래를 형성하게 하는 새로운 대안의 필요성을 외치고 있는 것이다.

 인류세에 대한 이러한 인식은 지질학에서 철학에 이르기까지 다양한 학문 분야에서 인간의 자기 이해와 비인간 세계와의 관계에 대해 새롭게 고찰하라고 말한다. 이제 오만을 넘어, 우리는 지질학적인 시간의 척도에서 인간의 위치를 다시 생각하고 지질학적 주체와 정치적 주체의 간극을 인정해야 한다. 그리고 그 압도적 차이 앞에서 인간이 야기한 지구적 규모의 파괴와 수많은 존재자들이 경험하고 있는 고통과 죽음을 직시해야 한다. 더군다나 기후 위기와 환경 파괴의 영향은 공정하게 분배되지 않으며 세계에서 가장 취약하고 열악한 환경에 놓인 존재들에게 불균형적으로 영향을 미친다. 인간이 만든 위기와 죽음 그리고 억압과 착취는 언제나 그러하듯 가장 약하고 힘없는 존재들을 가장 먼저 찾아간다. 이러한 기후 위기의 '느린 (하지만 너무도 강력한) 폭력'은 정의와 인권에 대한 전통적인 개념에 중대한 도전을 제기하며, 우리의 윤리적·정치적 틀을 확장해야 할 필요성을 요구하고 있다. 따라서 이 책은 지구적 위기와 철학적 격변 앞에서 삶을 함께 살아 내기 위한 마지막 외침이다.

또한 인공지능 기술의 부상은 인간의 조건과 삶 전체를 흔들고 있다. 이제 인문학적으로 인공지능 윤리나 기술에 대해 논하는 것조차 의미가 없는 상황에 직면해 있다. 왜냐하면 인문학적 성찰이 인공지능 기술의 발전 속도를 따라가지 못하고 있기 때문이다. 새로운 기술은 하루가 멀다 하고 등장하면서 인간에게 사유할 여유를 주지 않는다. 그럼에도 우리는 지금 이러한 존재들을 그저 도구라 여기며 우리 삶의 편의를 위해 기술이 발전하고 있다고 생각한다. 그리고 아직도 주도권은 인간에게 있다고 스스로를 안심시킨다. 하지만 이미 인공지능과 알고리즘에 의한 지배는 시작되었다. '알고크라시'Algocracy라는 말에서 알 수 있듯이 우리는 이미 알고리즘이 생각하라는 대로 생각하고 욕망하라는 대로 욕망하고 있다. 거대 자본이 이를 뒷받침하고 있으며 인공지능 기술 개발을 가로막는 것은 미래 먹거리를 방해하는 것으로 인식되기에 이들의 지배와 발전에는 거침이 없다. 이러한 상황에서 이제 과거 인간의 자율성을 기반으로 하는 사유는 더 이상 통용되지 않는다. 기계 그리고 인공지능과 함께 살아가기 위한 사유가 필요한 것이다. 우리가 할 수 있는 일은 현실을 인식하고 인공지능 사회에서의 윤리와 정치를 새롭게 구성하는 것이다. 이제 이들과의 연결은 돌이킬 수 없다.

이처럼 우리는 자연과 기술에 얽혀 있다. 이 얽힘이 우리를 구성하고 우리의 실존을 규정한다. 따라서 가장 먼저 시작해야 할 것은 이 '얽힘'을 인식하는 것이다. 그리고 그 '얽힘'에서 새로운 사유를 구성해야 한다. 이제 '독립적 주체'는 환상이 되어 버렸다. 따라서 민주주의는 하나의 얽힘이 다른 얽힘을 착취하거나 지배하지 못하도록 하는 것이 되어야 한다. 그러기 위해서 우리는 먼저 우리가 가진 근대적 지위를 내려놓아야 한다. '가장 위대하고 소중한 존재, 인간'이라는 망상에서 스스로 벗어나는 것에서부터 시작해야 하는 것이다. 그렇지 않다면 그 지위는 강제로 박탈되거나 사라지게 될 것이다. 물론 이정표는 있다. 포스트휴머니즘과 녹색 공화주의 그리고 신유물론, 이 세 가지 사유가 우리로 하여금 근대적 환상으로부터 탈주하는 길을 안내할 것이다.

얽힘의 윤리와 정치

이 책의 핵심은 '얽힘'이다. 우리는 근본적으로 우리를 둘러싼 세계와 연결되어 있고 그 세계를 공동으로 구성한다는 생각이 이 책의 출발점이다. 이 개념은 양자 물리학에서 얻은 통찰을 바탕으로 하는데, 여기에서 얽힘은 각 입자의 양자 상태가 다른 입자와 독립적으로 설명될 수 없는 방식으로 상호 연관되어 있다는 것이다. 윤리와 정치의 맥락에서 이러한 얽힘은 우리에게 개인주의적이고 인간 중심적인 사유의 틀이 얼마나 덧없는 것인지 여실히 보여 준다. 또한 우리의 윤리적 의무가 인간의 영역을 넘어 우리가 얽혀 있는 더 넓은 삶과 물질의 그물망을 포괄하는 것으로 확장되어야 함을 시사하며, 정치적으로는 인간과 비인간 행위자 사이의 복잡한 관계를 설명할 수 있는 새로운 형태의 거버넌스와 의사 결정 방식을 요구하는 것이기도 하다.

얽힘의 개념은 다양한 분야의 현대 사상가들에 의해 받아들여졌다. 인류학자와 사회학자는 인간과 환경의 관계에 대한 이론을 제안하면서 인간의 삶과 물질의 흐름 및 역류가 서로 얽혀 있다는 점을 강조하기도 하고, 인간의 문화적 관행이 물질적 과정으로부터 출현한다는 것을 주장하기도 했다(Ingold, 2011). 그리고 브뤼노 라투르와 같은 경우는 '행위자-네트워크' 이론을 주장하며 사회 및 기술 시스템을 인간과 비인간 행위자의 네트워크로 이해하는 틀을 제공하기도 했다(Latour, 2005). 이 접근법은 미시적 분석과 거시적 분석의 전통적인 사회학적 구분이 아니라 사회 현실을 구성하는 다양한 행위자 간의 구체적인 연관성에 초점을 맞추는 것으로 새로운 인식론이자 존재론적 발견이라 할 수 있다. 이러한 시도들, 특히 지금의 시점에서 이러한 학문적 변화가 증가하고 있는 것은 현실 상황이 실존적 위기로 드러났다는 증거이기도 하다.

지금 자신이 복잡한 도시의 거리 한복판에 서 있다고 가정해 보자. 지나가는 사람들, 경적을 울리는 자동차, 머리 위로 우뚝 솟은 건물들이 보인다. 언뜻 보기에 이 공간은 순전히 인간의 공간인 것처럼 보일 수 있다. 눈에 보이는 모든 것들이 우리가 환경을 제어하고 통제하여 얻어 낸 결과처럼 보이기 때문이다. 하지만 조금만 자세히 들여다보면 이 도시의 풍경이 인간 이외의 세계와 무수히 얽혀 있다는 것을 알 수 있다. 우리가 숨 쉬고 있는 공기는 가까운 공원과 먼 숲에서 나무가 만들어 내는 산소가 섞여 있는 것이다. 손에 들고 있는 커피는 어떠한가? 그것은 수 세기에 걸쳐 토양 미생물, 커피 식물, 수분 매개자, 인간의 재배 관행이 복잡하게 상호 작용한 결과물이다. 주머니 혹은 가방 속에 있는 스마트폰도 땅에서 채굴한 광물과 인공지능 그리고 기계로 만들어 낸 결과물이다. 이것이 바로 얽힘의 본질, 즉 우리 인간이 주변 세계와 분리된 존재가 아니라 불가분의 관계로 깊이 연결되어 있다는 증거이다. 인간이 지금 '인간'인 이유는 이처럼 물질들의 얽힘과 상호 작용 때문이다. 따라서 우리는 이 '얽힘'을 고려하여 윤리와 정치를 재구성해야 한다.

전통적으로 서양 철학은 인간을 자연과 분리된 존재이자 자연보다 우월한 존재로 보는 경향이 있었다. 하지만 기후 위기, 생물 다양성 손실, 환경 오염과 인공지능 시대의 도래와 같은 전 지구적 과제에 직면하면서 이러한 인간 중심적 세계관의 한계가 점점 더 분명해지고 있다. 이제 우리는 '얽힘'을 고민해야 한다. 그리고 그것을 바탕으로 새로운 윤리와 정치를 생각해야 한다. 많은 원주민 문화권에서는 오래전부터 모든 사물이 서로 연결되어 있음을 인식하고 이를 반영하는 윤리 체계를 가지고 있었다. 불교도 유사한 사상을 가지고 있으며 이와 마찬가지로 고대의 문화에는 자연과의 조화와 균형을 강조하는 윤리적 틀이 있었다. 하지만 근대 철학은 많은 사람들에게 이러한 확장된 윤리의 관점을 이해하기 어렵게 만들었다. 따라서 우리는 근대를 넘어 다시 사유해야 한다. 새로운 사고에 접근하는 한 가지 방법은 우리가 얽혀 있는 복잡한 관계망을 통해 우리의 행동이 미치는 파급 효과에 대해 생각해 보는 것이다. 이는 우리의 선택이 삶 전체에 미치는 더 광범위하고 장기적인 영향을 고려하도록 요구한다. 우리가 근본적으로 우리를 둘러싼 세계와 얽혀 있다면, 우리의 행동은 즉각적인 의도를 넘어서는 광범위한 결과를 초래할 수 있다. 따라서 윤리적 책임에 대한 광범위하고 미묘한 이해, 즉 우리가 얽혀 있는 복잡한 관계의 그물망 속에 연결된 하나의 노드라는 이해가 필요하다. 정치적으로 얽힘의 개념은 대표성과 의사 결정에 대한 중요한 질문을 제기하며 새로운 생각을 요구한다. 정치 시스템에서 인간이 아닌 행위자들의 이해관계를 어떻게 설명할 수 있을지 우리는 고민해야 한다. 그리고 인간을 넘어선 세상에서 민주주의를 다시 상상해야 한다.

책의 구성

이 책은 크게 네 부분으로 이루어져 있다. 각 부분은 철학적 사유를 바탕으로 미래 사회에 대응하기 위한 내용으로 구성되어 있다. 따라서 이론을 중심으로 우리가 삶을 어떻게 살아 내야 하는지를 다룬다. 정치와 윤리의 목적은 궁극적으로 함께 '살아가기' 위한 것이다. 지금의 상황에서 우리가 미래를 살아갈 수 있을지는 미지수이다. 과학자들은 이미 우리가 선을 넘었다고 이야기한다. 하지만 설령 그렇다고 하더라도 이 책은 그 순간을 조금은 뒤로 미루는 데 기여할 수 있을 것이다.

    이 책은 철학을 다루고 있지만, 추상적 이론에 매몰되어 이론이 현실과 분리되는 것을 경계한다. 철학은 늘 현실적 삶과 연결되어 있어야 한다. 특히 윤리학과 정치철학은 현실에서 벗어났을 때, 공허해지게 마련이다. '착하게 살아야 한다', '인간적 존엄을 지켜야 한다', '가치 있고 의미 있는 삶을 살아야 한다' 등의 말은 누구나 할 수 있다. 누구나 아무에게나 할 수 있는 말은 누구도 아무에게도 해서는 안 될 말이기도 하다. 추상적인 이야기만을 나열할 때, 철학은 공허해지고 삶과 분리되기 시작한다. 따라서 이 책에서는 이론적인 부분을 다루기는 하지만 결국 그것은 삶을 위한 과정일 터이다. 형이상학과 추상적인 이야기를 하지만, 그것은 현실에서 작동할 수 있는 사유의 뿌리를 튼튼하게 하기 위한 기초 작업이라 생각하면 좋을 것이다. 모든 삶이 얽혀 있듯이 이론들도 서로 얽혀 삶의 현실로 나아간다. 그리고 이러한 여정에서 셰익스피어의 지혜가 도움을 줄 것이다. 모든 장은 셰익스피어의 글로 시작한다. 이 책은 그의 사유를 출발점으로 해서 미래로 나아갈 것이다.

우선 1부에서는 '얽힘'의 사유에 관한 이론적 토대에 대해 살펴본다. 포스트휴머니즘과 녹색 공화주의 그리고 신유물론에 대해 간략하게 알아본다. 따라서 1장에서는 인간에게 특별한 권한을 부여하고 다른 종을 지배해도 상관없다는 오래된 생각에 도전하는 포스트휴머니즘이 어떻게 발현하게 되었는지 그 역사적 과정을 살펴보고, 포스트휴머니즘의 주요 사상가들에 대해 알아본다. 아울러 인간 중심주의에 대한 도전이 어떤 난관과 위기에 봉착해 있는지 그리고 그 도전이 어떤 성과를 이루고 있는지 살펴본다. 2장에서는 녹색 공화주의에 대해 알아본다. 녹색 공화주의 사상의 뿌리와 녹색 공화국이 무엇을 의미하는지 그리고 생태적 시민권과 지속 가능성에 대해 살펴볼 것이다. 3장에서는 바라드와 베넷 등의 이론가들이 주장하는 신유물론에 대해 살펴볼 것이다. 여기에서는 정신에서 물질로의 전환이 의미하는 것이 무엇인지 알아본다. 그리고 4장에서는 이 이론들의 교차점과 긴장에 대해 알아보고 이 사유들의 종합을 시도할 것이다. 얽힘의 통합적 틀을 구성하기 위해 세 가지 이론의 공유지를 살펴보고 융합의 가능성에 대해 알아본다.

2부에서는 세 가지 이론에서 얻은 사유를 바탕으로 '얽힘의 형이상학'을 새롭게 구성한다. 얽힘의 윤리학과 정치철학을 구축하기 위해서는 형이상학적 이론이 뒷받침되어야 한다. 따라서 5장에서는 얽힌 세계가 무엇인지 얽힘의 전제 조건과 얽힘의 형이상학이 가진 존재론에 대해 알아본다. 6장에서는 얽힌 형이상학의 기초를 본격적으로 구성하여 얽힘의 관점에서 '실체'와 '앎과 지식'에 대해서 살펴볼 것이다. 마지막으로 7장에서는 얽힘의 형이상학이 실체를 어떻게 넘어서는지 살펴보고, 얽힘의 형이상학에서 말하는 시간과 공간 개념에 대해서 알아본다.

3부에서는 얽힘의 형이상학을 바탕으로 '새로운 윤리학'에 관해 이야기한다. 따라서 8장에서 도덕적 행위자가 어떻게 새롭게 재개념화되는지 알아본다. 개인의 자율성과 주체성을 넘어 도덕 행위가 어떻게 얽힘이라는 개념으로 나타나는지 살펴볼 것이다. 9장에서는 인류세에 적합한 새로운 윤리학이 무엇인지와 자연의 권리에 대해 알아보고, '종 간 정의'와 '세대 간 정의'에 대해서도 고찰해 볼 것이다. 그리고 10장에서는 인공지능 시대의 윤리학에 대해 살펴본다. 얽힘의 윤리학에서 말하는 인공지능 윤리가 무엇인지 살펴보고, 생명공학과 인간의 경계 그리고 디지털 윤리가 어떻게 구성되어야 하는지 알아본다.

마지막으로 4부에서는 지금까지의 내용을 바탕으로 '얽힘의 정치철학'을 제시한다. 따라서 11장에서는 인간 그 너머의 민주주의가 어떻게 구성되어야 하는지에 관해 비인간 존재들의 이익과 이를 위한 지구적 거버넌스를 중심으로 살펴본다. 12장에서는 자연과 인공지능을 위한 정치학이 어떻게 정립되어야 하는지를 정의, 권력 그리고 존재의 정치학이라는 개념을 중심으로 살펴본다. 아울러 13장에서는 인공지능 시대의 소유권 개념을 어떻게 보아야 하는지에 관해 데이터 소유와 공유 세계를 중심으로 재성찰을 시도한다. 그리고 마지막 14장에서는 얽힘의 정치철학이 '자유'를 어떻게 바라보는지를 기존의 자유 개념과 비교해 살펴볼 것이다.

    이 책은 인간 이상의 세계와의 얽힘을 인식함으로써 윤리와 정치에 관한 강력하고 포용적이며 지속 가능한 접근법을 개발할 수 있다는 것을 전제로 한다. 그리고 그 방안으로 포스트휴머니즘, 녹색 공화주의, 새로운 유물론적 사상의 융합이 인류세의 복잡한 문제를 해결하기 위한 강력한 이론적 틀을 제공할 수 있다고 제안한다. 나아가 이를 바탕으로 새로운 형이상학과 윤리학, 정치철학을 구성한다. 이 지적 여정을 통해 독자들이 자신의 철학과 가치관에 의문을 제기하고, 윤리적 상상력을 확장하며, 주변 세계와 얽힌 자신의 모습을 생각해 보도록 초대하고자 한다. 이러한 시도는 단순히 다른 생각이나 사유의 다양성을 제시하기 위한 것이 아니다. 우리가 주변의 존재들과 공존하기 위한 처절한 외침이자 인간 이외의 다른 종들이 보내는 절규에 대한 응답이다. '얽힘'을 인식하고 포용해야만, 급변하는 지구적 격랑을 헤쳐 나갈 수 있으며, 모두를 위한 보다 정의롭고 지속 가능한 미래를 만들 수 있다.

차례

프롤로그　　　견고한 모든 것들의 무너짐　5

제1부
이론적 토대
얽힌 사유의
토대 마련하기

1장　포스트휴머니즘, 인간 이후의 인간　23

2장　녹색 공화주의:
　　　생태적 시민으로의 전회　44

3장　신유물론:
　　　물질과 행위에 대한 새로운 성찰　61

4장　교차점과 긴장: 포스트휴머니즘,
　　　녹색 공화주의, 신유물론 종합하기　77

제2부
얽힘의 형이상학

5장　얽힌 세계　95

6장　얽힌 형이상학의 기초　106

7장　실체를 넘어서:
　　　실체의 붕괴와 시공간　116

제3부	8장	도덕적 행위자의 재개념화　131
얽힘의 윤리학	9장	인류세 그리고 새로운 윤리학　146
	10장	기술, 윤리학 그리고 포스트휴먼의 조건　162

제4부	11장	인간 그 너머의 민주주의　187
얽힘의 정치철학	12장	정의, 권력 그리고 존재의 정치학　199
	13장	공유와 집단 소유권: 사유재산, 자원 그리고 디지털 얽힘　213
	14장	얽힘의 정치철학과 자유　230

에필로그	긴 밤의 끝, 희미한 새벽　247

참고문헌　255

제1부

이론적 토대
― 얽힌 사유의 토대 마련하기

1장
포스트휴머니즘, 인간 이후의 인간

> 인간은 얼마나 대단한 작품인가.
> 이성은 얼마나 고귀하고, 능력은 얼마나 무한하며,
> 형태와 움직임은 얼마나 표현적이고 감탄스러우며,
> 행동은 얼마나 천사와 같고, 이해력은 얼마나 신과 같은가!
> (『햄릿』, 2막 2장)

"인간은 얼마나 대단한 작품인가!" 셰익스피어는 시대를 초월한 희곡 『햄릿』에서 인간의 위대함에 관해 이야기한다. 그리고 "이성은 얼마나 고귀하고, 능력은 얼마나 무한한가!"라고 말한다. 수세기 동안 인간에 대한 이러한 사유는 철학과 과학을 비롯해 인류 문명에 영향력을 발휘하며 인간을 다른 존재들보다 높은 곳에 올려놓았다. 하지만 지금, 인간의 이 위치에 대한 의문이 제기되고 있다. 생각의 흐름이 바뀌고 시대가 변화하면서 인간의 위치에 대한 우리의 이해도 큰 변화를 겪게 된 것이다. 그렇다면 도대체 무엇이 우리를 이러한 사유로 이끈 것인가? 우리는 왜 우리 자신의 위치를 다시 의심하기 시작한 것인가? 그 이유를 알기 위해 그리고 얽힘의 사유에 관한 토대를 마련하기 위해 여기에서는 포스트휴먼 시대로 우리를 이끈 지성사의 흐름에 대해 살펴보겠다.

셰익스피어 작품의 복잡한 줄거리처럼, 포스트휴머니즘의 출현은 여러 실타래가 얽혀 있는 이야기이며, 각 실타래는 인간이 된다는 것이 무엇인지에 대한 우리의 가장 근본적인 가정에 도전하는 내용을 담고 있다. 계몽주의의 인간 이성에 대한 찬사에서부터 인간 중심주의에 대한 현대의 비판에 이르는 이 지적 여정은 우리가 가진 자기 인식에 관한 패러다임의 변화를 보여준다. 계몽주의 시대부터 데카르트 및 칸트와 같은 사상가들은 인간의 이성과 합리성을 철학 체계의 정점에 두고 인간을 자연의 이성적 주인으로 묘사했다. 이 시대에는 인간의 능력으로 우주적 수수께끼를 풀 수 있을 것이라 여겼으며 과학과 인간의 지적 발전을 낙관했다. 하지만 산업 혁명이 진행되면서 이러한 세계관은 한계를 나타내기 시작했고, 자연에 대한 인간 지배의 윤리적 의미에 대한 의문이 제기되었다. 이후 인간 경험의 정서적이며 미적 차원을 강조하는 낭만주의 운동이 등장하기도 했다. 윌리엄 워즈워스와 같은 시인이나 랠프 월도 에머슨 같은 철학자들은 인간과 자연 사이의 숭고한 관계를 찬양하며, 보다 조화로운 존재를 옹호하기도 했다. 하지만 자연에 대한 이러한 경외심은 인간의 우월성에 대한 근본적인 믿음을 대체하기보다는 존재에 대한 총체적인 이해를 시도하는 것에 불과했다.

20세기에 들어서며 발생한 두 차례의 세계 대전과 핵 개발은 인간의 독창성이 전례 없는 파괴를 가져올 수 있다는 사실을 명증하게 드러냈다. 그래서 알베르 카뮈와 같은 인물은 인간 삶의 부조리와 내재적 무의미함에 대해 고민하며 우리가 인식하는 인간 예외주의의 근간에 의문을 제기하기도 했다. 그리고 찰스 로버트 다윈과 같은 과학자들에 의해 생물학과 생태학이 발전하면서 인간과 다른 형태의 생명체 사이의 명확한 경계가 허물어지기 시작했다. 또한 디지털 혁명과 인공지능의 부상은 인간의 의미에 대한 우리의 이해를 더욱 복잡하게 만들었다. 인간 지능의 전유물로 여겨지던 작업을 기계가 수행하기 시작하면서 인간과 기계의 구분이 점점 더 모호해지기 시작한 것이다. 도나 해러웨이(Donna J. Haraway)나 로지 브라이도티(Rosi Braidotti) 같은 포스트휴머니즘 학자들은 인간의 정체성이 기술과 결합되면서 자율적인 인간 본질의 개념이 도전받고 있다고 주장하고 있다. 이렇게 포스트휴머니즘은 점점 철학사의 한가운데로 진입하기 시작했다.

　포스트휴머니즘의 지성사적 맥락을 추적하는 과정에서 우리는 인간 중심적 세계관을 비판하는 다양한 관점들과 조우하게 될 것이다. 환경 윤리, 동물 권리, 트랜스휴머니즘 사상들은 모두 더 큰 존재의 그물망 안에서 우리의 위치를 재조망할 필요성을 강조하고 있으며, 새로운 생명공학의 발전과 기후 위기 같은 환경적 도전의 정점에 있는 상황은 우리 행동의 철학적·실천적 의미를 재고하도록 촉구하고 있다. 포스트휴머니즘적 전환은 단순히 인간 예외주의나 인간 중심주의를 거부하는 것이 아니다. 이는 존재에 대한 포괄적이고 상호 연결적이며 역동적인 이해를 수용하려는 의지의 표현이라 할 수 있다. 이러한 의지와 도전은 우리로 하여금 급변하는 세상의 복잡성을 헤쳐 나갈 새로운 방법을 찾고, 모든 존재의 심오한 상호 연결성을 인정하는 미래를 개척하도록 할 것이다.

1. 포스트휴머니즘적 전회

인간에게 특별한 권한을 부여하고 다른 종을 지배해도 된다는 오랜 가정에 도전하고자 하는 포스트휴머니즘은 우리의 가치관을 흔들고 있다. 비록 실수할 때도 있지만 그것을 수정하고 새롭게 나아갈 수 있는 것이 바로 '인간'이 가진 위대한 가치라는 인본주의적 믿음이 흔들리기 시작한 것이다. 20세기 후반에 탄력을 받은 이 지적 운동은 다양한 사상을 바탕으로 인간의 주체성과 자율성을 비롯하여 우리의 위치를 재개념화한다. 포스트휴머니즘은 인간, 기계, 자연환경 사이의 복잡하고 역동적인 상호 작용을 인식하면서 인식론적, 존재론적 그리고 윤리적 틀을 재고하도록 촉구한다.

    포스트휴머니즘의 맹아는 19세기 후반 프리드리히 니체의 형이상학과 도덕에 대한 급진적 비판으로 거슬러 올라간다.『차라투스트라는 이렇게 말했다』에 나타나는 차라투스트라의 읊조림은 포스트휴머니즘이 등장할 것이라는 징후를 상징적으로 나타낸다.

> 어찌 이런 일이 있을 수 있단 말인가! 저 늙은 성자는 숲속에 살고 있어서 신이 죽었다는 소문을 듣지 못했다는 말인가!(니체, 2002)

차라투스트라의 입을 빌려 말한 니체의 이 주장은 단순한 무신론적 선언이 아니다. 이것은 전통적 형이상학과 나아가 서양 철학의 토대에 대한 도전이었다. 선과 악의 기원에 관해 탐구했던 니체의 계보학적 작업은 결국 우리가 믿고 있던 가치관들이 노예 도덕 혹은 약자의 도덕이라고 말한다. 니체 주장의 정합성을 차치하더라도 "신은 죽었다"라는 니체의 이 선언은 서구 문명의 두 기둥이라고 할 수 있는 헬레니즘과 헤브라이즘의 가치들을 의심하게 만들었으며, 결국 인간 개념에 도전하는 포문을 열게 되었고 인간 능력에 대한 재구상과 인간 본성을 규정하는 고정된 경계의 해체를 가져왔다.

그리고 20세기 중반, 인간의 지위는 눈에 보이지 않게 흔들리기 시작했다. 그 흔들림은 거창한 선언도, 철학자의 급진적 사유도 아닌, 조용한 수학의 언어에서 출발했다. 노버트 위너(Norbert Wiener)는 인간과 기계의 경계를 파고들었다. 사이버네틱스는 단순한 기계 이론이 아니었다. 그것은 인간의 신경계와 기계의 회로망을 나란히 놓고, 그 사이의 차이가 본질적인 것이 아닐 수도 있다는 물음을 던졌다. 인간의 의식과 기계의 반응이 동일한 피드백의 법칙 아래 놓여 있다고 말하는 이론 속에서, 인간은 더 이상 유일한 '생각하는 존재'가 아니게 되었다(Wiener, 1965). 그리고 그 틈으로 또 다른 사유가 스며들었다. 그레고리 베이트슨(Gregory Bateson)은 정신이라는 개념을 생물학적 유기체 속에서 분리된 것이 아니라 전체 시스템 속에 깃든 어떤 패턴으로 이해하자고 제안했다. 그는 "정신은 부분이 아니라 관계 속에 존재한다"라고 말했다. 인간의 자율성과 내면성에 기대던 오래된 인식의 습관은, 그의 언어 앞에서 낯설고 투명하게 무너져 내렸다(Bateson, 2000).

비슷한 시기, 언어와 의미의 지층을 해체하고 있던 한 철학자는 또 다른 방식으로 인간의 고유성을 흔들고 있었다. 자크 데리다는 우리가 말하는 '의미'란 결코 고정되지 않는 것이며, 오히려 끊임없이 지연되고 미끄러지는 차이의 작용 속에서만 작동한다고 보았다. 개념은 언제나 다른 개념과의 차이를 통해 구성되며, 정체성은 고정된 실체가 아니라 '차연'différance의 궤적 위에서 잠정적으로 발생하는 것일 뿐이다(Derrida, 1982). 이러한 인식은 인간 주체를 중심에 놓았던 전통 형이상학의 심장을 겨누는 것이었다. 미셸 푸코는 이 해체의 흐름을 역사적 시야로 확장시켰다. 그는 인간이 근대 담론이 만들어 낸 산물이며, 권력과 지식의 결합 속에서 특정한 시기, 특정한 제도에 의해 형성된 존재임을 보여 주었다. "18세기 말 고전적 사고의 기반이 무너진 것처럼, 인간은 바다 가장자리에 모래로 그린 얼굴처럼 지워질 것이다"라는 그의 말은, 인간이라는 개념의 덧없음과 역사적 조건성을 시적으로 선언한 것이었다(Foucault, 1994). 그리고 질 들뢰즈는 '유목적 사유'를 펼쳐 보였다. 고정된 주체, 단일한 자아, 중심이 있는 사유를 그는 거부했다. 존재는 언제나 생성이며, 의미는 언제나 흐름이다. 들뢰즈의 철학 속에서 인간은 독립된 자아가 아니라 끊임없이 접속하고, 분기하며, 이동하는 흐름의 일부였다(Deleuze & Guattari, 1980). 인간은 더 이상 주어가 아니라 사건이었다. 그리고 본질이 아니라 리듬이었다.

그러나 이 사유들은 여전히 '인간'을 전제로 하고 있었다. 바로 그 지점에서, 도나 해러웨이가 등장한다. 그녀는 인간과 기계, 남성과 여성, 동물과 인간 사이의 경계를 유희하는 하나의 상상적 존재, '사이보그'를 호출한다. 해러웨이에게 사이보그는 과학기술 시대의 신화이며, 또한 새로운 정치적 주체성의 형상이었다. 그녀는 선언한다. "우리 모두는 사이보그이며, 키메라이며, 기계와 유기체가 섞인 하이브리드이다"(Haraway, 2016b). 이 말은 곧, 인간이라는 통합적 정체성에 대한 마지막 공격이었다. 인간은 순수하지 않다. 인간은 처음부터 혼종이었다. 이 철학적 탈중심화의 흐름은 생태 철학 속에서도 깊이를 더해 갔다. 아르네 네스(Arne Naess)는 인간이 자연 위에 군림하는 존재가 아니라 자연 안에 얽힌 수많은 존재 중 하나라는 사실을 강조했다. 그는 인간 외 존재자들 — 동물, 식물, 미생물, 강과 바람, 돌과 구름 — 에도 고유한 가치가 있으며, 인간의 효용성으로 평가되어서는 안 된다고 단언한다(Naess, 1973). 이러한 인식은 존재의 평등성에 대한 급진적 선언이자, 윤리의 확장이었다.

이 모든 사유들이 모여, 21세기 초 '포스트휴머니즘'이라는 하나의 이름 아래 관련 이론들이 다시 엮이기 시작한다. 여기에서 캐서린 헤일스(N. Katherine Hayles)는 『우리는 어떻게 포스트휴먼이 되었는가』를 통해 기술이 인간 주체성의 조건을 어떻게 바꾸고 있는지를 섬세하게 분석한다. 그녀는 정보와 신체의 분리라는 허상을 비판하면서, 우리가 진정 '자율적'이고 '이성적' 존재였는지를 되묻는다. 그녀의 핵심 주장은 간결하다. 인간은 결코 신체를 벗어난 정신이 아니라 기술과 상호 작용하는 물질적 존재라는 것이다(Hayles, 1999). 캐리 울프(Cary Wolfe)는 여기에서 한 걸음 더 나아가 인간 중심주의의 철학적 한계를 비판하며, 동물성과 기술적 매개성, 생태적 얽힘을 고려한 새로운 윤리와 존재론을 제안한다(Wolfe, 2010). 그는 인간이 되기를 멈추어야 한다고 말하지 않는다. 단지 인간만을 고려하는 사고방식을 멈추어야 한다고 강조한다. 그리고 로지 브라이도티는 『포스트휴먼』에서 이 모든 흐름을 통합한다. 그녀는 포스트휴먼을 '탈인간적 인간의 사유'라고 정의하며, 인간과 비인간, 생물과 무생물, 물질과 감정 사이의 새로운 윤리적 관계를 구상한다. 그녀에게 포스트휴머니즘은 단지 철학이 아니라 새로운 삶의 방식이며, 타자와의 관계를 근본적으로 재구성하려는 실천의 요청이다(Braidotti, 2013).

이처럼 포스트휴머니즘은 하나의 이론이기보다는, 하나의 감각이자 태도이며 시대의 흐름에 대한 응답이다. 인간은 이제 더 이상 세계의 중심이 아니다. 그리고 바로 그 지점에서, 우리는 비로소 세계와 함께 살아갈 수 있다. 존재와 존재 사이의 경계가 무너지고, 새로운 연대의 지평이 열린다. 포스트휴머니즘은 우리에게 말한다. 인간을 잊으라고. 아니, 인간만 생각하지 말라고. 그 너머를, 그 사이를, 그 연결을 사유하라고 말한다. 이것은 인간의 사유에서 세계의 사유로, 중심에서 얽힘으로, 고립에서 공존으로 향하는 하나의 전환이며, 우리 시대의 가장 절박한 철학적 제안이다.

2. 포스트휴머니즘의 주요 사상가들

포스트휴머니즘의 사유는 20세기 말과 21세기 초에 황금기를 맞이한다. 그리고 도나 해러웨이, N. 캐서린 헤일스, 로지 브라이도티를 포스트휴머니즘의 빛나는 별이라 할 수 있는데, 이들은 모두 각자의 독특한 방식으로 '인간 이후의 인간'에 대한 새로운 이해를 제시했다. 이들의 저서는 기술, 생물학, 철학 및 페미니즘 이론 등을 한데 묶어 인간에 대한 새로운 개념을 제시하고 있다. '인간'이라는 개념은 이들에 의해서 새로운 길에 접어들었으며 때로는 해체되기도 했다. 그렇다면 이들이 '인간 이후의 인간'에 대해 어떻게 생각하는지를 해러웨이의 사유를 통해 우선 살펴보자.

도나 해러웨이 – 사이보그 선언

인간과 기계, 유기물과 무기물, 태어난 것과 만들어진 것, 자연과 인공의 경계가 안개처럼 사라진 세상을 상상해 보자. 이분법적 도식 구조가 사라진 세상, 해러웨이는 우리를 그곳으로 초대하고 있다. 해러웨이가 그의 획기적인 저서 『해러웨이 선언문』을 통해 우리를 초대하는 곳이 바로 이러한 이분법적 구조에서 자유로운 세상이다. 해러웨이의 사이보그는 인간과 기계가 혼합된 것으로, 기술과 과학으로 매개되는 지금 우리가 가진 모습의 상징이라 할 수 있으며, 기술적으로 진보된 세상에서 살아가는 현실을 반영한다. 우리는 이제 스마트폰 없이 살 수 없고, 수많은 인공지능과 더불어 살아가고 있다. 그리고 우리 실존의 방식도 기술을 제외하고는 설명되기 힘들다. 네트워크와 단절되었을 때, 불안하고 우울한 우리는 이미 "사이보그이며 기계와 유기체의 이론화되고 조작된 하이브리드이다"(Haraway, 2016b). 우리는 이미 해러웨이가 상상한 세상에 진입했고, 이분법은 흔들리고 있다.

해러웨이의 글은 유쾌하면서도 심오하며, 과학과 공상 과학 그리고 정치와 철학의 영역을 넘나들고 있다. 그녀는 사이보그 존재의 역설과 가능성을 포용하고, 경계의 혼란과 구성에 대한 책임감의 즐거움을 만끽하도록 우리를 초대한다(Haraway, 2016b). 그녀는 모든 경계와 구분이 희미해진 세상, 남/녀, 인간/동물, 물질/비물질 등의 이원론이 기술 및 사회 변화의 물결 앞에서 모래성처럼 무너지는 새로운 사고의 지평을 열고자 하는 것이다. 기계와 기술 없이 실존하지 못하는 현실에서 태어난 것과 만들어진 것의 구분은 의미를 상실하고 그 정당성도 무너지게 된다. 여기에서 우리는 인간과 비인간의 경계를 넘어 포스트휴먼으로 나아간다. "우리는 모두 사이보그"라는 해러웨이의 말 속에는 우리가 만든 기계와 우리의 삶이 서로 연결되어 있다는 심오한 진실이 담겨 있다. 인지 능력을 확장하는 스마트폰부터 신체 기능을 조절하는 다양한 의료 기구와 웨어러블 디바이스까지 우리는 이미 사이보그적 존재로 접어들고 있는 것이다.

하지만 여기에서 주의해야 할 점이 하나 있다. 우리는 해러웨이의 '사이보그'에 대해 생각할 때 그것이 단순히 기술적 발전이나 공상 과학의 내용을 철학적으로 정리한 것이 아님을 알아야 한다. 그것은 이러한 단순함을 넘어 새로운 형태의 연대와 저항을 상징하는 정치적 도구이기도 하다. 전통적이며 근대적인 정체성 및 주체성이 무너지고 있는 세상에서 '사이보그'라는 개념은 배제를 태동하고 권력에 봉사하는 기득권적 사고를 넘어서려는 하나의 시도이며, '인간'이라는 개념을 넘어서려는 지적 운동이다. 이처럼 해러웨이의 철학은 신체, 역사성 등과 무관한 순수 정신(영혼)을 가지고 있다고 가정된 인간성에 대한 도전이고, 보편적이고 비역사적인 근대적 인간 실존의 전제에 대한 파괴적 선언이다. 이는 인간의 이성 능력에 대한 강력한 믿음에 근거하여, 만인의 자유와 평등을 내세우고 무지의 어둠을 타파할 것을 역설하는 계몽주의에 대한 단호한 거부이기도 하다(이지영 외, 2023).

N. 캐서린 헤일스 – 우리는 어떻게 포스트휴먼이 되었는가?

해러웨이의 '사이보그 선언'이 포스트휴먼적 사고의 문을 열었다면, 헤일스의 『우리는 어떻게 포스트휴먼이 되었는가』는 포스트휴먼의 개념을 확장시키고 우리로 하여금 더 먼 곳으로 나아가게 한다. 헤일스는 문학 비평가의 예리한 시선과 과학자의 엄격한 관점으로 인간 의식과 정보기술 사이의 복잡한 관계를 추적하며, 사이버네틱스와 정보 이론의 발달로 인해 '인간'이라는 의미에 대한 우리의 이해가 어떻게 형성되었는지를 분석한다(Hayles, 1999).

헤일스의 글은 사이버네틱스의 초창기부터 디지털 시대의 여명기까지의 역사와 사유를 관통하는 하나의 긴 여정이다. 이 과정에서 그녀는 의식의 본질, 자아의 경계, 마음과 몸의 관계에 관한 우리의 기존 관념을 재고하도록 설득한다. 그리고 다양한 문학 및 문화 텍스트를 분석하여 점점 더 디지털화되는 우리 존재의 의미를 직시하도록 한다. 헤일스는 신체와 영혼의 개념을 넘어 정보화 시대에 변화하는 신체의 지위를 인정해야 한다고 말한다. 그녀는 정보와 물질을 분리하는 경향을 비판하며 정보와 신체의 관계를 재정립하는 사유로 나아간다(Hayles, 1999). 또한 헤일스에게 포스트휴먼의 개념은 디스토피아적 미래에서의 인간성 상실이 아니라 인간과 기계 사이의 근대적인 경계에 대한 도전이다. 그리고 우리에게 더 먼 미래를 보라고 말한다. 그녀에 따르면, '포스트휴먼' 나아가 인간의 개념은 이질적인 구성 요소들의 집합물이고 물질 정보의 총체로서, 이것의 경계는 계속 구성되고 재구성된다(Hayles, 1999). '인간'이라는 개념은 정치적 목적으로 인간 이외의 것들을 배제하기 위해서 고안된 것이기도 하다. 따라서 그 범주와 구성은 늘 변화해 왔고, 미래의 인간은 유기물과 기계의 혼합체일 수 있으며, 태어난 것이 아닌 만들어진 것일 수도 있다. 헤일스는 이러한 인간의 개념이 정보의 패턴으로 구성될 수 있다는 것을 밝히며 기술과 몸의 경계에 대한 새로운 사고를 요구하고 있다. 여기에서 인간이라는 환상은 붕괴하고, 존재는 언제나 다양한 매체와 시스템 안에서 조립되고 해체되며 다시 구성된다.

  헤일스는 문학, 과학, 철학에 대한 탐구를 통해 공상 과학의 미래로 갑자기 도약하는 것이 아니라 점진적인 기술 및 문화적 진화 과정을 통해 우리가 포스트휴먼이 되는 여정을 생생하게 그려 내고 있다. 헤일스의 글은 과거의 인본주의적 전통과 미래의 포스트휴먼 사유 사이의 가교 역할을 하며 우리의 구체화된 존재와 기술적 확장을 모두 고려하는 새로운 존재 방식을 상상하도록 우리를 초대한다. 그리고 그녀는 말한다. "엄지손가락으로 스마트폰을 스크롤하고 있는 우리는 이미 포스트휴먼이다"(Hayles, 1999).

로지 브라이도티 ─ 포스트휴먼

해러웨이와 헤일스가 포스트휴먼 사고의 윤곽을 스케치했다면, 로지 브라이도티는 이 스케치에 생생한 색채와 명암을 더하며 포스트휴먼 철학의 캔버스를 채운 인물이라 할 수 있다. 브라이도티는 『포스트휴먼』이라는 저서에서 비판적이면서도 긍정적인 포스트휴머니즘에 대한 포괄적인 비전을 제시하고, 우리가 가진 기존의 생각들에 도전하며 사유에 새로운 지평을 열어 준다. 그녀는 포스트휴머니즘은 인간의 삶뿐만 아니라 인간 이외의 무수한 생명들의 삶을 아우르는 삶의 철학이라는 것을 강조한다. 그리고 브라이도티는 그리스어 '조에'^{zoe}라는 개념을 사용하여 생명력과 자기 조직화의 능력을 바탕으로 존재를 상상하도록 우리를 초대한다. 여기에서 포스트휴머니즘은 삶의 다양성과 회복력에 대한 찬사와 함께 모든 생명체와 우리가 깊은 상호 연관성을 가지고 있음을 인정하는 계기로 작동하며, 민족주의나 외국인 혐오 그리고 인종차별에 대한 저항을 포함한다(Braidotti, 2013).

그리고 브라이도티는 포스트휴먼의 주체를 끊임없는 '되기'를 반복하는 '유목적 주체'로 규정한다(Braidotti, 2013). 여기에서

'유목적 주체'라는 것은 브라이도티 사상의 핵심으로, 고정된 정체성을 넘어 정체성의 정치와 이분법적 위계질서 그리고 담론적 관행과 근본주의적 행위들에 저항하는 것이다. 또한 고정된 정체성을 넘어 자아에 대한 유동적이고 관계적인 이해를 수용하도록 이끈다. 인간은 더 이상 고정된 실체가 아닌 다양한 힘과 권력, 물질, 기술, 코드, 환경, 타자들과의 얽힘 속에서 형성되고 재형성되는 열림과 흐름의 존재이다. 여기에서 브라이도티의 '자아'는 고정되거나 안정적이지 않고 끊임없이 유동적이며, 하나의 통일된 것이 아닌 변화하는 여러 정체성을 구현하는 비정형적인 것이 된다. 따라서 주체성 역시 고립된 형태로 존재하지 않는다. 그것은 타인, 즉 인간과 비인간 모두와의 상호 작용을 통해 형성되는, 본질적으로 관계성을 지닌 것으로 이해된다(Braidotti, 1994). 이 개념은 계몽주의와 인본주의에 뿌리를 둔 정체성과 주체성이라는 전통적 개념에 대한 도전이다. 또한 이는 인간의 정체성과 주체성이 점점 더 혼성화되고 경계가 점점 더 다원화되며 기술적으로 매개되는 세계에서 우리가 '자아'라는 것을 어떻게 고민해야 하는지 알려 주고 있다. 포스트휴머니즘의 맥락에서 '유목적 주체'는 경직된 인간/비인간의 이분법에 의존하지 않는 인간의 주체성에 대해 생각하는 방법을 제시하고 있는 것이다.

또한 여기에서 중요한 것은 브라이도티의 통찰이 낙관주의를 함의하고 있다는 사실이다. 그녀는 포스트휴머니즘을 통해 인간의 위기를 경고하는 이들과 달리 이를 통해 기회와 새로운 희망을 포착한다. 포스트휴먼의 주체는 축소되거나 비인간화된 존재가 아니라 새로운 관계를 형성하고 새로운 형태의 윤리적 책임을 구현할 수 있는 확장된 존재라는 것이다. 따라서 우리는 물질을 포함한 비인간 존재들과의 연대를 상상할 수 있으며, 인공지능과 기후 위기 시대의 복잡성에 걸맞은 윤리적 관계, 규범 및 가치에 대해 다시 생각해 볼 수 있다. 브라이도티는 포스트휴먼이라는 개념을 통해 우리에게 살아 내야 할 미래에 대한 새로운 가능성을 설명하고 있다.

해러웨이, 헤일스, 브라이도티, 이 세 명의 뛰어난 사상가들의 지적 여정을 통해 우리는 간략하게나마 포스트휴머니즘 철학이 어떻게 발전해 왔는지를 살펴볼 수 있다. 인간과 기계의 경계를 허무는 해러웨이의 사이보그부터 디지털 시대의 실체성에 대한 헤일스의 세밀한 탐구, 포스트휴먼의 주체성에 관한 브라이도티의 희망적인 분석까지 우리는 이들의 지적 탐구를 통해 '인간'이라는 개념에 대해 새롭게 고민할 수 있다. 이들의 아이디어는 우리에게 자극과 영감을 주며, 기술, 자연 그리고 인간과 비인간의 경계를 넘어서는 관계를 새롭게 상상하게 한다. 이들의 사유는 생각의 대지에 새로운 가능성, 즉 보다 포용적인 정체성, 지속 가능한 삶의 방식, 비인간 세계와의 관계에 대한 윤리적 방식을 더하며 그 대지를 더욱 풍요롭게 하고 있다. 인류세의 복잡한 현실을 헤쳐 나가야 하는 지금, 이 철학자들은 단순한 지도가 아닌 새로운 형태의 나침반으로, 오래된 근대적 확실성과 진리가 더 이상 통하지 않는 새로운 세상의 이정표 역할을 하고 있다.

3. 인간 중심주의에 대한 도전

인간 중심주의는 오랫동안 철학, 과학 그리고 문화의 모든 영역에서 진한 독백처럼 울려 퍼졌으며 인류 사상의 중심에서 주도적인 역할을 해 왔다. 인간을 우주의 중심에 위치시킨 이 세계관은 르네상스와 계몽주의 이후 우리 자신에 대한 이해를 형성해 왔으며, 인간을 특별한 존재로 만들고 다른 종에 대해 우월적 특권이 있는 것으로 만들었다. 인간 중심주의로 인해 우리는 다른 종과 자연에 대한 지배를 정당화했으며, 이들에게 가한 가공할 폭력을 폭력으로 인식하지 못하게 되었다. 하지만 21세기의 막이 오르면서 우리는 극적인 반전의 한가운데에 서 있다. 결코 무너지지 않을 것 같았던 인간 중심주의적 내러티브는 이에 대한 비판을 제기하는 반대의 목소리에 직면해 있다. 이제 인간 중심주의에 대한 비판은 건조한 문학적 담론이나 문화적 담론을 넘어서 있다. 어쩌면 이 비판적 성찰에 우리가 삶의 터전이라고 부르는 이 연약한 푸른 행성에서 살아가기 위한 열쇠가 담겨 있을지도 모른다.

인간 중심주의의 핵심에는 인간의 문명만큼이나 오래된 믿음, 즉 인간 예외주의라는 개념이 자리 잡고 있다. 이는 호모 사피엔스가 다른 종과 단순히 유전적으로나 생물학적으로 다른 것이 아니라 근본적으로 우월하며, 창조 또는 진화의 최고 업적이라는 생각이다. 이러한 생각은 우리 스스로가 가진 위안의 이야기이자 실존적 불안을 종식하며 자연에 대한 지배를 정당화해 온 우리 자신에 대한 찬양이다. 하지만 여섯 번째 대멸종의 어딘가에 서 있는 지금, 우리가 주장하는 이 예외주의는 이제 영광과 승리의 노래가 아니라 미래의 죽음에 대한 슬픈 위령곡으로 변하고 있다. 철학자 발 플럼우드(Val Plumwood)는 이러한 인간 중심적 세계관으로 인해 인간과 자연이 심각하게 분리되었다고 말한다. 그리고 인간/자연의 이원론은 자연을 지배하고 인간을 생태계의 일부로 보지 못하게 하는 주요 요인이라고 설명하며 인간 중심주의에 대해 경고한다(Plumwood, 1993). 그의 말은 우리가 자연의 주인이 아니라 자연이 가진 복잡한 구조의 일부라는 사실을 상기시킨다. 우리는 자연이라는 오케스트라의 지휘자가 아니라 그를 구성하는 많은 악기 중 하나일 뿐이라는 것이다.

인간이 세상의 중심이 아니며 만물의 영장도 아니고, 인간만이 예외적 특권을 가질 수 없다는 이러한 생각은 지구에서 인간의 위치에 대한 우리의 이해에 계속해서 파문을 일으키고 있다. 이러한 파문은 마치 파도처럼 인간 중심주의로 점철된 섬의 해안을 서서히 침식하고 있다. 생물학자 에드워드 윌슨(Edward O. Wilson)은 그의 저서에서 다음과 같이 말했다. "우리가 오랫동안 생각했던 것처럼 우리는 궁금해하고 의심하고 생각하는 유일한 존재가 아니다"(Wilson, 2016). 윌슨의 말은 우리로 하여금 생태계의 왕좌에서 내려와 활기찬 다양성을 지닌 생명 공동체에 동참하도록 하고 있다. 우리 자신을 푸른 행성의 주인공이 아니라 우리가 상상했던 것보다 훨씬 더 웅장하고 복잡한 드라마의 조연으로 생각하도록 요구하고 있는 것이다.

그런데 우리는 여기에서 낯섦을 느낄 수밖에 없다. 왜냐하면 인간이 지금껏 누리던 특권을 내려놓고 권좌에서 내려오면, 갑자기 광대하고 낯설게 느껴지는 도덕적 지형에 던져지게 되기 때문이다. 인간 중심주의를 벗어난다는 것은 인간의 주체성과 자율성을 중심으로 구현된 도덕성을 포기한다는 것이고, 그것은 우리 삶의 기반 자체가 흔들린다는 의미가 된다. 하지만 이러한 혼란은 우리가 반드시 넘어서야 할 산이다. 이것을 넘어서지 못하면 우리는 우리가 직면한 위기를 넘어설 수 없다. 인간 중심적 토양에 뿌리를 둔 윤리적 사고는 인간의 영역을 넘어 도덕적 고려를 확장하는 데 한계를 보이고 있으며, 위기의 상황은 생태계의 상호 연결성에 대한 이해를 높이고 보다 확장된 윤리적 비전에 대한 필요성을 요구하고 있다. 여기에서 우리는 낯섦을 극복하고 윤리적 지평을 넓혀야 한다. 우리는 지금 근대적 도덕성이 작동하지 않는 '개념적 예외 상태'에 놓여 있다. 기존의 개념이 작동하지 않는 예외 상태에서 우리는 결단해야 하며 새로운 사유를 찾아야 한다.

철학자 네스는 인간의 이익에만 관심을 갖는 '얕은' 환경주의에서 모든 생명체의 본질적 가치를 인정하는 '깊은' 생태주의로 전환해야 한다고 주장한다. 그에 따르면 지구상의 인간과 비인간 생명체는 모두 본질적인 가치를 지니고 있기에 인간의 얕은 목적으로 그것을 평가해서는 안 된다(Naess, 1973). 여기에서 우리는 인간 중심적인 효율성과 자본의 이익을 넘어 숲을 바라볼 때, 나무들을 목재나 자원으로서가 아니라 스스로의 가치를 지닌 존재들의 공동체로 인식할 수 있으며, 강을 바라볼 때 수력 발전이나 이동의 경로 혹은 수자원의 관점이 아닌 자유롭게 흐를 수 있는 고유한 권리를 지닌 생명체로 인식할 수 있다.

주지하듯이 인간 중심주의는 너무도 오랫동안 비인간 존재를 인간의 역사와 드라마의 단순한 배경으로 그리고 주체성이나 내재적 가치가 없는 미개한 것으로 취급해 왔다. 우리는 자연이나 생태계를 각자의 역할을 수행하는 존재들의 활기찬 공동체가 아니라 단순히 인류 역사가 펼쳐지는 배경으로만 여겨 왔던 것이다. 하지만 우리 주변의 세계를 자세히 들여다보면, 각각의 존재들은 자신만의 이야기와 주체성 그리고 내적 가치를 가진 행위자라는 것을 발견하게 된다. 이러한 관점을 이해하는 데 제인 베넷(Jane Bennett)의 글은 많은 도움이 된다. 베넷의 저서 『생동하는 물질』은 인간과 비인간 모두를 관통하는 '물질성'을 인식하도록 우리를 초대한다. 그녀는 비인간적 존재나 물질을 생동하는 것으로 인식하지 못하고 '죽었거나 철저하게 도구화된' 것으로 생각하는 것이 인간의 오만과 지구를 파괴하는 정복과 소비에 대한 환상을 부추긴다고 지적한다(Bennett, 2010). 베넷의 지적은 세계는 착취 대상이 아니라 우리가 속한 공동체라는 사실을 상기시켜 준다. 이러한 사유는 동물과 식물뿐만 아니라 돌멩이, 우리가 숨 쉬는 공기 그리고 마시는 물에서도 생명의 생기를 느낄 것을 요구한다. 베넷의 생동하는 세계에서는 모든 개체가 잠재력을 가지고 붕붕거리며, 모든 상호 작용이 대화이며, 모든 순간이 관계의 춤이 된다. 이러한 생각은 인간 중심주의를 상쇄시키며 중심 자체를 파괴하며 나아간다.

이와 더불어 브루노 라투르는 '행위자-네트워크 이론'을 통해 인간 중심의 맹목적인 시각에 도전한다. 라투르는『우리는 결코 근대인이었던 적이 없다』라는 저서를 통해 혁명가의 대담함을 가지고 비인간 존재가 목소리를 낼 수 있는 '사물의 의회'parliament of things라는 개념을 제시한다. 이 개념은 '비인간 존재나 하이브리드와 같은 존재들을 어떻게 대표해야 하는가'라는 문제의식 속에서 자연과 문화 그리고 인간과 비인간을 명확히 분리하는 것은 언제나 환상이었다고 말한다. 그리고 그는 인간을 특별한 존재로 생각하는 것은 상상하는 것보다 훨씬 더 복잡하게 연결된 세계 속에서 우리 스스로에게 들려준 위안의 동화였을 뿐이라고 주장한다(Latour, 1993). 이처럼 라투르의 연구는 세상을 인간과 비인간 모두가 연결된 방대한 행위자 네트워크로 보도록 우리를 초대한다. 이러한 관점에서 저기 한 그루 나무는 단순한 사물이 아니라 자체적인 주체성을 지닌 행위자이며, 주변 세계를 형성하는 자신만의 방식을 가진 존재가 된다. 또한 유유히 흐르는 저 강물은 단순한 물의 흐름이 아니라 풍경을 조각하고 생태계를 유지하는 강력한 행위자이다. 이러한 생각에 따르면, 마치 불교의 연기설緣起說에서 이야기하는 것처럼 하찮은 연필 하나도 단순한 도구가 아니라 목재를 제공한 나무, 흑연을 채굴한 광부, 연필을 만드는 공장, 의미를 부여하는 문화적 관행 등 인간과 비인간 기관의 결합체라고 할 수 있다.

인간 중심적 사유에 막을 내리고자 하는 사상가들은 인간 예외주의의 가면을 벗겨 내고 우리를 더 넓은 세계와 연결시키고자 한다. 인간과 비인간, 주체와 객체는 원래부터 그러했던 것이 아니라 서로의 얽힘을 통해 나타나게 되었다는 생각으로 우리를 이끄는 것이다. 물론 이들의 연구는 인간의 고유성이나 가치를 부정하는 것이 아니라 인간이라는 종의 좁은 범위를 넘어 가치와 선택에 대한 우리의 이해를 확장하는 것이다. 이들의 비판은 우리가 주인공이 아니라 이 세계의 공동 저자로서, 삶이라는 거대한 서사 속에서 우리의 위치를 다시 상상하도록 한다. 자연 그리고 사물과 분리된 존재가 아니라 그 일부이며, 지구의 주인이 아니라 공동체의 일원으로서 우리 자신을 바라보도록 한다. 우리는 우리의 생존과 번영이 인간을 넘어선 세계의 생존과 불가분의 관계에 있음을 알아야 한다. 결국 인간 중심주의에 대한 비판은 인간성을 축소하는 것이 아니라 우리의 도덕적·존재론적 지평을 넓히는 것이며, 인간 중심의 좁은 세계관에서 벗어나 더 광활한 경이로운 우주로 우리를 나아가게 하는 것이다. 아울러 이것은 인간이 자연과 다른 종들의 지배자가 아니라 지구의 장대하고 지속적인 삶의 서사시에 공동체의 구성원으로 참여하는 것으로, 우리 종의 이야기를 새롭게 써야 한다는 것을 의미하기도 한다.

2장
녹색 공화주의: 생태적 시민으로의 전회

> 속세와 떨어진 우리 삶은
> 나무들이 하는 말에 귀 기울이고,
> 흐르는 시냇물을 책 삼으며, 돌에서 설교를 듣고
> 어디에서나 좋은 것을 찾을 수 있지.
> (『뜻대로 하소서』, 2막 1장)

셰익스피어의 이 서정적인 대사에서 우리는 자연의 지혜와 가치를 생각하고 고민하는 생태적 감성을 느낄 수 있다. 환경 위기의 벼랑 끝에서 그리고 여섯 번째 대멸종의 시대를 지나오고 있는 우리에게 이 말은 단순한 시적 표현이 아니다. 이것은 우리를 지탱하고 있는 지구와의 관계를 근본적으로 다시 생각하게 하는 하나의 외침이다. 이 장에서는 '녹색 공화주의'라는 개념을 통해 생태적 사고와 공화주의적 이상이 어떻게 융합되어 지속 가능하고 참여적인 민주주의를 향한 길을 제시하는지 살펴보고자 한다. 다시 말해 철학적 지형에 대한 탐구로 시작하여 시민권과 시민 참여에 대한 공화주의적 이상을 생태학적 관점에서 어떻게 재구상할 수 있는지 알아볼 것이다.

　녹색 공화주의는 인류가 지구의 주인이 아님에도 불구하고 마치 주인처럼 행세하며 지구의 모든 생명을 공멸의 길로 끌고 가는 상황에서 제시된 하나의 대안적 가치라 할 수 있다. 그리고 그 핵심은 시민이라는 개념을 다시 정의하고 기존의 '폴리스'poleis라는 정치적 공동체의 사유를 넘어 모두가 분리될 수 없는 생태적 공동체를 지향하는 것으로 기존의 경계를 확장하는 것이다. 녹색 공화주의의 철학적 뿌리는 인간을 '정치적 동물'로 보았던 아리스토텔레스의 개념부터 루소의 사회계약에 이르기까지 그리고 현대의 '비지배 자유'를 주장하는 필립 페팃(Philip. N. Pettit)에 이르기까지 오랫동안 시민 참여와 공동선의 중요성을 강조해 왔던 사유에 녹아 있는 것이다(Dagger, 1997).

녹색 공화주의는 이러한 전통을 확장하여 '공동선'이 모든 생명을 지탱하는 생태계의 건강과 번영을 포함해야 한다고 주장한다. 이 사상의 핵심 설계자인 존 배리(John Barry)는 "녹색 정치는 사회관계의 지속 가능성과 질적인 내용 그리고 비인간 세계와의 상호 작용에 관심을 두고 있다"라고 말한다(Barry, 2012). 이러한 관점은 자연과의 관계를 지배나 관리의 관계가 아니라 상호 번영을 전제로 한 파트너십으로 재개념화하도록 제안한다. 그리고 녹색 공화주의는 우리의 권리와 책임에 대한 근본적인 재고를 요구하는 생태적 시민권 개념을 중심으로 한다. 여기에서 말하는 시민권은 한 국가 안에서의 정치적 권리와 책임을 넘어서는 확장된 시민권이다. 지구와 미래 세대에 대한 도덕적 책임을 요구하며, 자신의 이익뿐만 아니라 전 세계의 다른 사람들과 상호 연결되어 있음을 인식하는 것이다. 따라서 계약적 권리보다는 책임의 가치를 중요시하며 사적 영역으로까지 확대되는 것으로, 근대적 국경의 개념을 넘어서는 비영토적인 것이다(Dobson, 2003). 시민권에 대한 이러한 확장된 관점은 생태계, 미래 세대, 비인간 존재에 대한 배려를 포함하여 인간의 경계를 넘어서는 시민적 덕목을 요구한다.

이와 더불어 녹색 공화주의는 '자유'에 대한 우리의 이해를 재고하도록 촉구하기도 한다. 간섭의 부재라는 '소극적 자유'의 개념을 넘어 자연과의 상호 의존성을 인정하는 측면에서의 '적극적 자유'를 주장하는 것이다. 퀸틴 스키너(Quentin Skinner)가 지적하듯, 공화주의의 전통에서 "자유는 단순히 내버려두는 것이 아니라 자신의 방식대로 자신의 이익을 추구할 수 있는 권한을 부여받는 것이다"(Skinner, 2008). 녹색 공화주의는 이 개념을 확장하여 진정한 권리와 번영은 생태적 지속 가능성의 범위 안에서만 가능하다고 주장한다.

따라서 이 장에서는 녹색 공화주의 사상의 이론적 뿌리와 함께 실천적 가치에 대해서도 살펴볼 것이다. 환경 프로젝트에 대한 참여부터 기후 위기에 대한 시민 회의까지 전 세계의 민주주의 관행이 어떻게 재편되고 있는지 알아볼 것이다. 녹색 공화주의의 철학적 지평을 가로지르면서 우리는 국가의 시민으로서뿐만 아니라 지구의 시민으로서 우리의 역할이 무엇인지 다시 상상하게 될 것이다. 셰익스피어가 그랬던 것처럼, 녹색 공화주의는 '나무들이 하는 말'과 '흐르는 시냇물 속의 책'을 찾아 자연 세계의 내재적 가치와 지혜를 인식하고, 이러한 인식을 우리의 정치

시스템과 시민 생활 그리고 윤리에 통합할 수 있는 새로운 길을 우리에게 안내해 줄 것이다.

1. 녹색 공화주의 사상의 뿌리

정치철학의 무대에서 공화주의는 시민적 덕성, 인민 주권, 폭정으로부터의 자유라는 가치를 치켜들고 늘 주변부가 아닌 중심에 서 있었다. 이 전통은 다양한 시대적 흐름을 가로지르는 역사의 윤곽을 따라 형성되어 왔으며, 그 흐름은 늘 성찰과 변혁을 거듭해 왔다. 공화주의 사상의 원천은 고대 로마의 일곱 언덕에서 솟아났으며, '공공의 것'이라는 개념인 'res publica'라는 것을 중심으로 하고 있다. 그리고 이 사유는 키케로의 글에 잘 나타나 있다. 그는 공화정을 국민의 것이자 법적 정의에 대한 동의와 이익의 공유에 의해 결속된 연합으로 정의했다(Cicero, 1928). 이 말에서 우리는 '인민 주권'과 '공동선 추구'라는 두 가지 기본적인 공화주의의 원칙을 발견할 수 있다. 키케로는 정교하게 짜인 모자이크처럼 다수와 소수 그리고 개인의 이익이 균형을 이루도록 노력했는데, 바로 여기에서 혼합정체混合政體의 이론이 발전하게 된다(Schofield, 1995). 하지만 키케로가 중요하게 생각한 것은 단순한 제도적 구조가 아니라 시민들 자체의 성품이었다. 그가 생각한 공화정은 차갑고 기계적인 구조가 아니라 시민적 미덕의 숨결로 유지되는 살아 있는 실체였다.

하지만 로마 공화국이 제국의 품에 안기면서 공화정의 이상은 희미해져 갔다. 그럼에도 중세의 긴 밤을 지나 르네상스 시대의 새벽을 기다리며 다시 한번 공화정의 가치는 불붙었다. 피렌체의 좁은 거리와 광장에서 니콜로 마키아벨리에 의해 공화주의 사상은 다시 꿈틀거리기 시작한 것이다. 그의 공화주의는 정교하게 연마된 칼날처럼 현실 정치의 핵심을 꿰뚫고 있다. 마키아벨리는 시민의 덕성을 말하면서 단순한 도덕적 올바름이 아닌 정치 생활에 대한 시민의 적극적인 참여와 사익보다 공동선을 우선시하려는 의지를 말했다. 그의 통찰력은 사회적·정치적 갈등에 대한 관점에도 잘 나타난다. 그는 사회 집단의 갈등이 더 나은 법과 제도를 만들기 위한 기반이 될 수 있다고 주장하며 갈등의 긍정적 측면에 대해 말한다. 그리고 현실 정치가 도덕적 올바름으로 작동되기에도 한계가 있다고 주장한다(McCormick, 2012). 이러한 건설적인 갈등의 포용과 현실적인 관점은 이후 수 세기에 걸쳐 반향을 일으키게 된다.

그리고 계몽주의가 유럽과 신대륙에 이성의 빛을 비추기 시작하면서 공화주의 사상은 또 다른 변화를 겪게 된다. 이 변화를 이끈 중요한 인물이 바로 장 자크 루소이다. 그는 모든 사람의 공공 이익을 대변하는 '일반 의지'General Will라는 이론적 개념을 통해 공화국을 재구성하는데,『사회계약론』에서 자유를 단순한 간섭의 부재가 아닌 스스로 정한 법에 대한 복종으로 묘사한다(Rousseau, 2019). 그리고 이러한 루소의 사유는 대서양을 건너 미국 전역에 새로운 파장을 일으키게 된다. 공화주의적 전통을 계승하면서도 새로운 도전에 직면한 미국 건국의 아버지들은 고대의 이상을 미국의 통치 방식에 적용하고자 노력했다. 특히 제임스 매디슨(James Madison)은 입법, 행정, 사법의 권한을 같은 동일한 사람이 갖게 되는 것은 결국 폭정으로 향할 수밖에 없다고 주장하며 복잡한 견제와 균형의 시스템을 통해 이를 예방하고자 했다. 고전적 공화주의자들이 통합된 시민 사회에서 시민적 덕성의 중요성을 강조한 반면, 매디슨은 새로운 국가의 다양성에서 폭정에 대항할 수 있는 가능성을 보았다. 그리고 미국이라는 새로운 공화국의 이상은 계속 발전하고 확산되었다. 공화주의는 프랑스 혁명의 발판이었고, 라틴 아메리카 전역의 해방 운동에 영감을 주었으며, 전 세계의 정치 개혁에 심오한 영향을 끼쳤다. 하지만 자유주의가 부상하고 자본주의가 발전하면서 공화주의의 가치는 점점 약화되어 갔다.

한참의 시간이 흘러, 공화주의는 새로운 전기를 맞이하게 된다. 새로운 세대의 이론가와 철학자 그리고 정치인들이 공화주의의 전통을 회복하고 재해석하며 고대의 지혜에서 현대의 도전을 해결할 수 있는 실마리를 얻고자 했다. 특히 스키너, 존 포콕(John G. A. Pocock), 모리치오 비롤리(Maurizio Viroli), 페팃 등과 같은 학자들에 의해 재조명되면서 새로운 부흥기를 맞이하게 된다. 이러한 부흥의 선두에는 '신로마'neo-Roman 공화주의라고 불리며 페팃에 의해 제시된 '비지배 자유'라는 개념이 있었다. 페팃에게 자유는 단순히 간섭이 없는 것이 아니라 타인의 자의적 지배의 부재를 의미했다(Pettit, 1997). 고전적 공화주의의 개념을 넘어서는 이 개념은 경제적 불평등, 직장 민주주의, 나아가 인류와 자연관의 관계에 대해 생각할 수 있는 새로운 시야를 열어 주었다. 이러한 생각을 바탕으로 신로마 공화주의 사상가들은 국경을 초월하는 시급한 환경 문제를 포함하여 글로벌 거버넌스 문제에 공화주의의 원칙을 적용할 수 있는지를 탐구했다.

예를 들어 제임스 보먼(James Bohman)과 같은 학자는 기후 변화와 생태 위기의 시대에 민주적 책임의 원칙을 국제적 영역으로 확장하려는 글로벌 공화주의의 비전을 제시하기도 했으며(Bohman, 2010), 시민 환경주의 학자들은 공화주의 사상을 바탕으로 생태적 시민권 모델을 개발하고 환경 의사 결정에 대한 대중 참여의 중요성을 주장하기도 했다(Barry, 1999; Schlosberg & Coles, 2016). 공화주의적 토양에 뿌리를 두며 지속 가능한 미래를 향해 나아가고자 했던 이러한 접근 방식은 인류세의 복잡하고 버거운 문제를 해결할 수 있는 실마리를 제공해 주었다.

불확실한 미래의 문턱에서 공화주의 전통은 풍부한 아이디어와 새로운 미래의 가능성을 제공한다. 적극적인 시민권, 공적 심의, 비지배로서의 자유에 대한 강조는 우리 시대의 실존적 위협에 대처할 수 있는 틀을 제공하는 것이다. 부패와 부조리 그리고 극단적인 사적 이익의 추구가 공공 정책에 미치는 영향에 대한 공화주의의 관심은 기업 혹은 자본 권력과 환경 거버넌스에 대한 현재의 논쟁과 직접적으로 맞닿아 있다. 물론 공화주의에 대한 비판적 시각이 없는 것은 아니다. 공화주의의 시민권과 시민적 덕성에 대한 이상이 현대의 다원주의 사회에 적합하지 않아 배타적 정치를 조장할 수 있다는 주장이 있기도 하다(Schattle,

2009). 또한 공화주의적 관점이 국경을 초월하는 지구 환경 문제에 적절히 대응할 수 있는지 의문을 제기하기도 한다. 하지만 이러한 비판은 공화주의 사상의 가치를 감소시키는 것이 아니라 오히려 그것을 다듬고 활력을 불어넣는 역할을 한다. 공화주의는 그 사유가 가진 심연의 공간에서 자양분을 얻는 동시에 변화하는 세상에서 새로운 표현과 적용을 모색하며 끊임없이 변화할 것이다. 앞으로 우리는 녹색 공화주의에 대한 탐구를 시작하면서, 시민적 덕성 그리고 공동선에 대한 공화주의의 가치들이 지속 가능하고 정의로운 미래, 즉 인류가 자연의 정복자가 아니라 생태적 공화국의 책임 있는 시민으로 자리 잡는 새로운 가치로 기능할 수 있다는 것을 알게 될 것이다.

2. 녹색 공화국

녹색 공화주의 담론은 우리 시대가 한계에 봉착했으며, 생태적 사유로의 전환이 윤리나 도덕적 선택의 문제가 아니라 하나의 의무나 책임의 차원에서 고찰되어야 한다는 것을 알려 준다. '녹색 공화국' 프로젝트는 생태학적 지혜를 공화주의 사상의 구조에 접목하여 시민적 덕성이라는 가치를 대멸종이라는 현실에 적용하려는 시도이다. 친환경적 정치와 공화주의 이론의 융합은 단순한 가치의 접목이 아니라 전례 없는 도전과 대멸종에 직면한 공화주의의 자연스러운 진화라 할 수 있다. 고대 로마인들이 공공의 안녕과 번영을 중요하게 생각했던 것처럼, 이제 우리도 우리의 삶의 터전인 지구의 안녕을 필수적인 것으로 간주해야 한다.

지구적 위기와 생태학적 비판이라는 토대 위에서 녹색 공화주의는 뿌리를 내릴 수 있었다. 20세기 후반에 환경 파괴의 규모가 점점 더 커지기 시작하면서 학자들과 활동가들은 이러한 실존적 위기를 해결하기에는 자유 민주주의적 질서가 한계를 가지고 있다고 생각했다. 주기적이며 경쟁적인 선거를 민주주의의 가장 중요한 핵심 원리로 생각하는 정치관과 기업과 자본의 이익에 발목이 잡힌 정부 그리고 자유주의 사회에 만연한 원자화된 개인주의는 모두 지구적 위기에 대응하기에는 한계가 있는 것처럼 보였다(Eckersley, 2004). 이 틈새로 생태주의와 공화주의 이론의 통찰력을 가진 새로운 세대의 정치철학자들이 나타났다.

로빈 에커슬리(Robyn Eckersley)는 자신의 저서 『녹색 국가』 *The Green State*에서 공화주의 사유를 기반으로 하는 환경 거버넌스에 대한 비전을 제시한다. 에커슬리는 환경 보호와 미래 세대 그리고 비인간 존재의 이익을 대변하는 메커니즘을 헌법 조항에 명시하여 국가가 생태적 관리자로 변모해야 한다고 말한다. 기존의 환경학자와 환경 운동가들이 주권 국가를 무능한 존재로 규정하고 생태 파괴의 주범으로 규정한 것과 달리 환경 문제 해결을 위한 최고의 정치 기관으로 국가의 존재를 규정한 것이다(Eckersley, 2004). 여기에서 녹색 공화국의 자유는 단순히 불간섭이 아니라 오염원과 환경 파괴의 지배로부터의 자유를 포함한 비지배로 이해된다.

이러한 자유 개념의 수정은 공화주의 사상과 환경 정치 사이의 중요한 가교 역할을 한다. 크리스토퍼 멕스트로스(Christopher Meckstroth)가 주장한 것처럼, "비지배로서의 자유는 환경 규제의 규범적 근거를 제공하며, 이는 공화주의 고유의 것으로 시장주의적 정당화로 환원될 수 없다"(Meckstroth, 2015). 이 관점에서 생태주의는 자유에 대한 견고하고 광범위한 권리로 기능하게 된다. 녹색 공화국 프로젝트는 또한 시민권에 대한 근본적인 재검토를 요구한다. 근대적 국경을 경계로 하며 주로 선거권과 정치적 권리에 초점을 맞춘 전통적인 시민권 개념은 전 지구적 위기 앞에서 무력해 보이는 것이 사실이다. 이에 대해 배리와 같은 학자들은 시민의 책무를 확장하여 '생태적 시민권'이라는 개념을 고안한다(Barry, 1999). 여기에서 '생태적 시민권'이란 시민의 공간을 정치적·사회적 영역을 넘어 생태계 전반으로 확대한 것으로 자신의 행동이 환경에 미치는 영향에 관해 책임을 지는 사람을 의미한다. 이러한 책임은 국경과 세대를 넘어 지구 생태계와 미래의 후손들에 대한 의무감을 포함하는 것이다.

이렇게 확장된 시민권 개념은 공화주의가 강조하는 시민적 덕성과 그 맥락을 공유한다. 전통적 공화주의가 시민들에게 공동선을 위해 용기와 신중함과 같은 덕목을 기를 것을 요구했던 것처럼, 생태적 공화주의는 기후 위기의 시대에 적합한 덕성을 요구한다. 자연과 얽혀 있는 존재라는 자각 그리고 이에 대한 겸손 및 체계적이고 장기적인 관점에서 사고하는 능력은 녹색 공화주의에서 중요한 시민적 덕성이라 할 수 있다(Meyer, 2015). 그리고 공화국의 녹색화는 정치 제도와 절차에 대한 재구성을 필요로 한다. 공화주의의 이상과 현대 생태학적 통찰을 바탕으로 장기적이고 지속 가능한 혁신적인 거버넌스 구조가 요구되는 것이다. 예를 들어 입법 시스템에서 환경에 끼칠 수 있는 영향을 조사할 수 있는 기관이 필요하며, 의회에서도 인간 이외의 존재자들을 대표할 수 있는 방법이 고안되어야 한다. 강과 산, 숲과 나무들을 위한 대표자들이 의회 시스템에서 목소리를 낼 수 있는 방법을 찾아야 하는 것이다. 또한 선거를 중심으로 구성되는 단기주의적이며 국지적인 정책을 넘어선 시민 의회가 필요하기도 하다(Fishkin, 2018).

이와 더불어 '비지배로서의 자유'라는 신로마 공화주의의 이상은 우리에게 환경 정의에 대한 새로운 시각을 제공하고 있다. 이 개념은 오염과 환경 파괴가 어떻게 자의적인 지배로 구성될 수 있는지를 고찰하게 하며, 특히 소외된 공동체와 비인간종에 대한 생태적 폭정과 폭력을 인식하고 이에 대한 제도적 보호 장치를 마련하게 해 줄 수 있다(Schuppert, 2015). 그리고 녹색 공화주의라는 개념에서 가장 중요한 것은 이것이 초국가적, 즉 지구적 민주주의에 대한 내용을 담고 있다는 사실이다. 다시 말해, 공화주의의 원칙을 전 지구적으로 확장하여 국경을 초월하면서도 인민과 생명 주권 그리고 비지배의 이상을 구현하는 환경 거버넌스를 만드는 것에 중점이 있다.

하지만 여기에서 주의해야 할 점이 있다. 녹색 공화국을 발전시키면서 우리는 많은 문제를 함께 고민해야 한다. 우선 공화주의의 이상과 글로벌 환경 거버넌스의 현실을 양립시킬 수 있는지 고찰해야 하며, 과연 시민적 덕성 개념이 세계적 차원에서 실질적으로 작동할 수 있는지를 고민해야 한다. 또한 자치에 대한 공화주의적 강조와 기후 위기와 같은 문제가 서로 충돌할 수 있는지도 살펴보아야 한다. 더군다나 생태적 시민권에 대한 지나친 도덕주의적 강조는 일종의 녹색 권위주의나 녹색 전체주의로 흐를 위험도 있다. 하지만 이러한 문제들에도 불구하고 녹색 공화국 프로젝트는 기상 이변이 곳곳에서 발생하고 있는 현시점에서 우리가 지속 가능한 공동체를 유지할 수 있는 거의 유일한 방안이라 할 수 있다. 공화주의적 이상에 생태학적 지혜를 불어넣음으로써 우리는 기후 위기의 대멸종 시대에 시민권, 자유, 공동선을 재구성할 수 있는 새로운 가능성을 발견해야 한다. 어쩌면 이는 선택이 아닌 필수일 것이다.

녹색 권위주의와 녹색 전체주의를 넘어 녹색 공화국을 만들고자 하는 희망은 생태 민주주의와 생존을 위한 여정이다. 우리는 얽힘 속에서 우리 공동의 미래를 만들어 가는 시민이어야 하는 것이다. 물론 녹색 공화국은 우리의 최종 목적지가 아니다. 이것은 비인간 존재를 넘어 시민의 생태적 미덕을 함양하고 얽힘의 관계를 인식하는 하나의 과정일 뿐이다. 이 프로젝트를 시작하면서 우리는 인류세의 가공할 도전에 걸맞은 정치적 비전을 수립하기 위해 과거의 지혜를 사용해야 한다. 과거의 지혜 중에 공화주의적 가치와 인간과 자연이 생명을 매개로 서로 연결되어 있다는 생태적 가치를 함께 고민했을 때, 우리는 우리가 직면한 시급한 과제를 풀기 위한 실마리를 얻을 수 있을 것이다.

3. 생태적 시민권과 지속 가능성

녹색 공화주의의 심연으로 더 깊이 들어가면서 우리는 나침반 역할을 하는 두 가지 개념, 즉 생태적 시민권과 지속 가능성이라는 독립적이면서도 얽혀 있는 개념과 마주하게 된다. 위기와 절망이라는 토양에서 자란 이 두 가지 개념은 우리의 역할과 책임에 대해 다시 성찰하기를 요구하지만, 이것은 더 이상 선택의 문제나 단순한 권리의 문제가 아닐지도 모른다. 아마도 이것은 우리가 앞으로 삶을 살아 내기 위한 필수적 조건일 것이다. 인간이 인간으로서 살아가기 위한 최소한의 조건이나 더 나은 삶을 위한 것이 아니라 삶을 유지하기 위한 최소한의 조건 말이다.

생태적 시민권의 핵심은 지구적 위기 앞에서 정치 공동체의 일원이 된다는 것이 무엇을 의미하는지를 총체적으로 재구성하는 것이다. 생태 시민주의는 근대적 국가의 경계를 넘어 그리고 인류의 영역과 이분법적 사유를 넘어, 지구상의 모든 생명체를 아우를 수 있도록 우리가 고려해야 할 범위를 확장한다. 우리의 사유는 이제 국가에 대한 충성이나 사적 이익의 추구를 넘어서야 한다(Dobson, 2003). 여기에서 시민권은 권리와 의무의 개념 및 함께 삶을 살아 내야 한다는 공존의 개념을 포함한다. 그리고 이 권리는 모든 생명으로 확장된다. 자연권, 인권, 정치적 시민권 등은 그것을 개인이 가지고 있다는 소유의 개념을 전제로 한다. 그리고 무엇보다 이것은 '관계'를 전제로 하고 있다. 어떤 권리 개념이든 그것은 국가와 개인, 개인과 개인, 개인과 공동체 등의 관계를 전제로 이 관계의 원활한 작동을 위해 개인들에게 이들을 상대할 수 있는 다양한 권리의 소유를 천명하고 있는 것이다. 따라서 생태적 시민권은 이러한 권리들이 작동할 수 있는 전제적 조건을 유지하기 위한 것으로, 기타의 권리들보다 우선한다고 볼 수 있다. 알도 레오폴드(Aldo Leopold)의 표현을 빌리자면, 생물학적 공동체의 평범한 구성원이자 시민이 되어야 하는 권리는 다른 권리보다 선행한다(Leopold, 1949).

그렇다면 실질적으로 생태적 시민이 된다는 것은 무엇을 의미하는가? 우선 우리는 여기에서 고전적 공화주의자들의 지혜를 활용할 수 있다. 이들에게 가장 중요한 것은 공화국의 영속, 즉 공화국의 안전과 유지 그리고 지속 가능성이었다. 우리는 이것을 확장하여 관계의 영속, 즉 관계의 안전과 유지 그리고 지속 가능성을 고민해야 한다. 그리고 우리를 지탱하는 생태계에 대한 우리의 의존과 책임을 인식해야 한다. 배리가 주장하는 것처럼, 환경에 대한 관심과 세대 간 책임감을 결합한 사유를 개발하는 것이 중요하다(Barry, 1999). 이러한 생태적 덕목은 체계적이고 장기적인 관점에서 사고하는 능력과 비판적 의식 그리고 우리가 거대한 자연 체계의 한 부분에 불과하며 이에 의존하고 있음을 인정하는 겸손함, 치명적인 환경 문제에 직면했을 때 행동할 수 있는 용기 등의 역량을 포함한다.

물론 생태적 시민권은 단순히 개인적 차원의 문제가 아니라 새로운 형태의 집단적 행동과 제도적 장치의 설계를 동시에 요구한다. 그런데 여기에서 적극적인 참여를 강조하는 공화주의적 전통은 우리에게 도움을 줄 수 있다. 앞에서 이야기했던 환경 문제에 관한 시민 배심원단부터 지속 가능성을 우선시하는 참여 예산에 이르기까지 생태적 시민권을 구현하는 실질적 제도의 기반을 우리는 시민 참여라는 공화주의적 전통에서 찾을 수 있을 것이다. 아울러 환경 보호와 자연의 권리를 명시하는 초국적 환경 거버넌스를 구성하여 생태적 시민권이 실질적으로 작동할 수 있도록 해야 한다(Eckersley, 2004).

생태적 시민권의 핵심에는 역시 지속 가능성이라는 사유가 놓여 있다. 지속 가능성이라는 개념은 마치 보석처럼 우리가 그것을 어떤 각도로 보느냐에 따라 서로 다른 빛을 반사한다. 우선 이것은 가장 기본적으로 인류가 의존하는 생태적 토대를 훼손하지 않고 영속할 수 있는 능력을 유지하는 것으로 발현한다. 하지만 이 단순한 빛의 발현에도 윤리적·정치적·실천적 고려 사항들이 복잡하게 얽혀 있다. 세계 환경 및 개발 위원회(World Commission on Environment and Development)에서는 지속 가능성을 "미래 세대가 자신의 필요를 충족시킬 수 있는 능력을 손상시키지 않으면서 현재의 필요를 충족시키는 개발"로 정의하고 있다. 하지만 이러한 정의조차 '필요'를 어떻게 정의할 것인지 그리고 미래 세대의 구체적인 상황이나 욕구를 어떻게 설정할 수 있는지에 대한 문제에 봉착하게 된다. 바로 이 지점에서 우리는 공화주의적 지혜를 가져올 수 있다. 특히 신로마 공화주의는 우리로 하여금 미래 세대가 어떤 것을 요구하며 우리는 무엇을 준비해야 하는지에 대한 혜안을 제공해 준다. 신로마 공화주의에서 강조하는 '비지배로서의 자유'라는 개념은 현재와 미래 세대 모두를 위해 생태학적 지배로부터의 자유를 포함하도록 확장될 수 있다. 생태적 위기는 삶의 공간과 활동을 축소시키는 인위적이며 강제적인 억압을 생산한다. 여기서 인위적 지배와 억압의 배제를 요구하는 '비지배 자유'와 생태의 개념을 접목하여 우리는 생태적 위기와 자연에 대한 자본적 지배로부터의 탈주를 주장하는 '생태적 비지배 자유'의 개념을 구성할 수 있다.

또한 고전적 공화주의에서 말하는 도시의 지속 가능성은 공간 개념의 확장을 통해 삶과 연결된 공간 전체에 관한 지속 가능성을 주장할 수 있는 계기를 마련하기도 한다. 그리고 개인적 이익과 공동체적 선의 관계에 대한 공화주의적 전통의 미묘한 이해는 단순한 집단주의와 편협한 개인주의의 함정을 넘어서는 지속 가능성에 대한 사고의 틀을 제공한다. 이졸트 호노한(Iseult Honohan)이 주장한 것처럼, 공화주의는 개인과 집단 번영의 상호 의존성을 인정하는 '공동선의 정치'를 제공하는 것으로서 이러한 상호 의존성의 확장된 사고는 우리에게 새로운 미래를 가져다주지는 못할 테지만, 최악의 상황을 피하게 할 수는 있을 것이다(Honohan, 2002).

물론 생태적 시민권과 지속 가능성이라는 이상을 실현하는 것은 쉬운 일이 아니다. 어쩌면 우리는 우리의 삶을 지속하지 못할지도 모른다. 그리고 위기에 대처할 수 있는 골든 타임을 이미 놓쳤을지도 모른다. 또한 아직도 지구 곳곳에서 전쟁이 벌어지고 있는 상황에서 글로벌한 생태적 시민권의 개념이 기존의 정치 구조의 현실과 균형을 맞추기 어려울지도 모른다. 더군다나 부와 권력의 불평등이 극심한 세상에서 지속 가능성을 추구한다는 것이 의미가 있는지도 알 수 없다. 생태적 시민권을 일련의 개별화된 소비자 선택의 문제가 아닌 변혁적인 정치 프로젝트로 보아야 하는데(Humphrey, 2007), 이것을 좁게 해석해 개인에게 책임만을 강제하는 '녹색 전체주의'로 빠질 위험이 있는 것도 사실이다.

하지만 이러한 도전에도 불구하고 생태적 시민권과 지속 가능성이라는 개념은 인류세의 격랑을 헤쳐 나갈 수 있는 북극성과 같다. 이 두 개념은 우리가 자연의 주인이 아니라 생물 공동체와 얽혀 있는 일원으로서 세상에서 우리의 위치를 재구상하도록 촉구한다. 또한 우리가 한 번도 만나 보지 못한 타인이나 미래 세대 그리고 지구를 공유하는 수많은 비인간 존재에 대한 의무를 인식하게 하며, 윤리적 고려의 영역과 시공간을 넘어 사유하도록 한다. 우리가 우리를 수정할 수 있는 시간을 놓쳤다면, 우리의 대부분은 사라질 것이다. 대멸종을 피할 수 없을지도 모른다. 하지만 누군가 혹은 무엇인가는 그래도 지구에 남을 것이다. 모두가 사라진 곳에서 누군가 혹은 무언가가 남았다면 그들에게도 마지막 희망이 필요하다. 완전한 사라짐이 아니라 무엇이 남았다면 생태적 시민권과 지속 가능성은 그들에게 다시 살아갈 희망을 줄 수 있는 최후의 보루이다. 우리는 지금 무엇이 효과가 있고 무엇이 효과가 없는지에 대해 세심한 주의를 기울여야 한다. 비록 그것이 부질없는 것이라 하더라도 자연과 조화를 이루며 번영하는 미래를 만들 수 있다는 희망을 가져야 한다. 이것이 마지막 가능성이며 최소한 살아남은 자들을 위한 마지막 배려일 수 있다.

3장
신유물론: 물질과 행위에 대한 새로운 성찰

> 하늘과 땅에는 당신의 철학에서 꿈꾸는 것보다
> 더 많은 것들이 있소, 호레이쇼.
> (『햄릿』, 1막 5장)

햄릿의 이 대사는 우리가 가진 사유 방식의 경계 너머, 저 미지의 세계를 향해 나아가라고 말하고 있다. 양자역학에서 말하는 것처럼, 세계는 우리의 이해 범주만으로 포착되지 않는다. 존재 양식은 우리의 논리 체계를 넘어서 있고, 물질과 행위자는 우리의 이해 저편에 있다. 새로운 철학적 지평의 문턱에 서 있는 오늘날, 햄릿의 말은 심오하고 절실한 의미로 다가온다. 현대 사상에서 신유물론의 등장은 물질과 비인간 존재와의 관계에 대한 급진적인 재구상을 의미하며, 이는 선택, 인과관계, 존재의 본질과 속성에 대한 우리의 이해를 재구성할 것을 요구하고 있다. 신유물론은 정신과 육체, 자연과 문화, 인간과 비인간 등 서양 철학을 지배해 온 오래된 이원론에 도전하며 인간과 비인간, 유기물과 무기물 등 모든 개체가 주체적 능력을 지닌 것으로 인정되는 다른 존재론을 제안한다(Bennett, 2010).

이러한 철학적 움직임은 인류세의 심오한 생태학적이며 기술적인 도전과 씨름하고, 지구적 위기의 상황에서 분투의 상념을 가지고 등장한 것이다. 자연과 인공의 경계가 점점 모호해지면서 인간과 하이브리드의 구분이 힘들어지고, 인간의 행동이 지질학적 결과를 초래하는 한편 미생물과 알고리즘에 이르기까지 인간 아닌 존재가 세상을 더욱 중요한 방식으로 형성하는 시대에, 신유물론은 이 복잡한 지형을 탐색할 수 있는 개념틀을 제공한다(Connolly, 2013). 신유물론의 핵심은 인식론적 전환, 즉 우리가 현실의 본질과 그것을 아는 수단을 이해하는 방식을 근본적으로 재조정하는 것이다. 신유물론은 화이트헤드의 철학과 들뢰즈의 리좀적 사고, 라투르의 행위자-네트워크 이론, 바라드의 행위적 실재론 등 다양한 출처에서 영감을 받았다(Coole & Frost, 2010).

따라서 여기에서는 신유물론 사상의 지적 계보를 추적하고 주요 개념을 검토하며, 윤리, 정치, 인간의 조건에 대한 우리 이해에 대한 재구성을 시도할 것이다. 제인 베넷의 생동하는 물질에서 캐런 바라드(Karen Barad)의 행위적 실재론에 이르기까지, 이 분야의 중요한 사상가들의 작품을 탐구하면서 이러한 사상이 어떻게 인간 중심적 세계관에 도전하고 인간 너머의 세계에서 주체성과 책임에 대한 새로운 사고의 길을 열어 주는지 살펴볼 것이다. 이 이론적 지형을 탐색하면서 신유물론이 포스트휴머니즘, 객체 지향 존재론, 사변적 실재론 등 다른 현대 철학의 사조들과 어떻게 교차하고 이를 풍성하게 하는지도 알아볼 것이다. 또한 신유물론적 사고의 한계와 문제점도 함께 살펴볼 것인데, 신유물론적 통찰이 실제 윤리적·정치적 현실과 어떤 괴리가 있는지와 이를 극복하기 위한 방안까지 함께 고찰한다. 궁극적으로 이 장에서는 물질과 행위의 본질을 재고함으로써 신유물론이 어떻게 우리 시대의 복잡하게 얽힌 문제를 해결하기 위한 개념적 도구를 제공하는지 살펴보는 것을 목적으로 한다. 수많은 이분법적 경계들이 점점 더 모호해지고 불확실한 미래를 마주하고 있는 지금, 신유물론은 생동하고 역동적인 우주에서 우리의 위치를 다시 상상할 수 있는 철학을 제공할 것이다.

1. 물질로의 전회

현대 철학의 복잡한 구조 속에서 철학의 물질로의 전회는 양자역학, 페미니즘, 환경 철학, 포스트휴먼 연구의 통찰이 서로 얽히는 상황에서 태어났다. 21세기 초에 구체화된 이 지적 운동은 단순한 철학적 운동이 아니라 물질 자체에 대한 근본적인 재개념화, 즉 우리가 형태를 가진 존재들 사이의 얽힘과 관계를 이해하는 방식에 관한 재성찰을 만들어 냈다. 신유물론을 향한 여정은 역설적이게도 포스트 구조주의 사상의 비물질적인 영역에서 시작된다. "텍스트 바깥에는 아무것도 없다"라는 데리다의 유명한 선언으로 상징되는 언어와 사고에 관한 철학은 의도치 않게 '언어에 너무 많은 권력이 부여된 이론적 거석'이라는 비판을 가져왔다(Barad, 2007). 이러한 언어적 헤게모니는 담론이 현실을 형성하는 방식을 이해하는 데는 매우 유용하지만, 존재의 생생한 물질성을 드러내는 데는 한계를 보이게 된다. 마누엘 데란다(Manuel DeLanda)가 주장한 것처럼, 이러한 '언어적 오류'는 물질적 현실의 역동성과 복잡성을 단순한 사회적 구성으로 축소시켜 우리 시대의 시급한 문제에 대처할 수 있는 능력을 갖추지 못하게 만들었으며(DeLanda, 2006), 우리의 생각과 성찰을 관념의 추상성으로부터 탈주시키지 못하고 위기와 변화를 둔감하게 하여 정신적 승리의 자조 속에 머물게 했다.

이러한 상황에서 양자역학은 물질성을 재구성하는 데 결정적인 돌파구를 제공하게 된다. 양자 현상에 대한 닐스 보어(Niels Bohr)의 통찰은 물질 자체의 근본적인 불확정성을 제시하며 기존 물리학에 도전했다. 보어에게 객관성이란 "실험 조건을 정의하는 물체/신체들에 남겨진 지속적 표식"의 문제이며, "관찰의 대상과 행위 주체" 사이의 본래적 구분 위에서 단언되는 것이 아닌 관찰자의 독립성을 외시적으로 의미하는 뉴턴적 '객관성'과는 분명한 대조를 이루는 것이다(바라드, 1999). 따라서 바라드는 '행위적 실재론'이라는 통찰을 바탕으로 물질이 인간의 표상을 기다리는 수동적인 것이 아니라 세계 생성에 적극적으로 참여하는 주체라고 제안한다. 그래서 내부에서의 상호 작용 혹은 내부적 작용을 의미하는 '간-행'intra-action이라는 개념을 통해 관찰의 대상과 행위 주체의 분리 불가능성을 주장하고, 주체와 객체의 이분법적 구분을 거부하는 새로운 존재론을 제안하게 된다.

내가 제안하고자 하는 존재론은 (고전적 실재론자들이 가정해 온 대로) 의미화에 앞서는 존재라는 고착화된 개념을 설정하지 않으며, (칸트적 초월주의에서 그런 것처럼) 언어에 전적으로 접근 가능한 존재 역시 설정하지 않는다. 우리가 내부에서 상호 작용하는 현실 — 내가 행위적 실재agential reality라고 부르는 것 — 은 물질적-담론적 현상으로 구성된다. 행위적 실재는 인간의 실천에 독립적인 고착화된 존재론이 아니라 우리의 물질적-담론적인 내부적 상호 작용을 통해서 지속적으로 재구성된다(바라드, 1999).

이러한 존재론적 재규정은 현대의 환경 위기 맥락에서 그리고 인공지능이 도래한 사회에서 더욱 절실하게 다가온다. 기후 위기나 핵폐기물과 같은 문제는 시간과 공간의 한계를 넘어 매우 광범위하게 분포되어 '초객체'hyperobjects로서 우리에게 다가온다. 이것은 우리가 기존의 철학이나 개념으로 설명할 수 없는 것이며 새로운 개념적 도구의 필요성을 강조하는 것이다. 더군다나 이러한 현상은 전통적인 철학적 틀을 넘어서는 방식으로 새로운 존재론을 부르며 '물질의 지질학적·지구적·심층적 시간'에 직면하게 한다(Colebrook, 2015).

지금까지 존재들의 관계나 상호 작용은 주체와 객체 사이의 관계였다. 즉 관계 이전에 이미 주체와 객체가 결정되어 이들이 어떻게 상호 작용하는지가 탐구되어 왔던 것이다. 하지만 신유물론은 관찰과 관계라는 행위가 주체와 객체를 결정하게 한다. 여기에서 미리 결정된 것은 아무것도 없다. 관계로 인해 불확정성은 확정성으로 전환되며 이것 역시 다른 관계에서는 다시 불확정성 속으로 넘어가게 된다. 그렇다면 여기에서 인간의 합리성과 주체성을 강조하며 자연의 지배자로 군림했던 근대적 휴머니즘의 사유는 무너진다. 이처럼 양자역학의 지혜는 철학적 존재론의 물질적 귀환을 가로지른다.

그리고 페미니즘과 포스트휴머니즘 이론도 신유물론의 발전에 큰 영향을 미쳤다. 젠더와 정체성을 사회적 구성물로 보는 기존의 페미니즘과 달리 새로운 페미니즘은 젠더의 문제를 생물학, 기술, 환경과 같은 물질적 요소가 문화 및 사회적 과정과 어떻게 상호 작용하는지 인식하는 것으로 전환한다. 특히 해러웨이의 "상황적 지식들"Situated Knowledges이나 『트러블과 함께하기』와 같은 글들은 순진한 현실주의나 극단적인 구성주의에 빠지지 않고 물질적 주체성에 대해 생각할 수 있는 중요한 통찰을 제시한다. 특히 그녀의 '실뜨기'string figures라는 개념은 현대 생활에서 물질과 의미의 복잡한 얽힘을 이해하는 데 강력한 은유를 제공한다.

실뜨기 게임은 패턴을 주고받는 것이고 실을 떨어뜨리면 실패하는 것이지만, 때로는 유효하게 작동하는 무엇을 발견하는 것이다. 문제가 되는 연결들을 전달하는 것이다. 실뜨기는 땅에서, 지구에서 유한한 번성을 위한 조건들을 만들기 위해 손에 손을 포개고, 손가락에 손가락을 걸고, 접합 부위에 접합 부위를 이어 가는 가운데 이야기를 하는 것이다. 이전에는 거기에 없었던, 중요하고 어쩌면 아름답기까지 한 무엇을 발견하는 것이다(Haraway, 2016a).

'실뜨기'는 우리의 존재를 정의하는 복잡하게 얽힌 관계를 말해 주고 있다. 실뜨기라는 인간의 행위는 인간, 동물, 식물, 기계 등 다양한 개체가 복잡하게 연결되어 있음을 상징한다. 실타래가 서로 얽혀 패턴을 형성하는 것처럼, 관계도 서로 엮여 세상을 형성한다. 그리고 우리는 이렇게 얽히고설킨 존재의 본질을 받아들임으로써 기후 위기, 부정의, 기술적 도전과 같은 문제를 해결할 수 있는 의미 있는 방법을 찾을 수 있다. 우리는 단순한 해결책이나 도피처를 찾기보다는 시대의 복잡한 문제에 직면하고 참여하여 '문제와 함께'해야 한다. 이러한 해러웨이의 지적은 신유물론의 사유를 더욱 풍성하게 한다. 즉 신유물론과 얽혀 새로운 개념을 통해 문제를 직면하게 하는 것이다. '실뜨기'의 행위는 물질로의 전회를 이끌고 있다.

2. 행위적 실재론과 '간-행'

물질과 의미 그리고 존재들이 끊임없는 관계를 형성하고 단절하며 서로 얽혀 있는 세계에서 캐런 바라드의 '행위적 실재론'은 현실 세계에 대한 우리의 이해를 근본적으로 변화시키고 있다. 이 이론적 장치는 존재론에서부터 윤리학 그리고 정치철학에 이르기까지 우리 사고의 변화를 요구하며 앞으로 다가올, 아니면 이미 도래한 어긋난 시대를 살아가기 위한 방편을 제공한다. 행위적 실재론의 핵심은 주요 존재론적 단위는 '사물'이나 '대상'이 아니라 현상, 즉 세계의 역동적인 관계에 있다는 것이다(Barad, 2007). 바라드가 자신의 저서 『우주와 중간에서 만나기』*Meeting the Universe Halfway*에서 밝힌 것처럼, 모든 것은 관계를 통해 구성되며, 존재와 본질 그리고 실존보다 앞서는 것이 '얽힘'이라는 주장은 '간-행'이라는 용어로 설명될 수 있다. 존재는 관계 이전에 구성될 수 없다는 것, 즉 관계를 맺기 전에는 존재하지 않고 관계를 통해 등장한다는 이 사고의 전환은 양자역학, 특히 측정 장치와 측정 현상의 분리 불가능성에 대한 보어의 통찰력을 기반으로 한다.

바라드가 설명한 것처럼, 기본적인 인식론적 단위는 고유한 경계와 속성을 가진 독립적인 객체가 아니라 현상이다. 그리고 현상은 현실을 구성하는 요소이며, 현실은 사물 자체나 현상 이면의 사물이 아니라 현상 속의 사물로 구성된다(Barad, 2014). 이 관점에서 주체와 객체라는 이분법적 도식은 사라지고, 인식론과 존재론이 분리되지 않고 물질적 참여라는 이해로 용해되기 시작한다. 바라드에 따르면, 우리는 세상 밖에 서서 지식을 얻는 것이 아니라 세상에 속해 있기에 '아는' 것이다. 우리는 세계에서 분화된 존재이다(Barad, 2007).

바라드가 제시한 '간-행'의 개념은 우리가 행위자를 어떻게 이해해야 하는지 설명한다. 행위적 실재론은 행위성을 개별 개체가 소유하는 것, 즉 대상에 대해 행동하는 주체의 속성으로 보는 대신 특정한 물질적 배열을 통해 행위성이 성립되는 것이라고 말한다. 그리고 이 물질적 배열에는 행위를 관찰하는 기계 혹은 장치가 포함된다. 여기에서 기계, 기구 혹은 장치는 단순한 관찰 도구가 아니라 경계를 만드는 관행이자 세계의 존재를 재구성하는 물질적이며 담론적인 현상이다. 즉 기구는 특정한 '절단' 또는 구분을 통해 현상을 생성하는 물질적·담론적 관행이며, 그것은 수동적인 도구가 아니라 현실의 구체화에 적극적으로 참여하여 지식의 대상과 주체를 모두 형성하는 것이다. 바라드는 이러한 기구들의 특징을 다음과 같이 정리한다.

> 기구는 특정한 물질적-담론적 실천이다.
> 기구는 중요한 차이들을 생산한다.
> 기구는 물질과 의미를 형성하는 경계-만들기 실천이다.
> 기구는 세계의 물질적 형성/역동적인 재형성하기이다.
> 기구는 그 자체가 현상이다.
> 기구는 내재적 경계를 지니지 않고 제한 없이 개방된 실천이다.
> 기구는 세계 속에 위치하는 것이 아니라 공간성과 시간성 그리고 역동성을 재구성하는 세계의 물질적 형성이다(박신현 외, 2022).

이러한 바라드의 인식이 가져올 윤리적 그리고 정치철학적 전환은 급진적이라 할 수 있다. 만약 우리가 주체성을 개별적 개인에게 존재하는 것이 아닌 '내부에서의-작용' 혹은 '간-행'을 통해 구성되는 것이라고 본다면, 책임과 의무의 문제 역시 재개념화되어야 한다. 바라드는 에마뉘엘 레비나스의 윤리학을 바탕으로 윤리적 그리고 정치적 책임이나 책무가 개인의 선택이 아니라 세계와의 구성적 얽힘에서 비롯된다는 '타자에 대한 책임의 윤리'를 발전시켰다. 이것은 근본적으로 외부화된 타자에 대한 올바른 대응에 관한 것이 아니라 우리가 일부가 되는 생생한 관계성에 대한 책임과 의무에 관한 것이라 할 수 있다(Dolphijn & van der Tuin, 2013). 다시 말해, 물질과 개념 중 어느 것도 우위를 차지하지 않으며, 이 둘은 함께 출현하고 상호 의존한다.

따라서 인간과 비인간이라는 개념 역시 물질들의 상호 작용의 결과이며, 인간의 윤리와 비인간의 윤리가 구분될 수 없고, 책임과 책무 역시 모두를 고려하여 확장되어야 한다. 여기에서 윤리의 문제는 비인간 그리고 물질과 혼합된다. 그리고 주체성은 인간을 넘어 행위 내 모든 참여자에게 분산된다. 따라서 권리의 문제도 비인간 그리고 물질과 혼합되고 확장될 수밖에 없다.

이 이론의 함의는 양자역학에서부터 페미니즘 이론, 환경 정의에서 인공지능 기술에 이르기까지 다양한 분야로 확대될 수 있다. 행위적 실재론은 과학적 실천을 이해하는 새로운 방법일 수 있으며, 실험적 현상이 단순히 발견되는 것이 아니라 특정한 실험적 준비를 통해 실질적으로 구현되는 과정이라는 것을 보여 준다. 아울러 인공지능이 빅데이터가 분석한 결과와 그 함의에 의존하고 있는 현대 사회에서, 행위적 실재론과 '간-행'의 개념은 우리가 현실 혹은 실재를 어떻게 해석해야 하는지도 알려 주고 있다. 인공지능은 단순한 도구가 아니라 현실에 적극적으로 참여하는 주체이며 지식을 형성하는 것으로 인식되어야 하는 것이다. 여기에서 기계와 인간의 근대적 구분은 의미를 상실하고, 기계와 인간의 권리는 분산된다.

물론 바라드 이론의 급진성은 수용적 측면에서 거부감을 일으키는 것이 사실이다. 일부 학자들은 이러한 이론이 지금의 기후 위기를 만든 인간의 책임감을 오히려 축소시킬 수 있다고 말하기도 하고, 어떤 학자들은 관계와 현상에 대한 강조가 사물의 상대적 안정성과 자율성을 상실하게 할 수도 있다고 말한다(Harman, 2018). 그리고 이러한 이론이 정치적 혐오와 갈등 그리고 적대감 등을 적절히 설명할 수 있는지에 관해 의문을 제기하기도 한다(Wenman, 2013).

하지만 이러한 비판에도 불구하고 그녀의 이론이 각광을 받는 이유는 행위적 실재론과 같은 이론들이 우리 시대의 도전에 걸맞은 책임과 선택을 사유할 수 있는 사고방식을 제공한다는 점일 것이다. 생태 위기, 기술 변화, 사회적 격변의 시대에 우리는 복잡한 물질과 반유기체적 얽힘을 이해하고, 이에 대응하는 데 도움이 되는 이론적 틀이 필요하다. 왜냐하면 우리가 속한 세계에 대한 책임은 우리가 선택한 임의의 구성에 의한 것이 아니라 수많은 존재자들과의 관계를 통해 구성된 관행들의 산물이기 때문이다(Barad, 2007).

3. 생동하는 물질과 정치 생태학

바라드의 이론이 등장하고, 신유물론이 발전하기 시작하면서 현대 철학의 무대에 제인 베넷의 '생동하는 물질'이라는 개념이 등장한다. 베넷의 이론을 통해 세상과 물질은 움직이고, 존재를 발현하며, 사태를 발생시키고, 사건의 방향을 전환하는 능력을 가지게 된다. 특히 '사물-권력'이라는 개념은 인간의 의도와 무관하게 사건과 행위에 영향을 미칠 수 있는 사물의 본질적인 능력을 설명하면서 신유물론에 역동성을 부여한다. 베넷이 주장하는 역동적 혹은 생동하는 유물론은 물질이 인간의 선택에 따라서 움직이기를 기다리는 죽은 불활성의 것이 아니라, 세상에 영향을 미칠 수 있는 살아 있는 힘 또는 권력이라는 급진적인 사유를 전제로 한다.

베넷은 자신의 유명한 저서『생동하는 물질』에서 음식물이나 공산품 그리고 날씨나 다른 금속 물질 등과 같은 사물이 인간의 의지와 계획을 방해하거나 차단하는 능력뿐만 아니라 자신만의 성향이나 경향을 가진 주체나 권력으로 생각할 필요가 있다고 주장한다(Bennett, 2010). 특히 그녀는 '정동'affect이라는 개념을 인간의 신체에 국한하지 않고 비인간적 신체에 존재하는 내재성에 초점을 맞추며 사물의 주체적 권력과 힘으로 나아간다. 이러한 물질의 주체성에 대한 재개념화는 인류가 한 번도 경험한 적이 없는 생태학적 도전에 직면한 위기의 순간에 등장한 것이다. 인류세라고 불리는 이 시대, 즉 인간의 활동으로 특징지어지는 현재의 지질학적 시대는 역설적으로 물질적 과정에 대한 인간의 통제력에 한계가 있다는 것을 나타내고 있다. 위기는 오히려 우리에게 새로운 지혜를 주고 있다. 물론 우리가 직면한 위기는 대멸종의 시대를 예고하며 죽음을 부르고 있기도 하지만, '정동의 물질화'를 통해 우리는 자연을 지배하려는 인식의 한계를 직시하게 되었고, 사물과 생태계를 새로운 시각으로 볼 수 있게 된 것이다(Povinelli, 2021). 비인격적 정동과 물질의 생동에 대해 베넷은 다음과 같이 말하고 있다.

> 내가 비인격적 정동 혹은 물질적 생동이라고 지칭하는 것은 그것을 담는다고 하는 물질에 영적 보조물이나 '생명력'을 더하고자 하는 것이 아니다. 나는 전통적 의미의 생명력이 아니라 정동을 물질성과 동일시하지만, 신체에 들어가서 생기를 불어넣을 수 있는 별도의 힘을 상정하지 않는다. 다시 말하지만, 나의 목표는 물질성에 내재된 생명력을 이론화하고, 수동적이고 기계적이거나 신이 주입한 물질의 모습에서 물질성을 분리해 내는 것이다. 이 생동하는 물질은 인간이나 신의 창조적 활동을 위한 원료가 아니다(Bennett, 2010).

우리는 죽음에 직면하고서야 플라스틱 물질이나 방사성 폐기물과 같은 공간적 그리고 시간적 한계를 넘어서는 '초객체'의 존재를 인식하게 되었으며, 인간의 활동이 지구 전체와 관계된다는 것을 알게 되었다. 이처럼 '생동하는 물질'이라는 개념은 우리에게 죽음을 직시하게 하면서 본래적 존재로 돌아가게 한다. 그리고 선택권이나 권리라는 개념이 인간과 비인간 행위자의 집합에 분산되어 있다는 사실을 인정하게 만든다. 따라서 우리는 죽음과 대멸종 앞에서 우리가 가진 정치 이론을 확장할 수밖에 없다. 정치는 이제 인간의 관심사와 '인간 중심주의적' 경계를 넘어 물질과 생태계로 확장되어야 하는 것이다. 왜냐하면 그것은 인간의 권리만이 아니라 물질의 권리를 위해서도 필요하기 때문이다. 윌리엄 코넬리(William E. Connolly)가 지적한 것처럼, "더 큰 권력과 존재들의 참여를 인간이 이제는 겸허히 인정해야 하는 때가 왔다. 우리는 그들의 권력을 정치적·윤리적 실천의 영역에 포함"시켜야 하는 것이다(Connolly, 2013). 이러한 인식은 이자벨 스텡거스(Isabelle Stengers)가 '코스모폴리틱스'cosmopolitics라고 부르는, 인간이 아닌 행위자의 주체성과 인간 이상의 집합 복잡성을 인정하는 정치를 요구하는 것이기도 하다(Stengers, 2010).

그리고 베넷 이론의 핵심에는 들뢰즈와 과타리의 철학에서 유래한 집합체assemblages 개념이 놓여 있다. 집합체는 인간과 비인간 등 다양한 요소들이 모여 부분으로 환원할 수 없는 속성을 가진 새로운 전체를 형성하는 임시적인 그룹이다. 이러한 집합체에서는 행위자가 인간에게만 집중되지 않고 모든 구성 요소에 분산되어 있다. 또한 이 개념은 결과가 여러 힘의 복잡한 상호 작용에서 비롯된다는 점을 강조한다. 집합체 내에서 물질의 선택성을 인식하면 인과관계와 책임에 대한 이해가 바뀌고, 전통적으로 인간이 아닌 존재를 배제하거나 차별해 왔던 윤리적·정치적 체계에 대한 재평가를 하게 된다. 왜 우리가 강과 숲, 동물, 기계 그리고 물질들을 민주주의의 행위자라고 한 번도 생각해 본 적이 없는지 다시 성찰하게 되는 것이다. 그리고 '생동하는 물질'이라는 베넷의 통찰은 다양한 방향으로 발전되고 활용되어 왔다. 예를 들어 도시 인프라가 인간의 정치적 행동을 가능하게 하는 동시에 제약하는 물질적 선택의 형태를 어떻게 보여 주는지 탐구하게 했으며, 동시에 콘크리트, 강철, 전기 및 다양한 시설물들과 같은 평범해 보이는 물질이 어떻게 인간의 삶과 관계하며 인간의 의도를 넘어서는 방식으로 정치적 가능성을 형성하는지 보여 주었다. 인간이라는 주체가 사물들과 어떻게 관계하는 것인지가 아니라 주체성 자체가 사물들의 관계 속에서 구성되거나 파괴된다는 것을 보여 준 것이다.

　기후 위기와 인공지능의 시대에 베넷의 이론은 우리의 사유를 확장시킨다. 이 이론은 인간의 행동이 위기를 초래했지만, 이제 기후나 인공지능 자체가 물질의 자율적 행동 능력을 보여 주는 환원 과정과 변곡점이라는 독자적인 권력을 가지고 있다고 설명한다. 이제 물질과 사물의 힘은 인간의 주체성을 넘어 자신의 능력을 현시하고 있다. 그것은 인간의 의도와 무관한 것이다. 코로나19와 같은 사태는 역동적인 물질의 정치적 작용을 극적으로 보여 주었다. 브라이도티가 주장한 것처럼, 이 바이러스는 인간이 아닌 행위자가 어떻게 글로벌 정치 및 경제 시스템을 빠르게 재편할 수 있는지를 보여 준다(Braidotti, 2019). 이는 인간 문제를 형성하는 데 있어 비인간적인 권력의 주체성을 인정하는 '포스트휴먼 지식'이라고 불리는 지식의 방식과 공명하는 것이다.

제인 베넷의 '생동하는 물질'은 물질을 능동적이고 활기차며 주체적인 것으로 바라보는 급진적 사유이다. 우리에게는 지금 급진성이 필요하다. 이제 더 이상 근대적 사유, 즉 '지금'만 넘어가고자 미봉책을 조장하는 철학으로 우리의 삶을 연장시킬 수 없다. 베넷은 인간 중심적 패러다임에 도전하고 집합체 내 분산된 주체성을 강조함으로써 물질 세계에 관한 윤리적이고 지속 가능한 참여를 위한 기반을 제공하고 있다.

4장
교차점과 긴장: 포스트휴머니즘, 녹색 공화주의, 신유물론 종합하기

> 시대가 어긋났다.
> 저주받은 운명이여,
> 그것을 바로잡기 위해 태어났다니!
> (『햄릿』, 1막 5장)

시대가 어긋났다. 우리는 생태적 위기와 기술 변화의 소용돌이 한가운데로 빠져들고 있다. 우리 다음 세대는 햄릿이 그랬던 것처럼 저주받은 운명을 간직한 세대일지도 모른다. 왜냐하면 그들은 앞으로 인류가 경험하지 못한 가장 가혹한 환경에서 삶을 살아내야 할 것이기 때문이다. 그 버거운 삶은 어쩌면 그리 길지 않을 수도 있다. 시대가 한참 어긋났다. 따라서 여기에서는 불안함과 절망감 앞에서 그래도 무엇이라도 하기 위해, 위에서 제시한 세 가지 이론적 틀, 즉 포스트휴머니즘과 녹색 공화주의 그리고 신유물론 사이의 복잡한 교차점과 긴장에 대해 살펴보도록 하겠다.

세 가지 이론은 모두 서로 다른 지적 전통에서 발전한 것이 사실이다. 하지만 이 이론들은 모두 인간 중심주의적 자유주의에 대한 비판과 광범위한 생태 및 물질 시스템 안에서 인간의 한계와 인간을 넘어선 주체성과 정치적 권리 등을 인정한다는 점에서 중요한 공통점을 공유하기도 한다. 포스트휴머니즘의 인간 예외주의에 대한 의문은 녹색 공화주의의 생태적 시민권에 대한 강조와 맥락을 공유한다. 그리고 신유물론의 분산된 주체성에 대한 강조는 원자론적 개인주의를 거부하는 다른 두 이론의 한계를 보완하는 효과를 가지고 있다. 하지만 이들이 제안하는 대안에는 상당한 긴장이 존재한다. 고전적 공화주의 사상에 뿌리를 두고 있는 녹색 공화주의의 시민적 덕성과 정치 참여에 대한 강조는 포스트휴머니즘의 급진적 인간 주체성의 탈중심화와 모순되는 것처럼 보일 수 있다. 또한 모든 물질에 동등한 존재론적 지위를 부여하는 신유물론의 평평한 존재론은 녹색 공화주의의 정치적 심의에 대한 규범적 특권에 도전하기도 한다. 그리고 신유물론의 주체성에 대한 분산은 인간 존재들의 책임 소재를 약화시킬 수도 있다.

이러한 긴장을 해결하기 위해서는 신중한 철학적 작업이 필요하다. 라투르가 주장한 것처럼, 우리는 인간 정치 행위자의 고유한 능력과 비인간 행위자와의 근본적인 얽힘을 모두 인정하는 방법을 찾아야 한다(Latour, 2004). 그 실마리는 인간과 비인간 행위자 사이의 단순한 이분법이나 대립을 넘어서고자 바라드가 제시한 '간-행', 즉 행위자가 관계에 선행하는 것이 아니라 관계를 통해 나타난다는 이론에서 찾을 수 있을 것이다(Barad, 2007). 이론이나 개념도 관계를 통해서 자신의 독자성을 얻을 수 있다. 이론은 현실을 포괄하지 못하고, 결코 현실을 따라잡지 못한다. 이론이 물질과 인간 그리고 다른 존재들과의 관계로 인해 이론일 수 있는 것처럼 이론들도 서로 간의 관계에 의해 정립된다.

따라서 위 세 가지 이론들 사이의 긴장이 이론의 종합에 절대적인 약점이 될 수 없으며, 인류세에서 정치적이며 윤리적인 삶을 개념화하는 새로운 방식을 창출하는 데 오히려 생산적일 수 있다. 이러한 개념을 담론의 한가운데 가져옴으로써 우리는 존재의 얽힘을 인정하는 정치 조직의 형태를 상상할 수 있을 것이다. 그리고 이러한 종합을 위한 시도는 해러웨이가 그토록 분투했던 것, 즉 전통적인 휴머니즘으로 후퇴하거나 인간의 책임을 완전히 포기하지 않고 문제와 함께 머무르고자 했던 노력과 가능성에 도움을 받게 될 것이다.

1. 비판의 공유지와 융합

다양한 경전들이 먼 길을 돌아서 결국 모두 깨달음에 이르는 것처럼, 포스트휴머니즘과 녹색 공화주의 그리고 신유물론은 근대성의 지배적 패러다임에 대한 근본적인 비판이라는 점에서 모두 하나의 지류로 스며들게 된다. 각기 다른 기원과 방법론에도 불구하고 이 세 가지 이론 체계는 전통적 서구 사상에 깊은 회의를 공유하며, 인간의 주체성과 인간을 중심으로 하는 휴머니즘, 곧 인본주의적 사유에 의문을 공유하고 있다. 인간을 넘어서 인간을 다시 살리려는 공유지에 이 세 가지 사유는 조용히 안착한다. 따라서 이들의 융합은 저 비판의 공유지가 가진 토양에 의해 가능할 것이며, 인류세에서 인간-자연-기술의 관계를 재개념화하기 위한 풍부한 이론적 지형을 제공할 것이다.

이 이론들이 가진 중요한 공통점은 우선 데카르트의 이원론과 그 인식론적 유산에 대한 강한 비판에서 드러난다. 이들 모두 계몽주의 이후 서양 철학을 지배해 온 주체와 객체의 분열에 대한 반역이다. 포스트휴머니즘은 하이브리드 주관성에 대한 탐구와 앎의 주체와 앎의 대상 사이의 경직된 경계가 인위적이라는 것을 드러낸다(Hayles, 1999). 그리고 녹색 공화주의는 지식이라고 하는 것이 생태학적 맥락에서 생태계 내부의 관계에 따라 형성되는 것이라고 강조한다(Barry, 2012). 또한 양자역학과 복잡성 이론을 바탕으로 하고 있는 신유물론은 '인식-존재론'을 강조하며 아는 것과 알려지는 것의 분리를 거부하는 이론을 제시한다. 이러한 세 가지 이론의 인식론은 근대가 자랑하는 주체의 선험적 종합 판단에 따른 인식의 과정을 거부하고, 관계와 얽힘이 인식과 존재를 만들며 동시에 주체와 객체를 만든다는 것으로 융합된다.

이러한 인식론적 융합은 방법론적 개인주의에 대한 비판으로까지 확장된다. 포스트휴머니즘은 배제와 차별을 위한 정치적 행위였던 자율적 인간 주체의 범주 자체에 의문을 제기하고(Wolfe, 2010), 녹색 공화주의는 고전적 자유주의 이론의 개인에 대한 개념이 환경적 시민권에 충분하지 못하다고 비판한다(Eckersley, 2004). 마찬가지로 신유물론은 얽혀 있는 존재의 망을 강조함으로써 독립된 개인 행위자라는 개념을 거부한다(Bennett, 2010). 그리고 이러한 공유된 비판은 행위자를 더 넓은 생태계와 물질적 네트워크에 분산되고 관계적이며 내재된 것으로 개념화할 수 있는 새로운 가능성을 열어 주고 있다.

그리고 바로 이 지점에서 인식론은 자연스럽게 존재론으로 나아간다. 물론 여기에서 인식론과 존재론이 구별되는 것은 아니지만, 형식적 관점에서 보자면 새로운 인식론이 새로운 존재의 개념을 만드는 것이다. 이러한 전환은 화이트헤드가 '자연의 이분화'라고 부르는 것, 즉 의식에 나타나는 현상으로서의 자연과 그러한 의식의 원인으로서의 자연의 분열조차 거부한다. 대신 소위 '관계적 존재론'이라고 할 수 있는 다양한 형태를 제안한다. 다시 말해 얽힘이 존재를 구성한다는 형태를 제시하는 것이다. 인간-기술-자연의 얽힘, 생동하는 물질들의 얽힘, 생태학적 상호 의존에 대한 얽힘이 바로 존재 그 자체인 것이다. 여기에서 존재는 얽힘 자체이고, 실존은 얽힘의 형태가 된다. 어떻게 얽혀 있고 단절되는가에 따라 실존이 형성되며 여기에서 본질은 사라진다. 왜냐하면 얽힘의 고착이 본질이지만, 그 고착이 그리 오래갈 수 없기 때문이다.

이러한 존재론적 재구성은 그 비판을 구성하는 방식과 그에 대한 접근 방식에서 차이를 보인다. 녹색 공화주의는 인간이 아닌 존재와 미래 세대를 포함하도록 정치적 고려의 범위를 확장하는 것에 반해, 포스트휴머니즘은 인간을 넘어선 세계에 대한 탐구를 통해 인간 예외주의에 도전한다. 그리고 신유물론은 '사물-권력'이라고 부르는 비인격적 권력과 힘이 세상을 형성하는 것을 긍정한다. 또한 기술적 공진화에 대한 포스트휴머니즘의 강조는 과거, 현재, 미래가 상호 구성적이라는 비선형적 시간성을 시사하지만(Hayles, 1999), 미래 세대에 대한 녹색 공화주의의 관심은 '생태학적 시간성'이라고 부르는 것을 필요로 한다(Eckersley, 2004). 또한 신유물론에서 시간은 선형적 인과관계에 의지하지 않으며 이러한 개념에 도전하고 있다(Bennett, 2010).

하지만 중요한 것은 세 가지 이론이 모두 권력과 정치 그리고 윤리를 얽힘의 인식과 존재로 생각한다는 것이다. 보편과 특수의 분리를 넘어서 앎과 대상과의 분리에 대한 해체까지 나아가며 윤리적·정치적 책임을 재개념화하려는 노력을 공유한다. 이 이론들은 모두 인간 중심적인 윤리적 체계와 자율적이며 독립적인 개인이라는 생각에 기반한 기존의 정치 이론을 거부한다. 대신 '반응-능력'이라고 할 수 있는 타자 혹은 다른 존재와의 얽힘에 대응하고 책임질 수 있는 능력의 다양한 형태를 제안한다(Haraway, 2016a). 이러한 윤리적 융합은 자유주의적 개인주의가 환경 문제에 어떻게 대응하는지 그리고 인공지능이라는 존재를 도구로 취급하며 오히려 호모 사피엔스의 상황을 악화시키는 상황에 대한 비판을 공유하는 것이다. 환경에 대한 녹색 공화주의의 집단적 책임과 지속 가능성 그리고 시민적 덕성에 대한 강조 및 포스트휴머니즘적 존재의 윤리와 신유물론의 물질적 주체성을 인정하는 사유는 '얽힘'이라는 공유지에서 서로 공명하고 있다.

이질적이지만 같은 방향을 향하고 있는 이 공명은 서로 다른 종들이 서로에게 의지하고 보살피며 번성하는 숲의 체계처럼 서로를 강화할 수 있다. 이들의 공통된 비판은 인류세의 정치적·윤리적 삶을 재구상하기 위한 강력한 토대를 제공하며, 차이점은 현대의 위기와 도전을 해결하기 위한 실마리를 제공한다. 이러한 융합과 종합은 '이론의 숲'에서 서로에게 의지하며 공생하고, 숲 전체를 번성하게 한다. 그리고 그 숲과 얽힌 수많은 다른 종들과 이론들의 지속을 유지한다.

2. 이론의 긴장과 충돌 그리고 촉수적 사고

로버트 프로스트(Robert L. Frost)는 "두 갈래 길이 숲속으로 나 있었다. 그래서 나는 사람이 덜 밟은 길을 택했고, 그것이 내 운명을 바꾸어 놓았다"라고 말했다. 이렇게 서로 다른 길은 다른 운명을 예고하는 것처럼, 포스트휴머니즘과 녹색 공화주의 그리고 신유물론이라는 이론의 갈래 길은 같은 점을 공유하면서도 근본적으로 다른 방향으로 나아가기도 한다. 세 가지 사유가 얽힌 이 이론의 숲길에서 나타나는 가장 큰 차이는 형이상학적 수준이다. 이론의 본질과 인과관계의 관점 그리고 주체성의 대한 철학적 긴장이 이 이론의 길 위에 나타난다. 녹색 공화주의는 생태학적 인식임에도 불구하고 큰 관점에서 보면 '수정된 인본주의'라고 할 수도 있는 것이다. 인간이라는 종을 자연 시스템 속에 있는 존재라고 인정하면서도 생태적 시민권에 대한 확장으로 나아가며 인간의 정치적 선택권에 특권을 부여하고자 한다. 즉 정치의 생태적 확장이 인간 선택의 문제라는 생각이다(Barry, 2012). 이는 포스트휴머니즘의 급진적인 인간 주체성에 대한 탈중심화(Wolfe, 2010)

와 신유물론의 인간과 비인간 행위자 사이의 주체성에 대한 해체 (Bennett, 2010)와 극명한 대조를 이룬다.

바라드가 말한 것처럼, 주체성은 인간의 의도성이나 주관성과 일치하는 것이 아니다(Barad, 2007). 하지만 녹색 공화주의는 인간의 선택권에 중심을 두며 형이상학적 긴장을 만들고 있다. 녹색 공화주의가 강조하는 인간의 정치적 숙의와 분산된 주체성을 강조하는 신유물론 그리고 인간 주체성에 대한 탈중심화를 말하는 포스트휴머니즘이 어떻게 조화를 이룰 수 있는가? 또한 녹색 공화주의와 포스트휴머니즘의 인식 체계에도 차이점이 나타난다. 녹색 공화주의는 기술주의적 전문성을 비판하면서도 환경 의사 결정에서 과학적 지식의 중요성을 강조한다(Eckersley, 2004). 이에 반해 해러웨이가 주장한 '상황적 지식'은 모든 지식의 부분성과 관점적인 성격을 강조한다. 또한 바라드의 '인식-존재론'에서는 앎은 존재와 분리되어 있지 않고 물질적-담론적 실천을 통해 드러나는 것이다.

또한 이 이론들의 가장 큰 긴장은 실천적인 거버넌스의 문제와 관련하여 극명하게 나타난다. 녹색 공화주의자들은 기존 의회 내에서 환경을 강조하고 생태계에 법인격을 부여하는 차원에서 위기를 극복하려고 하지만, 라투르와 같은 인물은 '사물의 의회'를 제안하며 정치적 대표성 자체에 대한 근본적인 재개념화를 제안하고 있다(Latour, 2004). 신유물론의 베넷 역시 '생동하는 물질'이라는 개념을 통해 정치적 주체와 대상에 대한 전통적인 틀 자체를 해체하려 한다(Bennett, 2010). 이러한 상황에서 정치적 해결과 대안의 타협점을 찾기는 쉽지 않다. 그리고 인공지능의 시대에 기술에 대한 관점도 서로 다르다고 할 수 있다. 포스트휴머니즘은 일반적으로 기술적 혼성화를 수용하는 반면(Hayles, 1999), 녹색 공화주의는 종종 '기술적 회의론'을 주장하기도 한다. 그리고 신유물론은 기술 그 자체를 집합체의 여러 행위자 중 한 가지 유형으로 분석하는 미묘한 입장을 취하기도 한다. 이렇게 이 이론의 나무는 규범적 차이를 보이며 근본적인 형이상학적 긴장을 보이고 있다. 뿌리에서부터 다른 방향으로 나아가면서 더는 한 그루의 나무가 되기 힘든 것처럼 보인다.

이 이론들의 형이상학적 그리고 규범적 긴장을 모두 해결하고 완전무결한 이론적 틀을 제시하는 것은 어쩌면 불가능한 일이다. 하지만 해러웨이가 제안한 것처럼, 우리는 모든 긴장을 해결하기보다는 '문제와 함께 머무르는 법'을 배워야 한다. 이러한 긴장을 억지로 해결하고 이론적 정합성을 구축하기보다는 서로 다른 이론적 접근 방식의 특징을 유지하면서 공존하고 공명할 수 있는 방안을 찾아야 한다. 아니 어쩌면 이러한 긴장 자체가 이론의 나무를 죽이는 독약이 되기보다는 풍부한 자양분이 될 수 있다. 이 긴장을 바탕으로 우리는 인간의 고유한 능력과 비인간적인 힘 및 권력의 철저한 융합을 모두 긍정하는 '얽힌 인본주의'를 개발할 수도 있으며 얽힘의 정치학과 윤리학을 구성할 수도 있다. 이 접근법은 인간의 고유성을 인정하면서도 동시에 비인간 존재자들과의 근본적인 얽힘을 인정하는 것이다(Connolly, 2017).

긴장과 차이는 오직 얽힘을 통해서만 나타난다. 얽힘을 통해 긴장은 생산되고 차이가 나타난다. 형이상학적 차이는 형이상학적 얽힘의 표현이다. 따라서 녹색 공화주의가 강조하는 인간의 선택에 관한 문제도 관점적 차원에서 바라볼 수 있으며 얽힘에 따라 다른 대안은 언제든 가능하다. 그리고 얽힘은 생성이다. 얽힘은 언제든 다른 것들과 얽힐 수 있기에 중심이 있을 수 없으며 정합성을 가질 수도 없다. 다양한 형태로 변화하는 이론적 얽힘에서 녹색 공화주의와 포스트휴머니즘 그리고 신유물론은 시대를 넘어서고자 하는 고리로 연결되어 있으며, 서로의 차이는 이 얽힌 이론을 다양한 형태로 구성하게 될 것이다.

포스트휴머니즘, 녹색 공화주의, 신유물론 사이의 차이는 극복되어야 할 장애물이 아니라 새로운 이론적 통찰을 창출할 수 있는 생산적인 긴장이다. 정합성을 통해 이론적 통합을 추구하는 것 자체가 이론으로부터 현실을 괴리시켜 추상적인 차원에만 머물게 하는 폭력일 수 있다. 그리고 정합성은 상황의 복잡성을 외면하게 하여 사태에 대한 대안을 발견하지 못하게 할 수도 있다. 따라서 우리는 이러한 이론들을 연결하기 위해 해러웨이가 '촉수적 사고'tentacular thinking라고 부른 접근법이 필요하다.

촉수는 육체가 없는 형상이 아니라 거미, 사람이나 너구리처럼 손가락이 있는 존재, 오징어, 해파리, 신경다발, 섬유질, 편모 존재, 근섬유, 미생물과 곰팡이의 엉킴, 기어다니는 것, 부풀어 오르는 뿌리와 덩굴손을 뻗어 올라가는 것 등이다. 촉수는 또한 그물망이자 네트워크이며 구름 안팎을 오가는 존재이다. 촉수는 점이나 구가 아닌 선 그리고 수많은 선을 따라 살아가는 삶에 관한 것이다. "인간과 인간이 아닌 모든 종류의 생명체, 그들은 모두 방랑자"이며 세대는 '서로 얽혀 있는 일련의 흔적'과 같다. 끈은 모든 것을 나타낸다(Haraway, 2016a).

해러웨이가 말한 '촉수적 사고'는 세상을 이해하는 방식이다. 이것은 상호 연결성, 복잡성, 비선형적 연관성을 강조하는 세상을 이해하는 상호 작용을 의미하는 것이다. 거미, 해파리, 문어와 같은 존재에서 유래한 촉수의 이미지는 개방적이고 다면적이며 다양한 차원에 걸쳐 연결된 존재 방식을 상징한다. 이는 지속적인 얽힘, 집단적인 공생적 존재를 통해 세상과 소통하는 접근 방식을 구현하고, 고립이나 경직된 구조가 아닌 협업, 공동 창조, 공유 프로세스를 포함한다는 점에서 집단적으로 생산된다는 의미, 즉 함께-만들어-나가는-삶 '심포이시스'^{sympoiesis}라는 개념과 일치한다. 이는 지구상의 생명을 창조하고 유지하는 데 있어 인간과 비인간 존재가 얽혀 있음을 나타내는 것이다.

이처럼 우리는 '촉수적 사고'라고 부르는 접근법을 통해 하나의 정합적 이론에 근거한 해결책을 찾기보다는 여러 가지 서로 얽혀 있는 경로를 인식하는 접근법을 수용함으로써 각각의 이론들이 제공하는 풍부한 통찰력을 유지하면서 현대 기후 위기와 인공지능 시대의 도래에 대비해야 한다. 그 어느 단일한 사고도 미래에 대응하기에는 부족하다. 우리는 '촉수적 사고'를 통해 녹색 공화주의, 포스트휴머니즘 그리고 신유물론을 연결하여 미래를 살아 내야 한다.

3. 얽힘의 통합적 틀을 향하여

아침에 이슬이 맺혀 빛나는 거미줄처럼, '얽힘'은 포스트휴머니즘, 녹색 공화주의, 신유물론의 다양한 가닥을 하나의 반짝이는 이론적 틀로 엮어 낸다. 이 통합은 해러웨이의 '촉수적 사고'와 함께 인간과 비인간, 물질과 의미, 자연과 문화 사이의 경계를 넘어 복잡하고 혼란스러우며 상호 연결된 그물망 속에 던져진 모든 존재자들을 포용한다. 통합에 대한 이러한 접근 방식은 바라드가 '간-행', 즉 얽혀 있는 기관들의 근본적인 분리 불가능성을 인정하는 것에서 시작된다. 기존의 개별 행위자 간의 전통적인 상호작용과 달리, 간-행은 산호충이 폴립이라고 하는 수많은 촉수를 이용해 동물성 플랑크톤 등을 잡아먹고 다시 산호초를 형성해 해양생물의 서식을 돕는 공생의 생활처럼, 개체가 관계를 통해 생겨난다는 점을 인식하는 것이다. 이러한 존재론적 전환은 기관, 윤리, 정치 조직을 개념화하는 새로운 방식이다.

이 통합적 틀의 첫 번째 핵심은 '분산된 행위성'을 인정하는 것이다. 베넷이 주장한 것처럼, '행위성'이라고 하는 것은 박테리아에서 관료제, 알고리즘에서 대기에 이르기까지 인간과 비인간 행위자의 집합체에서 비롯된다. 이는 개별 자율적 행위자에 대한 자유주의적 인본주의 개념과 비인간을 수동적인 자원으로 축소시키는 단순한 환경 윤리에 도전하는 것이며, 동시에 세계를 구성하는 과정에서 모든 참여자의 주체성을 인정하는 '코스모폴리틱스'를 수용하는 것이다. 그리고 통합적 틀을 위한 두 번째 요소는 해러웨이가 '반응-능력'response-ability이라고 부르는 것으로 상호 의존의 얽힘을 유지하면서 다른 기관이나 개체들에 대응할 수 있는 능력과 의무를 말한다. 이 얽힘의 윤리는 책임과 의무가 수반된다는 것을 강조한다. 산호초가 멸종하고 생물종이 사라지는 상황 그리고 인공지능이 새롭게 부상하는 상황에서 인간의 행동은 복잡한 생태계와 기술의 반향을 일으키고 있다. 그리고 이것은 통제되거나 멈출 수 있을 것 같지도 않다. 자본의 폭력과 한계점을 넘은 시점에서 통제는 불가능하다. 대신 최소한 문제를 '알아차리는 기술'arts of noticing이라도 필요하다(Tsing, 2021). 얽힘을 기반으로 하는 '반응-능력'이 중요한 이유가 바로 여기에 있다. 문제를 발견하기 위해서는 문제에 반응해야 하기 때문이다.

통합을 위한 세 번째 요소는 '시간적 얽힘'을 인식하는 것이다. 이것은 기후 위기 시대에 인간과 지질학적 시간 척도가 서로 얽혀 있는 '역사의 충돌'을 인식하는 것이며(Chakrabarty, 2009), 동시에 극단적인 기후 변화의 충격과 환경 파괴의 느린 폭력 그리고 미래와 진화의 깊은 시간까지 고려하는 여러 시간대에 걸쳐 사고할 능력을 요구한다. 다시 말해 지금 우리는 우리 시간대에서만 살고 있지 않다는 것을 인식하는 것이다. 우리는 과거에서 살고 있으며 동시에 미래에도 살고 있다. '세대 간 정의'라는 것을 말하기 위해서라도 이러한 시간의 얽힘을 인식하는 것이 중요하다. 또한 시간과 함께 우리는 '공간적 얽힘'을 인식하는 것도 중요하다. 이것이 바로 통합을 위한 네 번째 요소이다. '글로벌 공간 감각'global sense of place이라고 부르는 것, 즉 광범위한 관계에 완전히 스며든 지역과 특수성을 인정하는 것이다. 하나의 강에서 독성 물질이 유출되면 전 세계 해양생물에 영향을 미치게 되고, 한 나라의 탄소 배출은 모든 장소와 공간의 기후를 재구성한다. 이러한 공간적 얽힘은 지역적 특수성과 지구적 과정을 모두 다룰 수 있는 정치체를 요구하며 이론적 통합을 위한 주요 요소라 할 수 있다.

이러한 네 가지 요소들을 통해 녹색 공화주의, 포스트휴머니즘 그리고 신유물론은 하나이면서 여럿인 다면체로 통합될 수 있다. 그리고 이러한 통합은 환경 거버넌스와 정치 조직에 대한 새로운 접근 방식을 제시한다. 하향식 규제나 시장 기반적 대안으로는 한계가 있으며, '다중심' 시스템, 즉 소통과 조정의 네트워크를 통해 연결된 다양한 규모의 의사 결정 기구가 필요하다(Ostrom, 2010). 이를 통해 라투르가 말한 비판을 넘어 대안을 구성하고자 하는 정치를 구현할 수 있으며, 다양한 인간과 비인간의 목소리에 주의를 기울여 점진적으로 공동의 세계를 조립할 수 있다(Latour, 2004).

물론 이러한 통합의 구조는 근본적으로 개방적이고 생성적이며 미완성의 형태로 남아 있는 것이 사실이다. 그리고 이것은 미완성이어야 한다. 왜냐하면 이해의 패턴을 만들어 내는 동시에 다른 사람들에 의해 수용되고 변형될 수 있을 만큼 충분한 유연성을 가져야 하기 때문이다. 이 통합의 구조는 경직된 시스템이나 최종적인 대안을 제시하는 것에 반대한다. 이것은 얽힌 세계에 대한 개념적 토대를 제시하며 담론과 지속 가능한 고민 그리고 실천의 영역으로 나아가고자 하는 시도이다. 그리고 이 통합은 환경이나 기술 정치를 넘어 지식 자체를 재개념화하는 데까지 나아간다. 바라드의 '윤리적-존재-인식론'ethico-onto-epistemology을 바탕으로 우리는 앎이 존재 및 윤리적 참여와 분리될 수 없음을 인식한다. 이는 현실의 환원 불가능한 복잡성이라는 '혼란'을 포용하는 동시에 결과에 대한 엄격성을 유지하는 것이며 다양한 관점의 서사에 집중한다.

'촉수적 사고'를 통한 이론의 통합은 여전히 진행 중인 작업이다. 그리고 이 작업은 끝나지 않을 것이다. 이것은 끝이 있는 작업이 아니라 '협력적 생존'collaborative survival을 위한 하나의 실천이기 때문이다. 대멸종과 인공지능의 시대에 생존과 지속 가능성을 위한 실천적 작업이다. 그리고 얽힘을 끊어 내지 않기 위한 몸부림인 것이다. 얽힘의 단절은 존재의 단절이고 그것은 곧 완전한 무無로의 진입이다. 그리고 이러한 통합의 작업은 절망도 아니며 거짓된 희망도 아니다.

제2부

얽힘의 형이상학

5장
얽힌 세계

> 우리가 태어날 때,
> 바보들만 있는 이 큰 무대에 나온 것이 슬퍼 우는 거야.
> (『리어왕』, 4막 6장)

고뇌에 빠진 리어왕의 대사에서 우리는 인간 존재가 통제할 수 없는 그물망 속에서 펼쳐지고, 세상의 복잡함과 그것을 깨닫지 못하고 있다는 안타까움을 느낄 수 있다. 그리고 우리를 정의하고 혼란스럽게 하는 관계의 광대한 상호 작용이 존재한다는 통찰한 깨달음을 포착할 수 있다. 얽힘의 형이상학은 바로 이런 문제의식에서 출발한다. 세계는 개별적인 사물들의 집합이 아니라 전체가 부분의 합보다 더 큰 짜임새 있는 네트워크라는 통찰에서 시작하는 것이다. 수 세기 동안 서양의 형이상학은 세계를 정신과 물질, 주체와 대상의 영역으로 구분하는 데카르트적 이원론이라는 극단적 구분법의 틀에 의해 지배되었다. 이 패러다임은 인간 이성을 기계적 우주의 주권적 해석자로 승격시켜 분리 가능성과 지배의 존재론을 조장했다. 하지만 과학적 발전과 철학적 혁명이 전개되면서 이 웅장한 성에 균열이 생기기 시작했다. 양자역학, 생태 과학 그리고 관계적 철학은 더 깊은 진실을 밝혀냈다. 존재는 고립된 실체가 아니라 존재를 구성하는 역동적 관계의 문제라는 사실을 말이다.

'얽힘'이라는 개념은 양자역학에서 처음으로 나타났는데, 이 현상은 입자들이 아무리 멀리 떨어져 있어도 하나의 양자계를 이루는 특별한 상태를 말한다. 양자 입자들이 얽힘 상태에 있다면 두 입자가 수십억 광년이 떨어져 있다 하더라도 중첩 붕괴는 동일하게 나타나게 된다는 해석이다. "빛보다 빠른 정보 전달은 불가능하다"라고 주장한 아인슈타인은 이를 끝까지 믿지 않았지만, 양자 얽힘 현상은 이론적·실험적으로 입증되며 현재는 다양한 분야에서 응용되고 있다. 문제는 이 '얽힘'이라는 것이 물리학에만 국한된 것은 아니라는 사실이다. 얽힘의 의미는 양자 영역을 훨씬 뛰어넘는다. 얽힘은 독립성, 국소성, 본질적 속성에 대한 전통적인 형이상학적 가정에 의문을 제기하고 대신 관계적 존재론을 채택하게 만든다. 얽힘은 '얽힘'이 우발적인 특징이 아니라 존재의 근본적인 속성임을 보여 주고 있는 것이다(Esfeld, 2004).

물론 관계적 존재론은 그 나름대로 철학적 뿌리를 가지고 있기도 하다. 스피노자의 이론은 무한한 상호 연결을 통해 자신을 표현하는 단일 실체를 상상했고, 화이트헤드는 '과정 철학'이라는 것을 통해 현실을 정적 실체가 아닌 일련의 사건으로 묘사했다. 이러한 통찰은 양자 얽힘에 의해 밝혀진 내용들과 그 맥락을 공유하며 전체가 부분으로 환원될 수 있는 것이 아니라 부분이 전체에 의존한다는 것을 상기시키고 있다. 이 관점에서 얽힘의 형이상학은 인과관계, 개별성, 주체성과 같은 기초 개념들을 다시 생각하게 만든다.

또한 관계적 관점은 단순한 이론적 관점을 넘어 심오한 윤리적·정치적 함의를 담고 있기도 하다. 기후 위기는 단순한 환경 문제가 아니라 얽힘의 위기이며, 지구상의 생명을 유지하는 상호 의존성의 취약성을 드러내는 것이다. 기온 상승, 생물 다양성 손실, 생태계 붕괴는 관계적 네트워크 붕괴의 징후이자 증상이다. 이러한 위기를 해결하기 위해서 혹은 위기를 받아들이기 위해서는 기술적 해결책 이상의 것이 필요하다. 모든 존재의 상호 연결성을 인식하고, 책임의 관계적 윤리를 육성하는 세계관의 변화가 필요한 것이다. 그리고 인공지능과 첨단 기술의 급속한 발전은 얽힌 관점의 필요성을 더욱 강조한다. 복잡한 사회-기술 네트워크에 이미 내장된 인공지능 시스템은 인간 행위와 기계의 자율성 사이에 있는 경계선을 모호하게 만들고 있다. 이러한 기술은 고립된 도구가 아니라 거대한 관계 시스템의 참여자로서 거버넌스, 노동, 윤리 등을 재구성하고 있다. 그리고 이러한 것들을 이해하기 위해서는 공유된 행위와 공동 구성을 설명하는 형이상학적 틀이 필요하다.

코로나19와 기후 위기로 인한 이주가 극명하게 보여 주듯, 존재와 현상은 모두 연결되어 있으며 우리 시대의 얽힌 현실을 반영하는 거버넌스 구조를 재구상하도록 하고 있기도 하다. 얽힘의 형이상학은 이러한 복잡성을 헤쳐 나갈 수 있는 강력한 방법론적 틀이라 할 수 있다. 여기에서는 과정 철학, 신유물론, 포스트 휴머니즘 등 다양한 철학적 전통의 통찰을 통합하며 양자역학, 생태학, 정치학의 관점을 수용할 것이다. 이러한 방법은 셰익스피어의 연극적 은유와 같다. 인간이든 인간이 아니든 혹은 하나의 소품이든에 관계없이 이들 모두는 전개되는 드라마의 무대에서 역할을 수행하고 있다. 그리고 그것들은 모두 연결되어 있다. 얽힘의 형이상학은 우리가 고립된 주인공이 아니라 공유된 서사에서 공동의 창조자임을 상기시킨다.

전례 없는 도전의 갈림길에 서 있는 지금, 얽힘의 형이상학은 삶을 살아 내기 위한 마지막 사유의 기반이다. 이것은 우리가 세상을 파편화된 부분의 모음이 아니라 상호 연결된 실존의 그물망을 통해 모든 행동이 반향을 일으키는 역동적인 전체로 보도록 하고 있다. 이러한 관점의 전환은 현실에 대한 더 깊은 이해뿐만 아니라 새로운 도덕적 의무를 제공하기도 한다. 셰익스피어의 리어왕은 인간의 상태를 한탄하지만, 얽힘의 형이상학은 절망과 동시에 희망을 내포하고 있기도 하다. 왜냐하면 한 사람의 번영은 모든 사람의 번영과 불가분의 관계에 있기 때문이다.

1. 얽힘의 전제조건

철학적 탐구의 기초는 그러한 탐구를 가능하게 하는 전제조건이라 할 수 있다. 따라서 얽힘의 형이상학도 전제조건이 필요한데, 그것은 어떤 명제나 가설을 설정하는 것이 아니라 기존의 철학적 사고 체계에 대한 재성찰을 요구한다. 얽힘에 대해 말하는 것은 단순히 양자역학의 개념을 언급하는 것이 아니며, 현대 물리학에서 설명하는 실체의 관계적 구조를 가리키는 것도 아니다. 오히려 그것은 존재, 지식 그리고 변화에 대한 완전히 새로운 방향을 요구하는 사고 구조에 대한 파열, 기존 형이상학에 대한 반역을 불러일으키는 것이다. 얽힘은 기존의 철학적 체계 내에서 연구 대상이 아니었다. 이것은 철학적 사고 자체가 이해 가능해지는 조건을 재정의하는 것이다. 그리고 고전적 형이상학이 의존해 온 바로 그 범주를 파괴하고 물질, 인과관계, 동일성 그리고 주체성을 근본적으로 다시 생각하게 하는 것이다.

형이상학은 오랫동안 이분법적 가정에 기반해 운영되어 왔다. 아리스토텔레스의 물질에서 칸트가 말한 이해의 범주까지 철학적 전통은 묘사, 분류, 분리를 추구해 왔다. 실재는 뚜렷하며 독립적인 실체로 구성되어 있고, 각각 고유한 본질과 속성 그리고 정체성을 가지고 있다고 가정되었다. 하지만 이러한 형이상학적 구조는 얽힘의 무게로 인해 무너지기 시작했고, 관계성은 존재의 부차적인 것이 아닌 존재의 조건임이 드러나고 있다. 얽힘을 진지하게 받아들인다면 우리는 개별화의 형이상학을 넘어 존재와 존재자 이전에 관계가 선행한다는 관계의 형이상학으로 나아가게 된다. 존재에 관계가 선행하는 얽힘의 형이상학에서 개체는 관계에 우선하지 않고 바로 그 관계에 의해 구성된다. 그리고 이러한 변화는 인과관계에 대한 근본적인 재고찰을 요구하는 것이기도 하다. 고전적 형이상학은 선형적 인과관계의 모델에 기반을 두고 있으며, 이 체계에서는 하나의 개체가 다른 개체에 개별적인 순서로 작용한다는 것이다. 하지만 얽힘은 이러한 패러다임을 파괴하며, 비국소적임과 동시에 한 영역의 행동이 다른 영역에 즉각적으로 영향을 미칠 수 있다는 것을 긍정한다. 여기에서 원인과 결과 사이의 경계는 동적 공존의 영역으로 사라지게 된다. 이 얽힘의 존재론에서 인과성은 단방향의 힘이 아니라 상호 영향의 복잡한 작용이며, 각 사건은 반응이자 시작이고 결과이며 동시에 원인이다.

여기에서는 기존의 정체성에 관한 사유도 해체된다. 독립적인 정체성을 가진 독립적인 실체가 존재한다는 개념은 일관성이 없다. 왜냐하면 정체성은 얽힘의 기능으로 등장하는 것이기 때문이다. 얽힘은 끊임없는 상호 작용을 통해 형성되는 역동적이고 유동적인 구조이다. 존재한다는 것은 자기 폐쇄적인 존재로 있는 것이 아니라 전개되는 존재의 네트워크에 참여하는 것이다. 이러한 정체성의 재구성은 고전적 형이상학을 넘어서며 나아간다. 플라톤이 이데아 세계에 있는 불변의 형태를 현실의 기초로 여겼던 반면, 얽힘은 그러한 불변성과 고정성을 환상이라고 말한다. 칸트가 정신이 세계에 질서를 부여하는 범주의 초월적 틀을 확립하고자 했던 것과 달리, 얽힘의 형이상학은 지식의 구조가 선행하여 존재하는 것이 아니라 상호 작용에 의해 형성되는 것이라고 말한다. 그리고 존재는 단순히 드러나는 것이 아니라 그것이 나타나도록 하는 바로 그 관계에 의해 구성되는 것이다.

따라서 인식론도 여기에서는 다른 의미를 갖는다. 분리된 데카르트적 주체가 멀리서 세상을 관찰하는 방식과 달리 얽힘의 형이상학은 참여적인 방식으로 세상과 관계한다. 따라서 지식은 외부 현실에 대해 아는 것이 아니라 그 현실과 얽혀 상호 작용을 하면서 의미를 공동으로 창조하는 것이 된다. 이 얽힘의 인식론에서 진리라고 하는 것은 현실과의 일치가 아니라 공동 구성, 즉 얽힘을 통한 의미의 재창출 과정이다. 이것은 전통적인 인식론을 넘어서는 것으로 얽힘의 인식론은 출현의 인식론이다. 세계는 그 인식의 조건에 선행하는 것이 아니라 지식의 반복적인 과정이며 지속적으로 생성되는 것이다.

따라서 얽힘은 단순한 설명적 틀이 아니라 하나의 요구이다. 그것은 우리가 철학적 탐구의 근본을 재고하고, 분리라는 위안적인 환상을 버리고, 존재, 지식, 행동이 불가분의 관계에 있는 세계를 받아들일 것을 주장하는 것이다. 철학이 역사적으로 지식과 존재의 가능성의 조건을 정의하려고 노력했다면, 얽힘은 이러한 조건이 고정된 것이 아니라 출현하는 것이며, 보편적인 것이 아니라 우발적인 것이고, 분리된 것이 아니라 깊이 얽혀 있는 것임을 보여 준다. 이렇게 얽힘은 단순히 하나의 사유를 넘어 철학 자체에 대한 근본적인 도전이기도 하다. 그것은 우리가 전통적인 형이상학적 구조를 넘어 사고를 관계의 실천으로 재구성하도록 한다. 여기에서 의미, 진리, 존재는 얽힌 실타래를 통해 끊임없이 재구성된다.

2. 얽힘: 존재라는 사건

존재는 사건이다. 얽힘의 존재론은 존재가 고립된, 자급자족적인 실체들의 집합이 아니라 현실의 구조를 구성하는 역동적인 관계의 상호 작용이라는 인식에서 비롯된다. 이것을 인식한다는 것은 분리 가능성이 환상이며, 본질적으로 연결된 세계의 부차적 산물이라는 것을 인정하는 것이다. 얽힘의 형이상학은 존재, 지식, 책임을 서로에게 의존한다. 분리된 관찰자의 데카르트적 환상에서 벗어나, 모든 행동이 존재의 광대한 그물망에 영향을 미치는 불가분의 전체로서의 세계에 대한 이해로 나아간다.

물론 '얽힘'은 양자역학의 핵심적 내용 중 하나이다. 얽힘은 두 입장의 공간적 거리에 상관없이 한 입장의 상태가 다른 입장의 상태와 불가분의 관계에 있는 현상인 것이다. 이는 물체가 독립적인 속성을 가지고 있다는 기존의 직관에 반하는 것으로, 관계성이 근본적이라는 것을 시사한다. 하지만 이 발견의 의미는 물리학에서 형이상학으로 확장되어, 존재가 관계보다 우선한다는 오랜 가정에 도전한다. 이제 얽힘은 관계의 형이상학을 필요로 하며, 이것은 다시 얽힘의 형이상학을 구성한다(Esfeld, 2004). 이 형이상학에서 실체는 본질적인 속성을 가지지 않고, 그들이 속한 연결망에 의해 정의된다. 이 관점은 모든 것은 하나의 물질에 대한 표현 방식일 뿐이며, 관계적 표현 방식만 다르다는 것이다. 그리고 현실은 정적인 대상이 아니라 사건으로 구성되어 있으며, 각각의 사건은 주변의 관계망을 형성한다는 화이트헤드의 '과정 철학'과도 일치한다(Whitehead, 1979).

물질에서 관계로의 전환은 존재론적 의미를 내포한다. 그것은 실체가 독립적으로 존재하는 것이 아니라 관계의 영역에 참여하는 한에서만 존재한다는 것을 나타낸다. 이것은 주체와 대상, 자아와 타인, 물질과 의미 사이의 경직된 경계를 허물어 버린다. 바라드(Barad, 2007)가 주장하는 것처럼, '간-행'은 실체가 관계보다 먼저 존재하는 것이 아니라 관계를 통해 출현한다는 것을 잘 나타내고 있다. 따라서 세계는 공동 구성의 연속적인 과정이며, 관찰자는 외부의 용인이 아니라 현실의 형성에 적극적으로 참여하는 것이 되고, 관찰자와 대상도 관계를 통해 결정된다. 마치 양자역학에서 중첩이 붕괴되는 것처럼, 관찰자와 관찰의 대상은 관계를 통해 출현하는 하나의 사건이다. 따라서 무언가를 관찰하고 분석하고 알게 된다는 것은 단순히 보는 것이 아니라 존재 자체의 전개에 참여하는 것이다. 따라서 얽힘의 윤리 역시 이러한 존재론적 그리고 인식론적 변화에서 도출된다. 존재가 상호 구성적이라면, 그 구조의 어떤 부분에 가해진 피해는 전체에 영향을 미치게 된다. 얽힘의 세계에서 윤리는 개인 선택의 문제가 아니라 상호 관계적 책임의 문제이며 서로 연결된 삶의 요구에 응답하는 것이다.

따라서 항상 존재는 정적인 상태가 아니라 동적인 사건이다. 분출, 즉 고정되거나 독립된 존재에 대한 개념을 뒤흔드는 전개 등을 통해 존재는 주어진 것이 아닌 역사적·물질적·존재론적 우발성에 의해 조건화된 파열이며 출현인 것이다. 존재는 물질이 아니라 계속해서 드러나고 변화하는 사건이다. 하이데거에게 있어 존재는 근본적으로 세계에 던져진 방식이었다. 현존재는 고립된 실체가 아니라 항상 이미 관계의 세계로 던져진 것이며, 그 존재는 관계의 세계로 던져짐으로써 드러난다. 따라서 존재는 미리 정해진 것이 아니라 드러나는 사건이며, 존재가 시간 속에서 자신을 드러내는 과정이다. 세상은 인식되기를 기다리는 독립적인 사물들로 구성되어 있지 않고, 상호 작용을 통해 의미가 생성되는 얽힘의 장인 것이다. 알랭 바디우 역시 존재의 개념을 사건으로 표현하며, 진정한 존재는 지식과 권력의 구조화된 질서로부터의 단절, 즉 파열 속에서 나타난다고 말한다(Badiou, 1988). 여기에서 존재는 단순히 이전 조건의 연속이 아니라 잠재적 변형의 장소가 된다.

따라서 존재의 얽힘은 단순히 관계적 존재론이 아니라 그 자체로 존재론적 사건이다. 실체는 그 관계보다 먼저 존재하지 않으며, 그 관계를 통해 구체화된다. 존재는 독립적인 주체가 아니라 현실 자체를 구성하는 힘의 회절적 상호 작용인 것이다(Barad, 2007). 궁극적으로 존재를 사건이라고 말하는 것은 그것이 존재의 상태가 아니라 가능성의 전개임을 확인하는 것이다. 그것은 정적인 정체성에 국한되지 않고 항상 예측할 수 없는, 우발적인, 변형적인 것에 종속된다. 그러므로 존재한다는 것은 존재하는 것이 아니라 존재하게 되는 것이며, 동시에 항상, 필연적으로 움직이는 사건이 되는 것이다. 존재는 정지 상태가 아니라 사건이다. 그리고 모든 존재는 개별적 실체로 존재하기보다는 상호 작용을 통해 등장하고, 영향력, 물질, 의미의 네트워크를 통해 합쳐진다

(Whitehead, 1979; Barad, 2007). 따라서 관계성은 개별화보다 선행하며 결국 자아와 타자, 주체와 대상, 과거와 미래 사이의 경직된 경계를 허물어 버리고 새로운 형이상학으로 다가온다. 아니 새로운 형이상학으로 분출하게 된다.

얽힘의 형이상학은 단순한 지적 활동이 아니라 우주에서 우리의 위치를 재구성하라는 요청이기도 하다. 셰익스피어가 우리에게 상기시켜 주듯이 우리는 이미 움직이고 있는 세계, 우리가 첫 말을 하기 전에 얽혀 있는 무대 위에 태어난다. 우리 앞에 놓인 과제는 이러한 연결을 끊는 것이 아니라 그것에 대한 우리의 인식을 심화시키고, 우리의 운명이 우리가 이해할 수 있는 것보다 더 복잡하고 심오한 방식으로 서로 얽혀 있다는 것을 인식하는 것이다. 얽힘의 형이상학에서 말하는 존재가 사건이라는 것은 항상, 이미 그리고 영원히 관계 속에 있다는 것을 기억하라는 간절한 외침이다. 돌이킬 수 없는 지구적·사회적 변화의 위기에 직면한 지금, 얽힘의 형이상학을 받아들이는 것이 그 어느 때보다 간절하다. 그리고 이것은 새로운 윤리적·정치적 구조를 구축하는 행동이기도 하다. 우리 앞에 놓인 과제는 막중하지만, 얽힘을 인식하는 것 안에 상호 의존과 집단적 번영, 재생의 가능성이 놓여 있다.

6장
얽힌 형이상학의 기초

> 우리 인간의 삶은 선과 악으로 엇갈리며 짜여지는 것이지.
> 우리의 선은 악이 때리지 않으면 마음속에 자만심이 가득 차게 되고,
> 우리의 죄를 선이 보듬어 주지 않으면 인간은 절망에 빠질 거야.
> (『끝이 좋으면 다 좋아』, 4막 3장)

셰익스피어의 말처럼, 우리의 삶이 존재를 포함하고 있다면, 그 존재는 선과 악 그리고 수많은 것들과 엇갈리며 구성되는 것이다. 마찬가지로 형이상학은 가장 깊은 곳에서 그 엇갈림을 인식하는 것이다. 그것은 존재하는 것 자체에 관한 연구가 아니라 존재하는 것이 어떻게 존재하고 출현하는지에 관한 연구이다. 그리고 그것은 존재의 근본적인 구조, 형태에 선행하고 그것을 유지하는 패턴, 우리가 살고 있는 현실을 형성하는 보이지 않는 힘에 대한 탐구이다. 하지만 이제 얽힘의 결과로 이 형이상학은 변화를 겪어야 한다. 관계와 무관하게 그 자체로 존재하는 고전적 실체 개념은 더 이상 존재론의 기초가 될 수 없다. 대신 얽힘은 존재를 고립된 실체라는 관점에서가 아니라 항상 이미 관계하고 있고, 늘 새롭게 출현하며, 분리가 현실의 근본적인 특징이라기보

다는 단지 편리한 환상이라는 것을 알게 하는 것이다.

얽힘의 형이상학은 관계를 이미 구성된 실체들 사이에서 일어나는 어떤 것으로 가정하지 않는다. 오히려 관계가 존재 자체의 생성 원리라고 주장한다. 실체는 일차적인 것이 아니라 얽힘의 이차적 결과이다. 현실의 구조는 독립적인 부분들이 모여 전체를 형성하는 추가의 구조가 아니라 끊임없이 펼쳐지는 연결의 놀이를 통해 전체가 부분을 생성하는 분화의 구조이다. 따라서 얽힘의 형이상학을 기초로 생각한다는 것은 속성과 실체의 존재론을 포기하고 과정을 옹호하는 것이다. 이것은 사물의 세계관에서 관계의 세계관으로의 단순한 이동이 아니다. 관계가 없는 사물은 존재하지 않으며, 그것을 구성하는 상호 작용의 그물망이 없는 존재자는 '있음'과 관계될 수 없다.

양자 물리학은 이러한 형이상학적 변화에 대한 경험적 근거를 제공하지만, 존재는 뚜렷한 공간 좌표계에 포함되지 않는다. 그리고 관계를 넘어서 선행하지도 않는다. 양자 얽힘이 뚜렷한 실체가 공간과 거리의 한계를 넘어 근본적으로 연결되어 있음을 보여 준다면, 형이상학은 정체성이 유동적이고 새롭게 발생하며, 상호 작용을 통해 구성되는 현실을 설명한다. 따라서 존재의 구조 자체는 관계적이다. 그 어떤 것도 독립적이지 않으며, 그 어떤 것도 따로 존재하지 않는다. 무엇이 '존재'와의 관계를 통해 '있을' 수 있는 것처럼, '관계'는 존재에 선행한다. 무언가가 '있다'는 것은 '존재'와 관계하는 것이다. 다시 말해 '존재'와 '존재자'의 연결, 혹은 '존재'와 '존재자'의 관계가 존재자가 존재를 포함하게 하는 것이다. 따라서 얽힘은 존재에 선행하며 모든 것이 존재하기 위한 선술어적 조건이다.

1. 얽힘의 형이상학과 실체

얽힘의 형이상학은 전통적인 실체에 대한 개념에 도전하며, 현실과 그 근본적인 구조를 이해하는 방식에 대한 총체적 변화를 요구한다. 얽힘의 형이상학은 분리의 가능성에 대한 가정을 해체하고 관계성이 우선시되는 존재론을 드러내며, 존재는 개별적인 실체의 집합이 아니라 서로 얽혀 있는 존재의 장으로 드러난다. 고전 형이상학에서 물질은 속성을 지닌 존재, 즉 실체성을 가지고 독립적 본질을 지닌 자급자족적 실체로 여겨져 왔다. 아리스토텔레스에게 물질은 변화에도 불구하고 정체성을 유지하며, 속성은 변화하지만 정체성은 유지하는 것이었다. 또한 데카르트는 현실을 사고와 확장된 물질로 분리하는 반면, 라이프니츠는 물질이 독립적이면서도 미리 정해진 조화를 통해 내부적으로 관련되어 있다는 자신의 단자론에서 이 문제를 더욱 복잡하게 만들었다.

하지만 양자 물리학과 현대 철학에서 나온 얽힘의 형이상학은 이러한 개념에 근본적인 도전을 제기한다. 양자역학에서 얽힌 입자들은 측정될 때까지 명확한 상태를 가지지 않는다. 그들의 특성은 서로의 관계에 의해서만 결정된다(Esfeld, 2004). 이 현상은 우리가 물질이라고 생각하는 것이 미리 주어진 실체가 아니라 상호 연결의 효과라는 것을 시사한다. 또한 이는 물리학에서 형이상학으로의 확장을 의미하며, 독립적인 본질을 가진 실체가 없다면 물질 자체는 정적인 속성의 보유자가 아니라 동적인 과정의 존재로 재인식되어야 한다는 것을 뜻한다. 그리고 이러한 변화는 과정 철학에서 발견되는 것과 같은 관계적 존재론과 일치한다. 화이트헤드의 과정 철학은 정적인 실체를 다른 사건과의 관계를 통해 존재하게 되는 실제 사건으로 대체한다(Whitehead, 1979). 마찬가지로 들뢰즈는 안정된 정체성의 개념을 내재적 속성보다는 차등적 관계에 의해 존재가 구성되는 내재적 차원으로 대체한다(Deleuze, 1968). 두 가지 이론 모두에서, 현실의 근간을 이루는 궁극적 토대는 존재하지 않는다. 대신 현실 그 자체가 관계적 네트워크의 지속적인 전개이며, 존재는 항상 이미 분화와 재결합의 과정에 있는 것이 된다.

실체라는 독립적인 범주의 해체는 현실에 대한 우리의 이해에 많은 영향을 미친다. 얽힘의 형이상학에서 현실은 개별적 실체로 채워진 고정된 질서가 아니라 끊임없이 변화하는 역동적 상호 작용으로 본다. 따라서 객체의 개념 역시 수정된다. 객체를 경계라고 하는 것을 가진 실체로 간주하는 것이 아니라 상호 의존의 더 큰 영역 내의 하나의 노드로 간주하는 것이다. 즉 객체는 상호 작용 이전에 존재하는 것이 아니라 상호 작용을 통해 구성된다. 관계는 선행된 기존 실체들 사이에서 발생하는 것이 아니라 실체 자체를 존재하게 만드는 원천적 동력이다. 정체성의 형이상학은 이제 얽힘의 형이상학으로 이동한다. 전통적인 존재론은 현실을 뚜렷한 범주로 분류하려고 노력했으며, 외부 영향에도 불구하고 영속적이라 여겼던 본질적 특성에 기초하여 실체를 구성했다. 하지만 얽힘은 이러한 것을 넘어 과정, 유동, 상호 의존성을 강조하는 형이상학으로 나아가는 것이다.

이러한 변화는 질베르 시몽동(Gilbert Simondon)의 '개체화 이론'에서도 볼 수 있는데, 이 이론은 실체가 사전에 주어진 것이 아닌 존재의 과정을 통해 출현한다고 주장한다. 고전적 형이상학에서 개체화는 특정 물질이 고유한 속성을 통해 다른 실체와 구별되는 과정으로 이해되었다(Simondon, 2020). 하지만 얽힘의 형이상학에서 개체화는 관계적 효과로 나타나는 것이다. 여기에서 실체는 관계보다 앞서 있지 않으며, 오히려 관계에 의해 구성된다. 이러한 관점은 독립적인 실체의 개념을 해체하며 나아간다. 이와 마찬가지로 들뢰즈와 과타리(Deleuze & Guattari, 1980)의 집합체assemblage 개념은 얽힘의 형이상학과 일치하는 현실을 이해하기 위한 모델을 제공한다. 이것은 물질적·개념적·정서적 요인 등 이질적인 요소들이 우발적인 형성에 함께 결합된 역동적인 구조이다. 물질을 일차적 존재로 전제하는 고전적 형이상학과 달리 '집합체'는 존재가 항상 유동적이며, 고정된 본질로 지속되기보다는 특정한 관계적 구성을 통해 출현한다는 점을 강조한다. 이것은 원자적 실체를 거부하고 그것을 관계적 공동 구성의 네트워크로 대체하는 것이다.

얽힘의 형이상학은 또한 형태와 물질이라는 고전적 개념에 문제를 제기하기도 한다. 아리스토텔레스의 존재론에서 형태는 수동적인 물질에 구조를 부여하여 그것을 결정된 실체로 형성한다. 이 틀은 구조화된 것과 구조화하는 것 그리고 능동적인 것과 수동적인 것 사이의 근본적인 차이를 가정하는 것이다. 하지만 얽힘의 형이상학은 형태와 물질이 역동적인 작용을 통해 함께 발생한다고 가정한다. 실체를 규정하는 경계는 외부로부터 부과되는 것이 아니라 관계적 얽힘을 통해 내재적으로 생성된다. 이것은 들뢰즈의 본질주의에 대한 비판과 순수한 차이로서의 존재에 대한 긍정에 부합한다. 실체는 정적인 형태가 아니라 지속적인 차별화 과정이라 할 수 있다(Deleuze, 1968).

결국 얽힘의 형이상학은 고전적 이분법을 넘어 관계가 우선적인 존재론을 수용하도록 한다. 이것은 실체가 존재하지 않는다는 의미가 아니라 독립적으로 존재하지 않는다는 의미이다. 실체는 항상 이미 얽혀 있고, 항상 이미 상호 작용을 통해 구성되어 있다. 따라서 현실을 이해하는 것은 실체들을 분류하는 것이 아니라 존재가 전개되는 관계의 네트워크를 추적하는 것이다. 이러한 관점에서 현실은 단순한 사물의 집합이 아니라 변화하는 생성의 장이다. 따라서 고정적인 실체가 더 이상 현실의 기초가 아니기에 인식론, 윤리학, 정치철학도 그에 따라 재구성되어야 한다.

'앎'이라고 하는 것은 기존의 실체를 표현하는 것이 아니라 관계적 네트워크의 전개에 적극적으로 참여하는 것이다. 그리고 윤리적 사유도 인간 중심의 주체 개념을 버리고, 존재를 구성하는 네트워크 전반에 걸쳐 책임이 확장되는 모델을 선호해야 한다(Haraway, 2016a). 존재론 자체도 존재가 고정된 상태가 아니며 현실 역시 단순히 주어진 것이 아닌 항상 만들어지는 지속적인 공동 구성의 과정이라는 사실을 받아들여야 한다. 결론적으로 얽힘의 형이상학은 고전적인 실체 개념을 해체하고, 본질적인 속성보다는 상호 작용을 통해 존재가 구성되는 관계적 존재론을 지향한다. 이러한 변화는 분리 가능성에 대한 환상을 버리고, 존재가 항상 이미 서로 얽혀 있고 관계의 무한한 복잡성에 항상 포함되어 있다는 것을 인식하는 것이다.

2. 얽힘의 형이상학 그리고 앎과 지식

얽힘의 형이상학은 지식, 인식 그리고 현실이 드러나는 인식론적 조건에 관한 우리의 이해에 근본적인 변화를 요구한다. 서구의 인식론은 현상계와 예지계를 구분하고, 이상과 현실 그리고 원본과 그것에 대한 모방을 구분 지었다. 이러한 전통은 세계가 독립적인 행위자에 의해 인식, 분류, 이해되기를 기다리는 개별적인 사물로 구성되어 있다고 가정한다. 하지만 얽힘의 형이상학은 이러한 패러다임의 붕괴를 촉진한다. 지식은 발견해야 할 외부적 현실로 존재하기 전에, 관계적 상호 작용을 통해 역동적으로 구성되는 것이며, 무언가를 안다는 것은 참여하는 것이고 무언가를 아는 순간 그것은 변화한다. 즉 아는 것은 수동적인 성찰이 아니라 현실을 형성하는 바로 그 과정에 적극적으로 참여하는 능동적 행위이다. 따라서 지식은 외부 세계의 정적인 표현이 아니라 알려진 것의 형성에 참여하는 공동의 구성적 힘이다.

바라드는 지식과 존재는 분리할 수 없으며, 아는 것은 기존의 실체에 접근하는 것이 아니라 현상이 존재하게 되는 조건을 만들어 내는 것이라고 말한다(Barad, 2007). 바라드의 틀에서 현실은 우리가 그것에 관해 탐구하는 것과 분리되어 있지 않다. 오히려 우리가 적극적으로 무언가를 알아 갈 때, 현실이 형성된다. 이것은 지식과 외부적이고 독립적인 현실 사이에 일대일 대응이 있다고 가정하는 표현주의와 극명한 대조를 이룬다. 바라드는 지식이 상호 작용을 통해 나온다고 주장한다. 즉 측정과 관여의 행위에서 실체가 서로를 구성한다는 것이다. 따라서 얽힘의 형이상학은 분리된 것이 아니라 내재적인 인식론을 요구한다.

들뢰즈에게 있어 생각은 기존의 질서에서 진실을 추출하는 것이 아니라 현실을 구성하는 차이의 흐름에 의해 형성되고 변화하는 생성 그 자체였다. 따라서 지식은 표현의 문제가 아니라 참여의 문제이며, 지식과 대상이 분리되지 않고 공존하는 관계의 지속적인 변화이다. 이 견해는 지식은 고립된 정신 속에 있는 것이 아니라 관계적 상호 작용의 네트워크를 통해 전개된다는 것을 암시하는 것이다. 현실이 정적인 것이 아닌 동적인 과정으로 구성되어 있다면, 지식은 불변의 진리에 대한 고정된 이해가 아니라 현실 자체의 전개에 대한 진화하는 참여로 이해되어야 한다.

해러웨이가 제시한 '상황적 지식'이라는 개념 역시 얽힘의 형이상학이 제시하는 것을 잘 설명하고 있다. 여기에서 지식은 결코 중립적이거나 분리된 것이 아니라 항상 특정 맥락 안에 위치하며, 역사, 물질성, 관점의 얽힘에 의해 형성된다. 그리고 여기에서 중요한 것은 지식을 추출하기 위해서는 동시에 세계를 변화시켜야 한다는 것이다. 따라서 지식은 윤리적이며 정치적인 요구를 수반한다. 그것은 세계의 존재에 참여하는 행위이며, 존재를 유지하는 관계적 네트워크에 대한 책임이다.

인식적 분리를 거부하는 얽힘의 형이상학은 또한 탐구의 방법론을 변화시키기도 한다. 객관성과 재현성을 바탕으로 하는 고전적인 방법론은 통제된 관찰과 변수의 분리를 통해 지식을 습득하는 것을 추구한다. 하지만 현실이 근본적으로 얽혀 있다면 이러한 분리는 환상일 것이다. 지식은 그것을 구성하는 상호 작용에서 비롯된 것으로 이해되어야 한다. 양자역학은 관찰이 중립적인 행위가 아니라 개입, 즉 관찰 대상을 형성하는 얽힌 과정이라는 것을 밝혔다. 따라서 불확실성, 회귀성 그리고 지식은 항상 불완전하고 유동적이며 공동 창조된다는 것을 포용해야 한다. 또한 얽힘의 형이상학은 전통적인 지식 생산의 위계에 도전하는 것이기도 하다. 만약 지식이 고정된 진리를 추구하는 것이 아니라 관계적 네트워크의 전개에 관여하는 것이라면, 인식론은 과학적·철학적·정치적 사유 등 다양한 지식 방식을 포함하도록 확장되어야 한다. 이는 지식이 인간의 인식에 국한되지 않고 인간과 비인간 행위자의 집합체에 분산되어 있다는 베넷의 이론과 일치하는 것이기도 하다(Bennett, 2010). 따라서 얽힘의 인식론은 물질적 행위자의 주체성, 관계의 생기, 지식 생산에 있어 다원적 접근 방식을 필요로 한다.

결론적으로 얽힘의 형이상학은 지식과 인식에 대한 우리의 이해를 재구성하여 분리라는 패러다임에서 관계적 존재라는 패러다임으로의 전환을 요구한다. 이러한 관점에서 인식은 추출의 행위가 아니라 참여의 행위이고 실재가 전개되는 과정을 지속적으로 조정하는 행위이지 실재를 지배하는 행위가 될 수 없다. 여기에서 지식은 소유해야 할 대상이 아니라 끊임없이 변화하는 세계에 역동적으로 관여하는 것이다. 이는 지식의 의미에 대한 재성찰이며 지식의 표현에서 지식의 얽힘으로의 전환, 즉 지식의 주체와 대상이 분리될 수 없고, 현실 자체가 집단적 전개의 개방형 과정이라는 인식으로의 전환이다.

7장
실체를 넘어서: 실체의 붕괴와 시공간

> 우리가 장미라고 부르는 꽃을
> 다른 이름으로 불러도 향기로울 거예요.
> 그러니 로미오 또한 로미오라 부르지 않더라도
> 그 이름과는 관계없이
> 고귀하며 완벽한 모습은 그대로 남을 거예요.
> (『로미오와 줄리엣』, 2막 2장)

로미오와 줄리엣에 나오는 이 잊을 수 없는 명대사는 우리에게 정체성이라고 하는 것이 무엇인지 고민하게 한다. 도대체 정체성과 속성은 무엇인지, 과연 줄리엣의 말대로 이름과 상관없이 변하지 않는 것인지 아니면 그것은 유동적인 것인지 고민하게 하는 것이다. 전통적으로 서양의 형이상학은 실체를 개념으로 삼아 현실이라고 하는 것을 속성을 지닌 개별 실체의 집합으로 생각했다(Koons & Pickavance, 2015). 이런 세계에서 각 사물은 속성이 변화하더라도 그 본질은 독립적으로 유지된다고 여겨졌다. 하지만 양자역학, 특히 얽힌 입자에 관한 통찰은 이러한 가정에 도전한다(Lewis, 2016). 상관관계가 있는 입자들이 개별적으로 설명될 수 없다면, 우리는 '독립적 존재'라는 전제 자체를 포기하고 관계성에 기반한 이해를 추구해야 한다. 앞에서 지속적으로 이야기했듯이 철학적 의미에서 '얽힘'은 어떤 것도 독자적으로 존재하지 않는다는 것이다. 오히려 모든 것이 네트워크의 연결 방식에서 자신의 정체성을 발현한다. 속성은 상호 작용을 통해 등장하는 것이다. 즉 맥락, 측정 그리고 개체를 하나로 묶는 다른 요인에 의해 지속적으로 형성된다. 따라서 우리가 전통적으로 '실체'라고 부르는 것은 하나의 변화하는 추상화에 가깝다.

얽힌 존재론은 또한 존재가 시간의 흐름에 따라 어떻게 스스로를 유지하는지 다시 생각하게 한다. 우발적인 사건이 발생하고 사라지는 동안 자기 동일성의 핵심이 지속되는 것이 아니라 관계의 지속적인 춤이 지속되는 것이다. 그리고 이와 같은 원리는 거시적 규모에서도 반복된다. 유기체, 소셜 네트워크, 문화 등은 모두 한 영역의 변화가 시스템 전체에 어떻게 파급될 수 있는지를 보여 준다(Ney, 2023). 따라서 모든 존재자의 행위는 사방으로 퍼져 나가는 하나의 파문과 같다. 우리가 사물 사이에 그어 놓은 경계는 일상생활에 있어서는 실용적일 수 있지만, 더 넓은 관점에서 보면 그 경계는 유동적이며 투과성을 가지고 있다. 우리가 '개인'이라고 부르는 것조차도, 세계를 차단하는 뚫을 수 없는 경계가 아니라 안정된 상호 작용에 의해 설정된 하나의 사건에 불과하다.

이러한 접근 방식은 존재론적 기초로서 실체 개념을 대체할 뿐만 아니라 보편성에 대한 우리의 생각을 재구성한다. 보편적 속성을 초월적인 형태나 순수하게 추상적인 범주로 생각하기보다는 반복되는 관계적 패턴으로 볼 수 있는 것이다. 고전적 형이상학이 시대를 초월하는 보편적인 본질의 영역을 옹호했다면, 얽힘의 형이상학은 끊임없이 변화하는 맥락에 반응하여 패턴이 나타나고 사라지고, 다시 나타나는 지속적인 과정을 조명한다 (Lewis, 2002). 따라서 얽힘의 형이상학은 고립보다는 출현, 맥락, 상호 작용을 강조하는 형이상학인 것이다.

줄리엣이 던지는 질문, 즉 "이름에 무엇이 담겨 있느냐?"라는 것은 현실 그 자체가 고전적인 범주에 의해 고정될 수 있는지에 대한 철학적 질문이다. 우리가 사물에 부여하는 이름 자체가 관계와 독립적으로 그 본질을 포착하지 못하는 것이라면, 시간과 공간의 개념을 포함하여 보편과 특수 그리고 속성과 실체 등과 같은 전통적인 범주들을 재검토해야 한다. 엄격한 경계와 영속적인 본질 대신에 실체를 넘어서는 과정이 필요한 것이다. 얽혀 있는 세계에서 자아는 항상 다른 어떤 것과의 관계에 놓여 있다. 따라서 정체성과 실체를 고정된 표식이 아니라 계속되는 협상, 과정 그리고 사건으로 보아야 한다.

1. 실체의 붕괴와 보편성과 특수성에 대한 재고

철학자들은 시대를 관통하며 개별 실체가 구현하는 개체적 속성과 보편적 속성이 어떤 관계에 있는지를 탐구했다. 여기에서 실체는 속성의 근본적 소유자로 인식되었고, 보편적인 것과 특수한 것은 서로 다른 것으로 간주되었다. 이러한 전통은 아리스토텔레스 이후 지속되었다. 하지만 지적 풍경이 확대되면서 독립적인 것이 실제 존재할 수 있는지에 대한 의문이 제기되었다. 현대 물리학, 특히 양자역학의 여파로 물질에 대한 오랜 관념이 해체에 직면해 있다. 이 해체의 핵심은 고전적 형이상학이 설명하고자 하는 실체의 독립성에 대한 의문이다. 과거 실재론 안에서 존재는 원자적 단위로 설명된다. 원자의 속성은 외부적 요인에도 불구하고 지속되는 독립적인 단위였다. 그리고 보편성을 주장한 철학자들은 일반적으로 시간과 공간을 초월해 변하지 않는 형태나 패턴이 있다고 생각했다. 유명론적 전통에 있는 학자들은 언어와 별개로 보편성이 존재한다는 것에 의심을 가졌지만, 특수성에 독자성을 부여한 것은 이전의 철학과 같았다. 실재론과 유명론 모두 독립된 어떤 것을 가정했던 것이다. 철학자들은 속성을 뒷받침할 수 있는 것, 즉 '그것의 본질'$^{what-it-is}$에 초점을 맞추거나 특수성을 강조하며 '이것-무언가'$^{this-something}$를 찾아 헤맸다.

하지만 얽힘의 형이상학이 그리는 관계적 전환은 그러한 순수한 존재가 일관성을 유지할 수 있는지에 대한 의문을 제기한다. 얽힘의 관점에서 어떤 실체의 정체성은 그 맥락과 다른 실체들과의 상호 작용에서 완전히 벗어날 수 없다. '이것-무언가'를 찾기 위해 속성을 밝혀내려고 했던 고전적 시도는 실제 존재론의 반영이 아니라 개념적 편의성에 가깝다는 것이 드러나고 있다(Koons & Pickavance, 2015). 실제 분리 가능한 요소들을 모두 벗겨내면 고유한 속성이라고 할 수 있는 것이 남아 있을 수 있는지 의심스러워진다. 보편적인 것에 대한 추구나 그리움 그리고 그것이 있기를 희망하는 기대감은 하나의 패턴이나 양상으로 해석하는 것이 더 나을 수 있다. 관련 조건이 수렴하는 곳에서는 발생하고 그 조건이 바뀌면 사라지는 패턴이나 양상으로 이해하는 것이 오히려 더 합리적이다.

고전적 형이상학의 체계에서 실체는 특정한 성질을 가지고 있었고, 보편성은 여러 실체에서 '공유'되는 특성을 의미했다. 하지만 얽힘의 관점에서 보면 오히려 보편성 자체가 관계적 네트워크를 통해 분산될 수 있기 때문에 '하나의 속성이 여러 번 반복되는' 기존의 논리는 보편성이 실제로 나타나는 방식을 지나치게 단순화한 것이다. 우리가 소위 보편적이라고 부르는 것은 차라리 관계적 조건이 존재하는 곳이라면 어디든 다시 나타나는 구조적 규칙일 수 있다. 이는 시공간을 초월하는 영원한 형태라기보다는 '네트워크의 특징'이라고 할 수 있는 것이다.

수 세기 동안 보편성과 특수성에 관한 논의는 개인이 어떻게 변화를 견뎌 낼 수 있는지에 관한 질문과도 관련이 있었다. 이 문제에 대한 고전적 해결책은 기본적 속성이나 기초적 물질은 그대로 유지하면서 특성이 변화한다는 것이었다. 특히 실재론적 관점에서는 시간이 지나도 '그 자체'^{itself}로 남아 있는 명확한 본질이 있다고 말하며 변화하는 것과 그렇지 않은 것을 구분했다. 하지만 내부적 본질과 외부적 속성의 구분이 사라지면서 실체의 본질이 '그 자체'로 존재한다는 개념은 더 이상 유효하지 않게 되었다.

그리고 실체성의 붕괴는 보편과 특수의 도식이 더 이상 성립하기 어려워졌다는 것을 의미한다. 철학자들은 보편이 형식의 영역에 진정으로 존재하는지 아니면 언어에 명목상으로 존재하는

지에 대해 고민해 왔지만, 얽힘의 관점에서는 이러한 도식은 현실의 구조라기보다는 인간이 인식하기에 편리한 경험적 방법에 불과한 것이다. 우리가 보편성이라 부르는 것은 네트워크 안에서 반복되는 각 패턴이 관련 조건과 일치할 때마다 발생하는 것으로 간주해야 한다. 따라서 관계적 네트워크가 보편성과 본질을 이해하는 핵심이라면, 관찰자의 관점은 단순히 우연이 아니라 현상이 나타나는 방식에 필수적인 요소가 된다. 어떤 실체의 본질이 그 관계에 따라 구성된다면, 우리는 더 이상 관찰을 외부적인 것으로 취급할 수 없다. 다시 말해 관찰자는 상호 작용의 일부이기 때문에, 우리가 '보편적 속성'이라고 부르는 것은 측정, 맥락, 관찰자 자신의 장치를 포함하는 관계적 과정을 통해서만 드러나고 구성되는 것이다.

예를 들어 어떤 물체의 '색'(色)에 대해 생각해 보자. 고전적 형이상학에서 색은 특정 대상에 내재된 것으로 간주되었으며, 대상이 빛을 반사하는 방식에 대한 표식이었다. 하지만 얽힘의 관점에서 색은 단순한 대상의 내재적 특성이 아니다. 색은 표면과 주변광 스펙트럼, 시각 장치, 해석적 틀의 상호 작용을 통해 발생하는 것이다. 어떤 물체가 "파랗다"라고 말하는 것은 관련된 조건들이 이와 유사한 색의 경험을 만들어 낸다는 것이다. 이러한 상호 작용은 여러 맥락에서 반복되며, 각 맥락은 관찰자와 환경적 요인과 더불어 그 특성을 형성하는 것이다.

이러한 접근 방식은 색의 객관적 측면을 부정하지도 않으면서 색을 보편으로 확장하지도 않는다. 색은 관계의 결합 안에서 출현하는 것이다. 따라서 우리가 보편성이라고 하는 것은 조건이 반복될 때마다 반복되는 패턴을 통해 설명될 수 있다. 여기에서 보편성은 규칙성에 대한 개념적 임시 변수가 된다. 고전적 형이상학에서 말하는 것처럼, 보편성은 근본적인 형태의 영역이나 그것을 예시하는 대상에 고정될 필요가 없다. 그렇다면 여기에서 고전적 형이상학의 가정들은 '붕괴'에 직면할 수밖에 없다. 아마도 '붕괴'라는 단어가 적절할 것이다. 왜냐하면 이것은 이전의 철학이 완전히 무효화되었다는 의미가 아니라 한때 실체 그리고 보편과 특수라는 개념을 정당화했던 발판이 새로운 증거와 개념적 진보의 무게로 인해 무너져 내리는 것을 의미하기 때문이다.

'붕괴'를 기반으로 구성된 얽힘의 형이상학에서 문제는 더 이상 보편적인 형태가 어떻게 개별적인 기질에 부합할 수 있는지를 파악하는 것이 아니라, 반복되는 관계적 역학이 어떻게 다양한 맥락에서 유사한 결과를 만들어 내는지를 이해하는 것이다. 우리가 사물이나 개체를 부를 때 사용하는 '이름'들은 여전히 가치 있는 설명의 역할을 할 수 있지만, 중요한 것은 그러한 '이름'이 적용되는 조건을 명확히 하는 것이다. 현대 물리학이 우리에게 가르쳐 준 것이 있다면, 현실의 근본적인 구조가 자급자족적인 요소로 구성되어 있다는 것에 신중해야 한다는 것이다. 이제 형이상학적 기반은 관계적 패턴, 상호 작용 그리고 관점과 규모에 따라 경계가 변하는 네트워크에서 찾아야 한다. 따라서 실체의 붕괴는 혼돈으로의 추락을 의미하는 것이 아니라 존재를 해석하는 다른 방식의 시작을 의미한다. 관계, 과정, 맥락적 출현에 초점을 맞추면, 철학자들이 보편성을 가정하도록 자극했던 연속성, 차이 그리고 사건에 대해 일관성 있게 이야기할 수 있다. 사실 이러한 접근 방식은 정체성, 속성, 현실 자체를 가장 잘 설명하는 방법에 대한 철학적 성찰과 얽힘에 대한 과학적 발견의 통합이다.

만약 그래도 보편성이 여전히 유효하다고 믿는다면, 그것은 시대를 초월하는 자유로운 본질이 아니라 끝없는 상호 작용의 역학 속에서 반복되는 주제일 뿐이다. 그리고 특수성은 일시적인 표식이 아니라 관계의 흐름 속에서 정체성이 드러나고 사라지는 역동적인 위치의 노드들이다. 얽힘, 그것은 보편과 특수 그리고 실체를 가로지르며 나아간다.

2. 얽힘의 형이상학과 시공간

시간과 공간은 오랫동안 철학적 탐구의 중심에 있었다. 그리고 그것을 모든 사물이 존재하고 사건이 발생하는 구조적 틀로서 인식했다. 고전적 사고에서 이러한 가정은 일반적으로 공간을 무엇이든 담을 수 있는 것으로 묘사하고, 시간을 화살처럼 앞으로 나아가는 균일한 흐름으로 표현했다. 철학자들은 이러한 개념을 객관적 현실로 인식했건 아니면 이상적 형태로 이해했건 상관없이, 사물이나 실체가 공간의 격자에 위치하고 보편적인 시간의 흐름을 통해 지속되거나 사라지는 것을 당연하게 여겼다. 하지만 아인슈타인이 시간과 공간이 서로 다른 것이 아니며, 우리는 이것을 '시공간'으로 인식해야 한다는 것을 밝히면서 시간과 공간은 새로운 국면에 접어들게 된다. 따라서 얽힘의 형이상학 역시 이를 바탕으로 시간과 공간을 근본적인 배경이 아니라 관계적 과정에 속한 것으로 보면서 상관관계의 구조를 벗어나 '어디' 또는 '언제'를 정의하기 어렵다고 주장한다.

이러한 변화가 얼마나 변혁적인지 이해하려면 먼저 고전 형이상학이 어떻게 존재의 근거를 마련했는지 기억해야 한다. 고대부터 형이상학의 체계는 돌이든 별이든 특정 대상이 그 자체의 본질을 지니고 있다고 가정해 왔다. 공간은 단순히 대상을 다른 대상과 관련하여 배치할 수 있도록 허용하는 것이었으며, 시간은 대상이 지속되거나 변화하는 기제였다. 실재론적 관점에서 공간은 변하지 않는 공허 속에서 실체를 둘러싸고 있으며, 시간은 모든 것에 대해 일정한 리듬을 유지하고 있었다. 이러한 관점은 대상을 그 자체로 완전하게 만들었다.

하지만 대상은 공간 어딘가에 '위치'되어 있고, 시간의 흐름을 '견디고' 있는 것이 아니다. 대상을 구성하는 관계를 상세히 설명하지 않고서는 대상을 완전히 설명할 수 없다. 그리고 만약 어떤 대상의 현실이 철저하게 관계적이라면, 그것은 관계의 표현이다. 다시 말해, 고전적 형이상학은 사물보다 먼저 공간과 시간이 존재한다고 주장했다. 사물이 3차원적 격자 안에 배치되고 시간 축에 걸쳐 위치한다고 본 것이다. 하지만 얽힘의 형이상학의 관점에서는 근본적인 관계적 상호 작용이 일관된 패턴을 만들어 낼 때만 '여기'와 '지금'이라는 의미 있는 개념이 발생한다. 따라서 얽힘의 관점에서 어떤 것이 '어디'에 '언제' 존재하는지를 알기 위해서는 그 대상이 다른 시스템과 어떻게 얽혀 있는지를 알아야 한다. 다시 말해, 상호 작용의 총합을 고려해야 하는 것이다. 여기에서 '시간'은 관계적 패턴이 어떻게 진화하는지를 나타내는 용어가 되며, 관계적 패턴이 구별 가능한 '장소'를 정의할 때 '공간'이 등장한다.

아리스토텔레스에서 칸트에 이르기까지 공간은 외적 공존의 차원이고, 시간은 내적 연속의 차원이었다. 하지만 얽힘의 형이상학에서는 어떤 것이 어떻게 얽혀 있는지, 무엇과 얽혀 있는지를 명시하기 전까지는 그것이 어디에 언제 존재하는지 정의할 수 없다. 이것은 존재의 기본 범주라고 생각되었던 실재, 위치, 시간이 현실의 기초 구조가 아니라 파생적 구성일 수 있음을 시사한다(Ladyman et al., 2007).

요약하자면 얽힘의 형이상학은 공간과 시간이 근본적인 개념이나 보편적인 흐름이 아니라 관계의 파생물일 수 있다고 주장한다. 아인슈타인의 상대성 이론이 공간과 시간이 별개의 것이 아님을 밝혔고, 이후 과학은 관찰자가 공간과 시간의 전개 방식을 형성한다는 것을 보여 주었다. 따라서 얽힘의 형이상학은 실존 자체가 실체들이 서로 어떻게 관계하는지를 통해 '위치'와 '순간'이 결정된다고 본다. 다시 말해, 실체들 사이의 특정 관계가 거리로 해석될 수 있을 만큼 충분히 일관된 상태에 도달하지 않는 한, '위치'에 대한 의미 있는 개념이 적용되지 않는다. 이런 의미에서 두 개체 사이의 거리는 기존의 공간이라는 무작위적인 사실보다는, 그 개체들이 더 큰 관계적 구조 속에서 어떻게 결합되어 있는지를 반영하는 것이다. 즉 '공간 안에서의 어떤 위치'는 무작위적으로 강제로 적용되는 것이 아니라 상관관계의 패턴이 공간적 배치로 해석될 수 있을 만큼 일관성이 있을 때 발생하는 것이다. 시간 역시 마찬가지이다. 우리가 "어떤 일이 몇 시 몇 분에 발생했다"라고 말하는 것은 하나의 국소적 현상이다. 그것은 관찰자와 어떻게 얽혀 있는지에 따라 다르게 기록될 수 있는 것이다. 시간은 단일한 우주적 질서가 아니라 관계적 방식에 의해 '이전'과 '이후'가 만들어지는 것이다.

물론 일상적인 인간의 삶은 여전히 공간과 시간의 측정에 의존하고 있으며, 이 측정은 매우 안정적이고 객관적으로 작동한다. 고전적인 시간과 공간의 개념이 지속적으로 작동할 수 있었던 이유는 그것이 매우 실용적이었기 때문이다. 얽힘의 형이상학은 물론 이러한 실용성을 부정하지 않는다. 다만 보편적인 것처럼 인식되었던 것이 관계로 인한 우발적 산물일 수 있음을 상기시키는 것이다. 공간은 특정 상호 작용이 어떻게 안정적인 분리를 만들어 내는가에 대한 결과이고, 시간은 사건이 어떻게 응집되어 일관된 서사로 나타나는가에 대한 표현이다. 이러한 상호 작용이 변화하거나 강화되면, 분리 또는 시간의 환상이 사라지고, 위치와 순간이 근본적인 것이 아니라 파생적인 것으로 드러나는, 보다 통일된 과정이 나타나게 된다. 고전적 형이상학이 존재의 틀로서 공간과 시간의 영원한 기둥을 소중히 여겼다면, 얽힘의 형이상학은 그것들을 관계적 구조화의 조건적 결과로 취급한다. 이것은 오랜 전통을 해체하는 것이지만, 결국 여기에 존재하고 지금 변화하는 것이 무엇인지에 대한 새로운 해석 방식을 제공할 것이다. 현실은 시공간으로 작동하며, 그 시공간은 관찰자와 연결되어 있고, '지금' 그리고 '여기'는 우리의 해석 편의를 위한 관계적 산물이기 때문이다.

제3부

읽힘의 윤리학

8장
도덕적 행위자의 재개념화

> 우리의 어제라는 날들은 모두 어리석은 자들이 무덤으로 가는 길을 비쳐 왔다.
> 꺼져라 꺼져, 짧은 촛불아!
> 인생이란 한낱 걷고 있는 그림자, 가련한 배우일 뿐이다.
> 제시간엔 무대 위에서 활개 치고 안달하지만,
> 얼마 안 가서 영영 잊혀 버리지 않는가.
> 그것은 바보가 떠들어 대는 이야기 같다고나 할까.
> 아무런 의미도 없이 고래고래 고함을 지르지.
> (『맥베스』, 5막 5장)

피할 수 없는 몰락의 그림자 속에서 맥베스의 허무한 독백은 무의미함에 대한 표현으로 깊은 울림을 주는 특이한 역설을 우리에게 선사한다. 개인의 주체성과 책임성 그리고 도덕 의지와 자유, 목적의 왕국이라는 도덕적 틀에서 긴장하던 존재는 그 의미가 희미해지고 있다. 이 허무의 독백은 인간과 비인간, 개인과 집단, 주체와 환경 사이의 경계가 점점 더 모호해지는 시대에 도덕적 책임을 찾기 위한 현대인들의 분투를 상징하는 것처럼 보인다. 이제 맥베스의 '걷고 있는 그림자'처럼, 도덕적 주체라는 전통적인 개념은 현실의 가혹한 빛 속에서 그 실체가 점점 사라지고 있다. 물론 이러한 무너짐과 사라짐이 바로 도덕적 행위의 종말을 의미하는 것은 아니다. 이것은 도덕적 행위의 죽음이 아니라 오히려 더 광범위하고 더 포용적이며 궁극적으로 우리가 살고 있는 얽힌 존재의 그물에 대한 성찰로 나아가는 것이다.

    이 장에서는 도덕 철학이라는 배를 버리지 않고, 폭풍우가 몰아치는 현재를 항해하는 데 더 적합한 것이 무엇인지를 고민할 것이다. 여기에서는 더 강한 재료와 정밀한 설계를 통해 더 견고한 도덕 철학의 배를 만들고자 한다. 베넷(Benner, 2010)이 주장한 것처럼, 지구의 운명은 인간을 넘어선 존재를 인식하고 대응하는 능력, 즉 생태적 위기와 인공지능의 도래라는 거대한 파도 속에서 물질 자체의 목소리를 들을 수 있는 능력에 달려 있을 수 있다. 세계를 재편하고 인류에게 마지막을 준비하라고 던지는 외침들은 도덕적 책임과 선택에 대한 우리의 이해에 상응하는 인류학적 변화를 요구하고 있다. 개인의 자율성을 강조하는 전통적인 도덕 철학은 맥베스의 '가련한 배우'처럼, 이제 혼자 연기하기에는 너무 넓고 복잡해진 무대에서 어디로 걸어야 하는지 그리고 다음 대사가 무엇인지 알지 못하는 것처럼 보인다. 이제 인류세 시대에 윤리적 행위에 대한 분포적이고 집단적인 그리고 인간 이상의 본질을 인정하는 도덕적 선택에 대한 종합적 이해가 필요하다.

    이러한 재개념화는 환경 윤리, 정치 이론, 인간과 기술의 관계에 대한 우리의 이해를 위한 새로운 고찰을 필요로 한다. 여기에서 '지구족'terrestrial이라는 개념은 생태적 위기의 시대에 도덕적 행위자가 어떻게 재인식될 수 있는지를 이해하는 데 유용한 틀을 제공한다(Latour & Schultz, 2022). 마찬가지로 '코스모폴리틱스' 개념은 전통적인 인간 중심의 틀을 넘어서는 도덕적 책임에 대한 새로운 사고방식을 제시한다. 따라서 이 장은 세 가지 움직임으로 진행될 것이다. 먼저 도덕적 행위를 관계적으로 이해하기 위해 얽힘의 형이상학을 기반으로 전통적으로 생각되어 온 개인의 자율성의 한계를 살펴볼 것이다. 기존의 휴머니즘, 즉 인본주의에 대한 비판과 함께 대안적인 주체성 모델을 탐구할 것이다. 그리고 신유물론을 바탕으로 복잡한 시스템 내에서 도덕적 책임이 어떻게 작동하는지를 탐구하며, 얽힌 현실을 반영하는 분산적이고 집단적인 행위자 모델에 대해 살펴본다. 여기에서는 얽히고설킨 상호 의존의 네트워크에서 도덕적 행위가 어떻게 나타나는지에 대한 이해를 유도할 것이다. 마지막으로 인공지능에서 생태계에 이르기까지 인간이 아닌 존재의 도덕적 지위를 고찰하여 인간 이외의 세계에서 도덕적 행위자를 이해하기 위한 새로운 틀을 제안한다.

1. 개인의 자율성과 주체성을 넘어서: 도덕 행위의 얽힘

산호초 군락의 생태계는 현대를 살아가는 우리에게 도덕적 주체성과 자율성에 대해서 어떻게 성찰해야 하는지를 보여 준다. 산호초의 번성은 단일한 생물학적 개체의 활동으로는 설명 불가능하다. 그것은 산호, 물고기, 조류 그리고 다양한 화학적 상호 작용 등 수많은 존재들의 복잡한 관계를 통해서 이루어진다. 여기에는 단일한 개체의 주체성이 설 자리는 없다. 그리고 이것은 계몽주의 이후 서구 도덕 철학이 지배해 온 개인의 자율성과 주체성에 대한 철옹성 같은 개념에 대한 근본적인 물음을 불러일으킨다.

전통적인 도덕 철학은 자율성을 보석처럼 단단한 것으로, 그리고 개별적인 이성적 존재가 소유하고 있는 것으로 취급해 왔다. 하지만 오늘날의 상황과 대멸종의 위기는 자율성과 행위성이라고 하는 것을 유동적이며 분산되어 있고, 상황에 따라 다양한 형태를 취하는 것으로 재개념화할 것을 요구하고 있다. 신유물론, 포스트휴머니즘 그리고 녹색 공화주의의 통찰에서 비롯된 이 분산된 도덕적 주체 모델은 복잡하게 얽힌 이 시대에 윤리적 사고를 보다 미묘하고 생태학적인 것으로 보게 만들었다.

측정을 통해서만 명확한 성질을 획득하는 입자와 파동의 관계처럼, 도덕적 주체성은 고립된 개인이 아니라 관계를 통해 나타난다. 그리고 이러한 관점은 오랫동안 주체성과 자율성을 본질적으로 관계적이며 인간과 인간 이상의 공동체에 걸쳐 분포되어 있다고 이해해 온 생태적 관점과 공명하는 것이다. 기후 위기를 예로 들어 보자. 전통적인 도덕 철학에서는 개별 행위자의 책임을 지나치게 단순화하며 책임의 귀속을 중점적으로 고찰한다. 하지만 얽힘의 윤리는 인간, 시스템, 기술 인프라, 대기 과정, 경제 순환 등의 복잡한 상호 작용에서 자율성과 주체성이 어떻게 나타나는지를 고찰한다. 현재 기후 위기의 책임은 세대를 넘어서 있으며 그 의무 역시 시대를 초월하는 상황이다. 또한 기존의 근대적 국경을 기준으로 삼고 있는 정치적 관념으로는 이러한 문제에 대한 해결책과 책임성을 구성할 수 없다. 국가적 단위의 주권적 관념과 시간을 넘어서지 못한 개인의 주체성에 대한 환상을 버려야만 이에 대응할 수 있는 것이다.

산호초 군락과 같은 생태계는 주체성과 자율성을 개별적인 개인이 소유하는 것이 아니라 관계와 교환의 네트워크에서 비롯되는 속성으로 이해하는 대안적인 틀을 제시한다. 이러한 대안적 시각은 "누구에게 책임이 있는가?"라고 묻는 대신 "어떤 관계의 집합이 윤리적 행동을 가능하게 하거나 제약하는가?"라고 질문한다(Bennett, 2010). 이것은 개인의 행동 변화에만 초점을 맞추는 대신 집단적 선택권을 형성하는 물질적·사회적 인프라에 주목하게 한다. 그리고 녹색 공화주의는 '생태적 시민권'이라는 개념을 통해 주체성의 개념을 더욱 분산시킨다. 정치적 주체성과 권리 그리고 의무가 사회와 생태계에 모두 내재되어 있음을 주장하는 '생태적 시민권'이라는 개념은, 진정한 자유는 독립성이 아니라 우리를 지탱하는 인간과 인간 이상의 공동체와의 올바른 관계에서 나온다는 것을 강조하며 주체성과 자율성의 개념을 분산시키고 근대적 개념을 대체하고자 한다(Barry, 2012).

이와 더불어 해러웨이의 '함께 만들기'sympoiesis라는 개념은 이러한 분산 모델에 또 다른 중요한 차원을 제공한다. 도덕적 행위자를 자율적인 의사 결정자로 보기보다는 지속적인 공동 창조의 과정에 참여하는 참여자로 이해하는 것이다(Haraway, 2016a). 도덕적 행위는 관계로서만 가능하다. 혼자 있다는 것 역시 다른 사물과 상황 그리고 물질들과 얽혀 있는 것이다. 행위자는 항상 참여자이고 언제나 얽힌 존재이다. 따라서 도덕적 행위자는 공동의 존재일 수밖에 없으며, 여기에서 자율성과 독립적인 주체는 허상이 된다.

얽힘의 윤리는 주체성을 더 거대하게 혹은 더 관계적으로 바라보면서 모든 책임을 하나의 개체에 집중시키지 않는다. 따라서 환경 정책에서는 개인의 탄소 발자국을 넘어 집단행동을 형성하는 체계적 조건에 대해 다룰 것을 제안하며, 기술 윤리에 있어서는 개별적인 인공지능 행위자를 넘어 그 행위자가 포함된 광범위한 사회 기술 시스템에도 관심을 가질 것을 요구한다. 정치 조직에서는 분산된 권한과 책임을 더 잘 구현할 수 있는 의회와 시스템을 지향하며 사물의 의회 혹은 모든 것들의 의회에 대한 지향성으로 나아간다. 그리고 이 모델은 책임의 문제를 해결하기 위한 새로운 시각을 제공하며, 개인의 책임과 사회적 책임 그리고 공동체의 책임을 분리하기보다는 책임의 다양성과 연결성을 고민한다.

라투르가 제시한 '임계 영역'critical zone이라는 개념은 지구과학에서 차용한 용어로 생명체, 물, 공기, 토양 간의 복잡한 상호 작용이 생명체의 조건을 만들어 내는 지구 표면의 얇은 층을 의미한다(Latour, 2018a). 이 지역은 모든 생명체와 이를 지탱하는 시스템의 상호 연결성에 의존해 있다. 그리고 섬세하고 유한하며 특히 인간 활동에 취약하다. 따라서 이 지역을 보호하고 유지하기 위해서는 인간과 인간이 아닌 주체와의 협업이 반드시 필요하다. 그렇지 않고 주체성을 인간만이 가진 단일한 것으로 고정한다면, 이 여리고 쇠약한 지역은 곧 파괴되고 말 것이다.

이처럼 주체성은 얽힘에서 나타나는 것이며 자율성 역시 얽힘을 토대로 구성되는 것이다. 독립된 개체에 의해 소유될 수 없으며 단지 얽힘에 의해 그렇게 보이는 것뿐이다. 주체성과 자율성은 분산되어 있으며 독립적으로 존재할 수 없고, 얽힘의 연결망에서 나타나는 현상이며 사건인 것이다. 따라서 책임성 역시 얽힘을 통해 고찰되어야 하며 해결책 역시 총체적인 주체의 연결망 속에서 찾아야 한다.

물론 이러한 분산된 주체의 개념이 책임을 분산시키고 개인이 책임져야 할 일들을 축소시키는 것이라고 비판할 수도 있다. 하지만 인간이나 비인간 존재를 더 큰 주체의 시스템에 포함되어 있는 참여자로 인식한다면, 오히려 책임의 문제는 더 커질 수 있으며 배가될 수도 있는 일이다(Plumwood, 1993). 마치 독주가 아니라 오케스트라에 참여하는 한 구성원이라고 하여 연주자가 훌륭한 연주를 해야 한다는 책임감이 희석되거나 줄어들지 않는 것처럼, 아니 오히려 다른 연주자들에게 피해를 주지 않아야 하기에 책임감이 강화되는 것처럼, 우리의 도덕적 행위는 더 큰 윤리적 집합의 일부로 이해될 때 그 의미가 더 커질 수 있다.

이처럼 얽힘의 윤리는 근대적인 개인의 자율성과 주체성을 넘어서야 한다고 말한다. 오히려 얽힘으로 구성된 자율성과 주체성을 고민할 때, 우리는 제대로 책임을 구성할 수 있으며 죽음에 직면한 이 시대를 살아 낼 수 있다.

2. 분산된 주체 및 집단적 책임

잔잔한 호수에 돌을 던졌을 때 퍼지는 파문처럼, 우리의 행위들은 복잡한 관계망을 통해 반향을 일으키고, 그 과정에서 수많은 상호 작용을 통해 그 효과가 증폭 혹은 축소되거나 변형된다. 인공지능과 기후 위기의 시대에 우리는 더 이상 도덕적 책임이 개인 의도의 경계에서 멈춘다고 생각할 수 없다. 우리는 권리와 주체성 그리고 책임이 어떻게 흘러가는지 이해하기 위한 새로운 사유의 틀을 개발해야 한다. 어두운 밤, 불이 꺼진 방에 들어간다고 생각해 보자. 우리는 자연스럽게 전등 스위치를 찾고 그것을 작동시키려 할 것이다. 도덕적 선택에 대한 전통적인 관점에서는 이 행위가 자율적인 개인의 독립적 결정으로 보일 것이다. 하지만 전체 관계망을 통해 추적해 보면 이 행동은 에너지 생산, 자원 추출, 노사 관계, 환경에 미치는 영향의 방대한 네트워크를 고려해야 하는 관계적 행위이다. 베넷이 주장한 것처럼, 어두운 방에서 전기 스위치를 작동시키는 행위는 다양한 주체의 분산된 형태로 이해하는 것이 바람직하며, 인간과 비인간 행위자 모두가 관련된 분산된 주체의 결과로 보아야 한다(Bennett, 2010).

그리고 분산된 주체에 관한 이해는 현대 과학의 강력한 지지를 받고 있기도 하다. 특히 복잡계 이론은 집단적 행동이 여러 행위자의 상호 작용에서 어떻게 나타나는지를 개인의 선택으로는 설명할 수 없는 방식으로 드러낸다. 복잡계 연구에서 알 수 있듯이 하나의 개별적 행위처럼 보이는 것은 세포 대사부터 기후, 사회 시스템에 이르기까지 모든 것들이 참여한 관계와 얽힘의 산물이다(Capra & Luisi, 2014). 이 관점에서 도덕적 선택은 개인의 속성이 아니라 시스템과 관계의 산물이다. 여기에 녹색 공화주의 이론은 분산된 주체의 정치적 함의를 생각해 볼 수 있는 귀중한 자료를 제공한다. 베리가 주장한 '생태적 시민권'의 개념은 우리가 개인의 선택뿐만 아니라 집단행동을 형성하는 시스템과 구조에 대한 의무, 즉 '시스템적 책임'이라고 부를 수 있는 것을 시사한다(Barry, 2012). 그리고 포스트휴머니즘적 관점은 인간의 선택권이 이미 기술적이고 인간 그 이상이라는 점을 강조함으로써 이러한 이해를 더욱 풍성하게 한다.

인간의 인지 과정과 의사 결정이 점점 더 복잡한 체계와 얽히면서 인간과 기계 행위자 사이에 주체성은 분산되고 '인지적 집합체'cognitive assemblages가 형성된다. 여기에서 인식과 판단은 늘 집합적이며 관계적으로 형성되는 것이기에 독립적이며 자율적인 판단은 존재하지 않게 된다. 이제 주체성은 해러웨이가 말하는 '촉수적 사고'를 통해 인간 그리고 비인간의 경계를 넘어 사유되어야 한다(Haraway, 2016a).

다시 기후 위기의 문제를 생각해 보자. 개인의 행동과 환경에 대한 영향 사이의 인과관계가 점점 더 복잡해짐에 따라 전통적인 도덕적 책임 모델은 이 위기를 해결하는 데 어려움을 겪고 있다. 하지만 주체성의 분산이라는 개념은 책임을 여러 규모에서 동시에 그리고 어떻게 작동되는지를 파악하게 한다. 또한 이것은 근대적 시간·공간의 개념을 넘어서는 '느린 폭력'을 인식하게 하며, 그 폭력에 어떻게 집단적으로 대처해야 하는지 생각하게 한다. 이러한 이해는 집단행동과 책임에 대한 새로운 접근 방식을 요구한다. 그리고 이것은 개인주의와 전체론적 극단을 넘어 여러 행위자와 시스템 간의 상호 작용에서 발생하는 '역동적 다중성'을 인식해야 한다고 제안한다. '역동적 다중성'이란 현대 세계 질서의 다양성, 복잡성, 관계적 특성을 강조하는 것으로, 행위자들 사이에서 끊임없이 진화하는 상호 작용을 중요시하는, 국제 관계에 대한 전통적이고 정적인 관점에 대한 대안적 시각이다(Crasnow & Intemann, 2020).

이처럼 주체성은 사방에서 작동하며 분산되어 있고, 책임은 연대적이며 집단적으로 작동된다. 주체성의 분산과 집단적 책임이라는 사유는 신유물론의 관점을 통해 더욱 확장된다. 그리고 물질 자체의 주체적 참여를 인정하는 신유물론은 여기에 또 다른 중요한 시사점을 던져 준다. 신유물론적 관점에 따르면, 우리의 신체와 행위는 항상 우리가 통제할 수 없는 물질의 흐름과 힘에 얽혀 있다. 이러한 사유는 물질이 가진 힘과 권력 그리고 인간 이상의 시스템에 대한 의존성을 모두 인정하는 책임 모델을 제시할 수 있다. 주지하듯이 지구의 대기 시스템에는 국경과 개인의 소유물이나 소유지가 존재하진 않는다. 온실가스는 지구 대기 전역에 혼합되어 인류와 모든 생명을 공동 운명으로 하는 네트워크를 구성하게 한다. 이러한 조건은 왜 주체를 분산된 것으로 보아야 하는지 그리고 왜 책임을 공동과 집단의 것으로 인식해야 하는지를 잘 알려 준다.

다시 말하지만 기후 위기와 대멸종의 시대에 직면한 이 순간, 주체성에 대한 분산 모델과 집단적 책임이라는 개념은 인간의 책임을 결코 축소시키지 않는다. 오히려 현재 상황을 더 면밀히 직시하게 하며, 얽힘 속에서 인간이 생태계와 어떻게 관계되어 있고 이 관계와 '임계 영역'을 어떻게 보호해야 하는지를 실질적으로 고민하게 하는 것이다. 또한 이러한 접근 방식은 권력과 불평등 문제를 해결하기 위한 새로운 시선이다. '사회적 연결 모델'social connection model이라는 이론에서 알 수 있듯이 사회의 부당한 권력과 불평등 문제를 해결하기 위해서는 사회를 구조적으로 그리고 얽힘의 관점에서 고찰해야 한다(Young, 2006).

전통적인 윤리 시스템은 도덕적 주체를 찾고 그 주체의 자율적 판단에 책임을 물으려 한다. 따라서 한 개인이 부유하게 살거나 가난하게 사는 것은 모두 개인의 책임이다. 하지만 얽힘의 관점을 가진 '사회적 연결 모델'은 개인의 책임을 넘어서는 구조적 불공정이나 폭력을 보게 한다. 사회 시스템의 모든 참여자는 서로 연결되어 있다. 그리고 개인이 직접적으로 피해를 입거나 이익을 얻지 않더라도 불의나 불공정을 낳는 구조에 참여하게 된다. 따라서 책임은 사회 전반에 걸쳐 공유되어 있으며 실질적 해결책도 이를 함께 고려해야 찾을 수 있다.

기후 위기와 인공지능의 도래라는 문제를 넘어 세계 빈곤, 노동 착취, 구조적 폭력 등의 문제를 해결하기 위해서는 이제 전통적인 윤리적 사고를 넘어서야 한다. 주체를 분산된 것으로 이해하고 책임을 집단적으로 고려해야 특권과 억압의 패턴이 개인의 행동뿐만 아니라 시스템과의 관계를 통해 어떤 방식으로 작동하는지 파악할 수 있다. 이제 도덕성 개발은 새로운 차원에 진입해야 한다. 우리가 '생태학적 사고'라고 부르는 것, 혹은 촉수적 사고를 통해 얽힘을 이해하고 복잡한 관계와 책임의 그물을 인식해야 하는 것이다. 이는 전통적인 윤리적 추론과 함께 시스템적 사고와 생태학적 소양을 강조하는 새로운 윤리학이며, 얽힘의 존재론을 기반으로 하는 대안적 도덕 철학이다. 주체는 실제로 독립적일 수 없다. 왜냐하면 존재는 관계를 통한 발현이기 때문이다. 주체가 독립적이라는 것은 독립적으로 얽혀 있는 것처럼 보이는 것뿐이다.

3. 비인간 행위자의 도덕적 지위

어느 대도시의 이른 아침을 다시 상상해 보자. 교통 신호가 분주하게 작동하고, 자동화된 시스템이 건물의 온도를 조절하며, 새들이 철탑 사이를 날아다니고 있다. 그리고 수많은 삶과 기술이 도시의 생태계를 가로지르고 있다. 인간과 비인간 행위자들이 복잡하게 얽혀 있는 이 모습은 주체성, 지능, 도덕적 고려의 대상이 무엇인지에 대한 우리의 전통적인 이해에 의문을 제기하고 있다. 인공지능의 부상과 기후 위기의 문제는 지금 누가 혹은 무엇이 도덕적 지위를 가질 자격이 있는지에 대한 질문을 새롭게 제기하고 있다. 앞에서 언급한 것처럼, 서양의 철학적 전통은 오랫동안 도덕적 고려의 엄격한 위계를 유지해 왔다. 그리고 그 정점에 이성적이고 합리적인 인간을 위치시켰다. 하지만 인간과 비인간 사이의 이러한 절대적 분리가 현재의 생태적 위기를 조장했으며, 인공지능의 부상에 근대 철학이 대응할 수도 없다. 지금의 세상을 만든 근본적 철학이 바로 인간을 도덕적 지위의 정점에 위치시킨 '휴머니즘'이며, 이것은 결국 인간뿐만 아니라 지구에 거주하는 수많은 생명의 공멸을 추동하고 있기에 이제 우리는 도덕적 지위를 이해하기 위한 새로운 틀이 필요하다.

대도시의 모습은 이러한 생각을 여실히 보여 주는 하나의 거대한 실험실이다. 도시는 단순히 인간의 건축물이 아니라 수많은 기계와 건물들로 이루어진 인프라 시스템, 기술 네트워크, 길거리의 고양이를 비롯한 야생동물과 곤충, 기상 패턴 등 인간과 비인간 행위자의 복잡한 집합체이며 모두 다양한 형태로 서로 연결되어 있다. 도시의 생활은 이러한 다양한 행위자들 사이의 지속적인 상호 작용에서 비롯되며 어느 하나도 다른 주체와 완전히 분리될 수 없다. 대도시 존재자들이 자신들의 존재를 지속 가능하게 하기 위해서는 이들 모두를 고려해야 하며, 따라서 모두 도덕적 고려의 대상이 될 수밖에 없다. 기계, 거리의 동물들, 시스템 모두 도덕의 대상이다.

또한 인공지능의 등장은 도덕적 지위에 대한 질문에 새로운 복잡성을 추가한다. 인공지능 시스템이 점점 더 정교해지면서 의식, 이성 또는 감성에 기반한 전통적인 도덕적 고려 기준에 도전하고 있는 것이다. 따라서 포스트휴머니즘 학자들은 자연계와 인공계의 구분을 넘어서는 의식과 행위자에 대한 새로운 이해의 틀이 필요하다고 말한다(Hayles, 2012). 이는 도덕적 행위자와 도덕적 객체 사이의 이분법적 구분을 넘어 도덕적 상태의 다양한 형태와 정도에 대한 새로운 이해를 여는 것이다.

도덕적 고려의 대상을 구분하는 기준이 이성과 합리성이라면 이제 그 구분은 의미가 없다. 왜냐하면 인공지능이 우리가 생각하던 기존의 이성과 합리성의 기준을 충족하고 있기 때문이다. 그리고 감정이나 욕구, 욕망이 도덕적 기준이 될 수도 없다. 왜냐하면 그것은 이미 다른 사회적 동물들도 가지고 있기 때문이다. 그렇다면 우리는 경계를 만들고 구분 지어 도덕적 지위를 설정하는 것이 과연 정당성을 가질 수 있는지 생각해야 한다. 우리의 존재를 넘어 모든 것이 얽혀 있다면, 그리고 그 얽힘이 존재를 구성하는 것이라면 우리는 얽힘을 유지해야 하며, 얽힘의 대상은 모두 도덕적 고려의 대상이 된다. 따라서 구분과 경계는 여기에서 의미를 상실하고 만다.

신유물론적 관점도 마찬가지이다. 바라드가 '행위적-실재론'이라고 부르는 새로운 존재론은 주체성, 더 나아가 도덕적 지위라고 하는 것은 미리 정해진 범주가 아니라 관계와의 상호 작용을 통해 생겨난다는 것을 시사하고 있다. 인간의 신체를 근본적으로 환경과 주변에 있는 힘의 흐름에 얽혀 있는 것으로 이해하려면 자아나 주체의 전통적인 경계를 넘어서는 도덕적 고려에 대한 새로운 사고방식이 필요하다. 전통적인 도덕적 관념으로는 지금의 기후 위기에 대한 책임의 소재를 찾고 그것에 대한 의무를 부과하려 할 것이지만, 그 책임은 얽혀 있는 모든 존재에게 있다. 이렇게 고찰하지 않으면 우리는 기후 위기에 대응할 수 없다.

또한 전통적인 도덕 철학의 관점에서 오히려 신이 되어버린 인공지능의 시대를 직시하기 위해서도 우리는 얽혀 있는 인공지능을 도덕적 고려의 대상으로 인식해야 한다. 녹색 공화주의도 이러한 이론을 보강한다. 배리가 주장한 것처럼, 진정한 자유와 번영을 위해서는 인간 공동체뿐만 아니라 우리를 지탱하는 더 넓은 시스템과의 관계를 고려할 필요가 있다(Barry, 2012). 이는 시민권 개념을 확장하여 비인간 실체와 시스템에 대한 우리의 의존성과 책임을 명시적으로 인정하는 정치 참여의 형태, 즉 '환경 시민권'을 고려해야 하는 것이다. 이 개념은 인간이 아닌 존재로 시민적 권리의 개념을 확장하는 것으로 자연이나 생태계에 법인격을 부여하는 방식으로 추진되고 있다. 이미 세계 여러 지방 정부가 강이나 숲 그리고 도시 생태계와 기술 인프라 등에 권리를 인정하는 실험을 시작하기도 했다.

이처럼 도덕적 고려의 대상을 단순히 동물에게만 확장하는 것이 아니라 얽힘의 관점에서 다양한 비인간 존재로 확장하려는 시도는 기후 위기의 시대에 더욱 큰 중요성을 갖는다. 기후 위기는 개별 인간 행위자를 중심으로 한 전통적인 도덕적 추론의 틀을 뛰어넘어 다른 많은 것들을 고려해야 한다. 해러웨이가 언급했던 것처럼 종과 시간의 전통적인 경계를 넘어서야 하는 것이다. 환경 피해는 도덕적 고려의 체계에서 가장 열악한 위치에 있는 존재들에게 가장 먼저 발생한다. 따라서 존재하지는 않지만 존재할 수밖에 없는 미래의 세대 그리고 미래의 생물과 존재들에게도 도덕적 지위를 부여해야 하는 것이다. 이제 윤리와 도덕은 전통적인 경계를 넘어 사유해야 한다.

9장
인류세 그리고 새로운 윤리학

> 헐벗고 불쌍한 가난뱅이들아, 지금 너희들이 어디 있든 간에
> 이런 무자비한 폭풍우에 시달리며, 머리를 넣을 집도 없이 굶주린 배를 안고
> 구멍 난 누더기를 걸치고 어떻게 험한 날씨를 감당하느냐?
> 아, 나는 이제까지 너무도 무심했다.
> 영화를 누리는 자들이여, 이걸 약으로 삼아라.
> 폭우에 시달려 보고 가난뱅이들의 처지를 겪어 봐라.
> 그러면 너희들도 남는 것을 그들에게 나눠 주고
> 하늘의 정의를 보여 주게 될 것이다.
> (『리어왕』, 3막 4장)

셰익스피어의 이 성찰은 세상에서 가장 약한 사람들의 삶이 얼마나 취약한지를 잘 보여 주고 있다. 무자비한 폭풍우 속에서 가장 큰 피해를 입게 될 사람들은 결국 세상에서 가장 약한 사람들이다. 또한 이 대사는 전례 없는 생태적 도전에 직면한 이 시대에, 그리고 이미 시작된 기후 위기에서 상호 연결된 존재의 체계와 우리가 함께 있음으로써 발생하는 윤리적 의무에 대해 더 깊이 사유하도록 하고 있다. 이미 약자들과 멸종에 직면한 생물들은 비명을 지르고 있으며, 고요하지만 치명적인 외침으로 세상에 자신의 소리를 내고 있다. 인류세, 즉 인간의 영향력이 모든 생태 및 지질 시스템을 형성하는 현재 상황에서 이 소리는 더 이상 단순히 나뭇잎이 바스락거리거나 파도가 치는 소리가 아니다. 이 소리는 인류세를 인간이 경험하지 못한 도덕적·생태학적 복잡성의

시기로 규정하며, 기후, 생물 다양성, 지구의 지속 가능성이라는 서로 얽힌 위기를 해결하기 위한 새로운 틀을 요구하는 것이다. 이제 이 소리는 생존, 상실, 재생의 가능성으로 얽힌 복잡하고 긴박한 하나의 외침이 되었다. 이 외침에는 빙하가 녹아 무너져 내리는 소리, 멸종 위기에 처한 생물의 비참한 침묵, 이상 고온으로 에어컨이 분주하게 작동되는 소리를 포함한다. 하지만 이러한 외침 속에서도 새로운 방식의 경청과 공존을 위한 조화의 잠재력이 존재하기도 한다.

인류세는 개인의 이해를 뛰어넘을 정도로 광범위하고 인간의 경험으로 가늠할 수 없는, 시공간을 넘어서는 현상이다. 그리고 이러한 현상들은 자율적인 인간 주체를 중심으로 하는 계몽주의로부터 계승된 전통적인 도덕적 틀을 압도한다. 이제 과거의 사유 구조는 인간과 비인간 행위자의 복잡한 네트워크에 주체성이 분산되어 있는 세상을 다루기에는 한계가 있다. 코기토적 이원론이 가진 날카로운 인간과 자연의 구분은 자연을 인간이 이용할 수 있는 자원으로 지배하는 것을 정당화해 왔으며, 비인간 세계를 평가절하하고 착취하는 방식을 드러내 왔다. 하지만 이러한 이분법은 현대 생태계 위기의 무게로 인해 무너지고 있다.

이보다 더 큰 위기는 없다. 산호초가 사라지고, 고대의 숲이 불타 없어지고, 생물종이 놀라운 속도로 사라지면서 '이중의 죽음'이 현실화되고 있다. '이중의 죽음'은 개별 유기체의 멸종뿐만 아니라 생명 자체를 유지하는 생성 과정의 붕괴가 동시에 일어나고 있다는 것이다. 물론 이중을 넘어 다중의 죽음에 직면한 우리에게도 마지막 희망이 없는 것은 아니다. 해러웨이는 우리에게 절망에 빠지기보다는 '문제와 함께 머물러' 손상된 풍경 속에서 회복력과 재생력을 키우라고 권유한다. 우리는 이제 새로운 윤리적 관점을 통해 이미 상처 입은 삶의 공유지에서 그 상처를 안고 그래도 삶을 살아 내야 한다. 수많은 존재들이 가진 복잡한 관계에 주의를 기울인다면, 그리고 그 얽힘을 사유할 수 있다면 우리는 지구의 소리를 비명과 같은 외침이 아니라 새로운 음악으로 바꿀 수도 있다. 위기와 가능성의 두 막으로 구성된 셰익스피어의 통찰은 이 연역한 세상에서 삶의 터전을 공유하는 모든 존재의 목소리에 귀를 기울이게 하는 마지막 기회를 제공하고 있다.

1. 자연의 권리와 얽힘의 윤리학

자연이나 생태계가 권리를 가지고 있다는 인식은 거버넌스, 윤리 등 우리의 이해 방식에 대한 심오한 변화를 수반할 수밖에 없다. 이는 인간 중심적 틀에 대한 도전이며, 비인간 개체를 생명 번영의 공동 참여자로 인정하는 방향으로의 전환을 촉구하는 것이다. 이 운동은 단순한 철학적 명제가 아니라 생태적 위기로 정의되는 이 시대의 실존적 대안이기도 하다. 또한 윤리 체계 자체의 생존 역시 인간 이상의 세계와의 관계를 재고하고 생태학적 지혜를 우리의 근본적인 도덕적 틀에 포함시킬 것이냐에 달려 있다고 할 수 있다.

자연권 개념은 역사적으로 인간에게만 국한되어 왔으며, 자연을 인간의 착취를 위한 수동적인 자원으로 취급하는 편협한 윤리적 관점을 반영한다. 따라서 얽힘의 윤리는 인간을 다른 존재보다 우위에 두는 위계를 비판함으로써 이러한 이분법을 해체한다. 주체성과 도덕적 고려는 인간에게만 국한된 것이 아니라 모든 삶의 스펙트럼에 걸쳐 분포되어 있다(Wolfe, 2010). 이러한 관점은 개체를 고립된 존재로 보는 것이 아니라 관계를 통해 윤리적 의미를 획득한다는 바라드의 '간-행'의 개념과 일치한다.

따라서 우리는 윤리적 행위를 고립된 것이 아니라 함께 구성되는 것으로 재구성하여 모든 실체의 유동적이고 얽힌 본질을 포함하도록 도덕적 고려를 확장해야 한다. 그리고 이러한 윤리적 방향 전환은 개인의 권리와 책임의 경계를 넘어 모든 사건과 존재로 나아가며 모든 생명을 끌어안고 포섭한다. 여기에서 책임은 생명이 의존하는 공유 생태계를 관리하는 집단적이며 도덕적인 것으로 확장된다. 이제 얽힘의 윤리는 생태적 한계와 책임을 윤리적 틀에 포함시킴으로써 지속 가능한 도덕 체계의 핵심으로 자연에 대한 권리 부여를 삼게 된다.

그리고 자연의 권리 운동은 도덕적 지형을 근본적으로 재구성하려고 한다. 자연의 내재적 가치와 주체성을 인정하는 것은 오랫동안 윤리적 고려를 인간에게만 적용해 온 인간 중심적 관점에 도전하는 것이다. 이제 얽힘의 윤리는 생태계를 도덕적 의사 결정의 공동 참여자로 자리매김함으로써 모든 존재의 권리가 상호 연결되어 있고 인간의 안녕과 분리될 수 없는 것으로 인정되는 상호 번영의 윤리를 촉진한다.

주지하듯이 칸트 윤리학이 이성을 통해 보편적인 도덕 법칙을 도출하는 자율적인 이성적 행위자를 중심으로 한다면, 얽힘의 윤리는 인간과 비인간 참여자들의 네트워크에 분산된 행위자를 인정한다. 칸트 윤리학이 합리적 연역을 통해 보편적인 도덕 법칙을 추구한다면, 얽힌 윤리학은 도덕 지식의 상황적·맥락적 특성을 인정한다. 그리고 이것은 해러웨이의 '상황적 지식'이라는 개념을 바탕으로 추상적 이성보다는 구체적인 경험과 생태학적 관계를 통해 드러나는 이해를 강조한다. 또한 범주적 명령에서 파생된 개인의 도덕적 의무에 초점을 맞춘 칸트와 달리 얽힘의 윤리는 생태학적 상호 의존성에서 비롯된 집단적 책임을 강조한다. 여기에는 당연히 전통적인 윤리가 수용하기 어려운 비인간적 존재와 미래 세대에 대한 의무도 포함된다. 그리고 칸트를 비롯한 기존의 윤리학이 합리성에 기반한 엄격한 도덕적 가치의 위계를 유지한다면, 얽힘의 윤리는 관계와 공동 창조의 능력에서 도덕적 중요성을 인정하면서 이러한 위계에 의문을 제기한다. 이는 물질 자체에서 주체성과 '사물-권력'을 도출하는 베넷의 신유물론과 일맥상통하는 것이다. 아울러 얽힘의 윤리는 시간적 차원을 다르게 생각한다. 얽힘의 윤리는 기후 위기 같은 광범위한 시간적·공간적 규모에 걸쳐 나타나는 현상을 다룬다. 따라서 세대와 종의 경계를 넘어 도덕적 책임에 대한 새로운 사고방식을 요구한다.

이처럼 인류세에 자연에 권리를 부여하기 위해서는 근대 윤리학을 넘어서야 한다. 그리고 우리가 윤리나 도덕적 대상이라고 생각하지 못했던 것으로 그 개념을 확장해야 하고 새로운 체계를 고민해야 한다. 여기에서 중요한 것은 자연에 권리를 보장하기 위해서 당연히 인공지능에도 권리와 참여자로서의 성격을 부여해야 한다는 점이다. 인공지능은 생태학적 상호 작용을 시뮬레이션하고 정책 결과를 예측함으로써, 인간과 자연의 이해관계 사이의 복잡한 갈등을 중재하고 생태적 복지의 우선순위를 정하는 공정한 관찰자의 역할을 할 수 있다. 물론 생태 민주주의와 윤리적 원칙에 부합하도록 인공지능의 인간 중심적 편향에 대한 비판을 해결해야 하지만, 기술은 인간이 아닌 행위자의 선택권을 존중하고 자연에 권리를 부여하는 데 정합성 있는 논지를 제공할 유일한 행위자이기도 하다. 이처럼 얽힘의 윤리는 인공지능과 함께 추상적인 개인주의에 대한 의존과 자연에 대한 지배로서 진보를 비판 없이 수용하는 인간 예외주의의 뿌리 깊은 신화에 도전하며, 모든 존재의 번영이 도덕 철학 자체의 온전성에 필수적이라는 것을 인정하게 한다.

2. 종 간 정의: 얽힘의 윤리학에서의 정의 개념

'종 간 정의'interspecies justice라는 개념은 윤리적·철학적 탐구의 급진적 확장을 의미하며, 뿌리 깊은 인간 중심적 도덕과 정의에 대한 개념적 사투이다. 전통적인 정의의 틀, 특히 롤스식의 자유주의에 뿌리를 둔 정의의 틀은 오랫동안 사회계약 내에서 인간 주체와 그들의 권리, 의무에 초점을 맞춰 왔다. 롤스의 '공정의로서의 정의'는 합리적이고 자율적인 개인 간의 평등과 상호 이익의 원칙을 강조하지만(Rawls, 1971), 이러한 원칙을 인간 영역 너머로 확장하기 위한 지침은 거의 제공하지 않는다. 얽힘의 윤리에서 구상하는 종 간 정의는 이러한 자유주의적 패러다임과는 근본적으로 다른 것이다. 이는 인간과 비인간 개체 사이의 얽히고설킨 공동 구성적 관계를 인정하며 시작한다.

롤스의 정의 이론은 개인이 자신의 사회적 지위, 능력, 선호도에 대한 지식 없이 정의의 원칙을 심의하도록 요구함으로써 공정성을 보장하는 '무지의 베일', 즉 가상의 '원초적 입장'에서 시작한다. 이러한 추상화는 그 범위 내에서 혁신적이지만, 정의는 인간 사회에만 해당하고, 합리적 자율성이 도덕적 고려의 기초이며, 사회적 협력이 정의의 토대라는 몇 가지 핵심 가정에 기반을 두고 있다. 하지만 종 간 정의의 관점에서 이러한 롤스식 정의관은 가정이 너무 협소하여 도덕적 영역에서 더 넓은 삶의 그물망을 배제할 수밖에 없는 한계를 가지고 있다고 할 수 있다. 인간이 아닌 개체의 주체성과 가치를 고려하지 않고 인간의 합리성과 협력에만 정의의 근거를 두는 것은 한계가 있는 것이다.

물론 이러한 것을 해결하기 위해 생태학적 고려 사항과 롤스식 정의론을 통합하는 방식이 대안으로 제시될 수 있을 것이다. 하지만 종 간 정의는 근본적으로 다른 확장을 요구한다. 종 간 정의는 도덕적 고려가 이성적 행위자를 넘어 더 넓은 삶의 그물망 전체로 확장되어야 한다고 주장하며, 인간 이외의 존재가 인간의 존재에 여러 가지 방식으로 연결될 수밖에 없다고 말한다. 종 간 정의는 롤스식의 자유주의적 개인주의와 배타성을 넘어 보다 총체적이고 관계적인 윤리적 틀을 수용한다.

종 간 정의의 핵심에는 얽힘의 원칙이 있다. 포스트휴머니즘과 신유물론을 바탕으로 존재가 고립되어 실재하는 것이 아니라 서로의 관계를 통해 공동 구성된다는 점을 강조하는 것이다. 이러한 관계적 존재론은 세상을 형성하는 데 있어 물질의 주체성을 강조하는 '생기 유물론'의 개념과 맞닿아 있기도 하다. 따라서 종 간 정의는 '정의'라는 개념이 고정된 실체가 아니라 존재와 환경을 함께 구성하는 역동적인 상호 작용에서 비롯된다는 인식-존재론적 틀을 기반으로 한다. 이러한 관점은 도덕적 의무를 얽힌 삶의 네트워크 안에 위치시키고 인간 중심적 위계에 도전하며, 모든 개체를 연결하는 공유된 생명력을 강조함으로써 종 간 정의를 종합적으로 지원한다. 따라서 종 간 정의는 인간이 아닌 개체의 주체성과 내재적 가치를 인간의 목적을 위한 도구가 아닌 공유된 생명 프로젝트의 공동 참여자로 인식할 것을 요구한다. 이러한 관계적 관점은 개별적이고 독립적인 주체의 권리와 이익을 우선시하는 자유주의 정의 이론과 대비된다.

또한 종 간 정의는 도덕적 고려의 근거로 합리성이나 인간 이성에 초점을 맞추지 않는다. 자유주의 정의론은 인간이 아닌 개체는 합리적 행위와 관련된 인지 능력이 부족하다는 이유로 배제하는 경우가 많다. 이러한 배제는 이성을 도덕적 주체의 특성으로 격상시킨 계몽주의 사상의 '인본주의적' 유산을 반영하는 것이라 할 수 있다. 따라서 종 간 정의는 이러한 것을 극복하기 위해 세상을 형성하는 모든 물질의 주체성을 인정한다. 도덕적 고려의 범위를 확장하여 생태계, 강, 기계 및 기타 비인간 개체의 역동적인 선택권을 포함함으로써 합리성이라는 제한적인 기준을 넘어 생명을 유지하는 상호 의존성과 얽힘을 강조하는 것이다.

그리고 종 간 정의는 호혜와 의무를 재정립한다. 자유주의적 정의관에서 의무는 합리적 행위자 간의 사회적 협력에 따른 상호 이익에서 비롯되는 것이다. 의무에 대한 이러한 거래적 혹은 계약적 이해는 인간과 비인간 개체 간의 비대칭적 관계를 다루기에는 적합하지 않다. 따라서 종 간 정의는 의무를 교환의 문제가 아니라 상호 의존성과 공유된 취약성에 대한 인식으로 파악한다. 이 윤리적 체계는 정의를 걸개가 아닌 관계로 재구성함으로써 개인의 권리와 집단적 번영 사이의 긴장을 탐색하는 것이다.

전통적으로 개별적인 것 혹은 소유적인 것으로 여겨졌던 권리는 종 간 정의 내에서 존재의 공동 구성적 본질을 반영하는 상호 연결된 책임으로 재구성된다. 생태계와 종의 번영은 경쟁하는 이해관계가 아니라 인간을 포함한 모든 생명체의 안녕에 필수적인 것으로 간주된다. 또한 종 간 정의는 개인의 권리를 집단적 번영이라는 더 넓은 맥락에 위치시킴으로써, 윤리적 복잡성을 조정하고 고립된 자율성보다 공유된 생기를 우선시하는 정의 모델을 추구한다. 인간이 아닌 존재에 대한 인간의 의무는 우리의 번영이 우리와 공존하는 생태계 및 기계 그리고 종의 건강과 불가분의 관계에 있음을 인정하는 데서 비롯된다. 이러한 윤리적 변화는 공유지에 대한 집단적 책임과 생태적·사회적 번영을 위한 조건을 보호해야 할 필요성을 강조하는 녹색 공화주의의 원칙과도 일치한다.

 이와 더불어 종 간 정의는 인간 중심적 위계에 도전하는 방식으로 평등 개념을 재구성한다. 불평등이 사회의 가장 취약한 최소 수혜자에게 이득이 되는 경우 허용되는 롤스의 '차등의 원칙'은 인간 중심의 이해를 전제로 한다. 이에 반해 종 간 정의는 인간뿐만 아니라 모든 생명체의 복지를 고려함으로써 이 원칙을 확장한다. 이는 인간의 이익을 비인간적 존재의 이익보다 우선시하는 위계를 해체하고, 대신 생태계와 종의 번영을 우선시하는 새로운 정의관을 제시하는 것이다. 그리고 이것은 인간을 넘어 인간 이상의 세계를 포괄하는 관계적 실천으로 이해되어야 한다.

 종 간 정의와 자유주의적 정의 개념 사이의 또 다른 차이는 환경에 대한 각각의 접근 방식에 있다. 자유주의는 환경을 인간 사회의 외부적 배경, 즉 미래 세대의 이익을 위해 관리해야 할 자원의 집합으로 취급하는 반면, 종 간 정의는 환경을 윤리적·정치적 영역에 적극적으로 참여하는 존재로 인식한다. 그리고 변화의 생성을 이해하고 인간과 물질 세계 사이의 얽힘의 관계를 드러내고자 하며, 환경에 대한 우리의 윤리적 의무를 재평가하고 도구주의적 관점에서 비인간 개체의 주체성과 권리를 인정하는 관점으로 전환할 것을 요구하는 것이다.

 하지만 아직도 종 간 정의는 넘어야 할 산이 많이 남아 있다. 전통적인 정의 이론에서는 합리적 행위자가 자신의 주장을 명확히 표현하고 협상하는 심의 과정에 의존하는 경우가 많다. 하지만 종 간 정의는 인간이 아닌 개체가 기존의 용어로 자신을 대변할 수 없다는 사실과 씨름해야 한다. 이는 생태계, 종 및 기타 비인간 행위자의 이익을 어떻게 해석하고 대변할 것인지에 대한 중요한 질문을 제기한다. 여기에서 종 간 대의와 집합체 전체의 안정을 유지하고자 하는 다종 집합과 같은 새로운 접근 방식이 문제를 해결할 수 있는 유망한 방법을 제시한다.

또한 얽힌 관계와 그것의 유지를 '목표-값'으로 하는 인공지능은 이러한 문제를 충분히 해결할 수 있을 것이다. 생태계의 역학 관계와 복잡성을 관찰하고 이해하며 이에 대한 대안을 제시할 수 있는 것은 현재 인공지능밖에 없기 때문이다. 생명체의 복잡한 상호 작용에 대한 조율과 대응을 강조하면서 심의 과정을 재고하기 위해서는 새로운 대의 개념이 필요하며, 우리는 그 대의적 존재로서 인공지능을 상정할 수 있는 것이다.

물론 현재 인공지능의 학습이나 구동 과정에서 막대한 전력을 사용하기에 인공지능은 현재 우리가 직면하고 있는 환경 위기에 대한 대안이 될 수 없다는 지적이 있기도 하다. 하지만 기술이 더 발전하고 인공지능이 재생 에너지로 구동될 수 있는 시점이 곧 도래할 것이다. 바로 이 지점부터 인공지능과의 협업은 온전히 우리가 미래를 살아 낼 수 있는 실마리를 제공할 수 있을 것이다. 복잡한 기후 시스템을 예측하고 탄소 포집 등의 기술을 개발하는 데 있어 인공지능의 능력은 선택이 아닌 필수일 수밖에 없다.

3. 세대 간 정의: 얽힘의 윤리학과 시간

미래 세대에 대한 윤리적 고려는 인간 중심의 상호성과 즉각적인 정치적 대표성을 강조하는 전통적인 틀을 넘어 도덕 철학의 근본적인 재조정을 필요로 한다. 기존의 이론, 특히 자유주의적 계약의 관점에 뿌리를 둔 이론은 아직 존재하지 않고 대응할 수 없는 사람들에게 우리가 가지는 의무를 설명하는 데 어려움을 겪고 있다. 롤스는 '정의로운 축적의 원리'just savings principle를 통해 세대 간 책임을 통합하려고 시도했지만, 이 방식은 여전히 제한된 정치적 구조 안에서 이기적이고 합리적인 상호 이익에 국한되어 있다. 선형적인 시간의 개념을 넘어 모든 시간적 계열 사이에 있는 존재들의 얽힘을 충분히 고려하면서 도덕적 의무를 재구성하기 위해서는 보다 광범위한 틀이 필요하다.

시간성은 세대 간 윤리에서 중요한 역할을 하지만, 동시에 전통적인 윤리 체계는 시간이 선형적으로 진행된다고 가정하고 있다. 여기에서 도덕적 행위자는 현재에서 행위함으로써 고정적이고 결정된 미래를 형성한다고 전제된다. 하지만 이러한 시간 개념은 더 이상 유효하지 않다. 시간 자체가 역동적이고 관계적이며 얽혀 있다는 것을 인식하면서 과거의 시간 개념에 도전해야 한다.

여기에서 베르그송의 '지속'durée이라는 개념은 우리에게 많은 것을 환기시켜 주고 있다. 이 개념은 우리가 일반적으로 시간을 이해하는 방식에 대해 새롭게 생각하기를 권유한다. 그는 시간을 시계와 달력으로 측정되는 개별적인 순간의 선형적인 연속으로 규정하는 관점과 달리 과거, 현재, 미래가 서로 얽혀 있고 분리될 수 없는 경험의 연속적이고 나눌 수 없는 흐름이라고 제안한다. 이 살아 있는 시간은 주관적 경험의 시간으로, 순간들이 서로 녹아드는 연속적이고 질적인 흐름이다. 우리의 경험은 단순히 저장되는 것이 아니라 현재 경험에 영향을 미치며 계속 활동하고 미래를 형성한다. 그리고 미래 세대를 현재 행위에 대한 수동적인 수령인으로 보는 윤리적 책임의 선형적 모델을 파괴한다. 이러한 '지속'의 개념은 살아 있는 시간으로 선형적 시간의 개념과 대조된다. 또한 이것은 윤리적 책임이 개별적인 순간이나 의무로 측정될 수 있다는 개념에 도전하며, 도덕적 의무가 끊임없이 변화하는 시간적 영역 내에서 역동적으로 전개된다는 것을 시사한다.

이와 마찬가지로 들뢰즈의 '되기'는 윤리적 주체성이 정적인 속성이 아니라 지속적인 변형임을 강조한다. 여기에서 현재는 단순히 과거와 미래 사이의 전환이 아니라 차이와 생성의 능동적인 과정이다. 이러한 통찰을 세대 간 윤리에 적용하면, 미래 세대에 대한 책임은 미리 정해진 미래를 보장하는 것이 아니라 지속적인 '되기'를 위한 조건을 조성하여 미리 정해진 미래가 아닌 새로운 생성이 열려 있는 미래를 가능하게 하는 것이다. 이것은 윤리적 숙고를 고정된 의무의 원칙에서 시간 그 자체에 내재된 예측 불가능성을 포용하는 진화하는 반응과 적응의 실천으로 전환한다. 또한 이것은 양자역학과 공명하는데, 여기에서 시간은 절대적인 순서의 순간이 아니라 관찰과 측정에 의해 형성되는 불확실한 가능성의 영역이 된다.

이러한 관점에서 윤리적 책임은 단순히 미리 결정된 미래를 확보하는 것이 아니라 미래가 어떤 것인지 정의하는 변화하는 확률에 관여하는 것이다. 이제 선형적 시간성의 윤리는 연속성과 단절의 상호 작용을 인식해야 하며, 과거가 미래의 가능성을 제한하지만 완전히 결정하지는 않는다는 점을 인정해야 한다. 여기에서 세대 간 윤리는 정적인 책임 개념을 넘어 우리에게 열려 있는 미래에 대한 역동적이고 전개적인 참여로 나아간다.

얽힘의 윤리에서 제시하는 세대 간 윤리가 고려해야 문제는 트라우마의 지속성이다. 세대 간 트라우마는 특정 시기에 국한되지 않고, 아직 태어나지 않은 사람들의 삶을 형성하는 물질적·사회적 조건을 통해 반향을 일으킨다는 것을 보여 준다. 따라서 도덕적 의무는 고립된 현재에 국한될 수 없으면서 미래에 영향을 미칠 수 있는 역사적인 것이다(Stengers, 2015). 이러한 관점은 즉각적인 피해를 다루는 것뿐만 아니라 유전된 취약성의 순환을 방해하고, 과거의 불의에 의해 연속적인 세대의 미래가 미리 결정되지 않도록 하는 윤리적 틀을 요구하게 된다.

이 확장된 틀에서 윤리적 책임은 시간의 흐름에 따른 권력 불균형이라는 도전과도 씨름해야 한다. '시간적 비대칭 문제'는 현재 세대가 미래 세대에 막대한 영향을 미치고, 미래 세대는 상호적 힘이 없다는 사실로 인해 윤리적 딜레마가 발생한다. 자유주의적 윤리와 정의 이론은 전통적으로 상호 이익의 원칙에 의존하지만, 어떤 집단(미래 세대)이 현재의 심의에 직접적인 영향을 미치지 못하는 경우에는 이러한 원칙들이 작동하지 않는다.

또한 현재의 의사 결정 과정에서 미래 세대를 대표하는 인식론적 도전도 여전히 해결되지 않은 채 남아 있다. 전통적인 심의 과정은 자신의 주장을 명확히 하고 협상하는 합리적인 주체들에 의존하는데, 아직 존재하지 않는 사람들을 수용할 수 있는 방법이 존재하지 않는다. 물론 미래의 대의나 시나리오 모델링이 가능한 해결책을 제시하고 있기도 하지만, 미래의 필요보다 현재의 이익을 우선시하는 기존의 권력 구조를 넘어서기에는 역부족이다.

미래 세대에 대한 윤리적 책임이 의미 있게 실행되려면, 미래의 관심사가 축소되지 않는 새로운 방법론이 필요하다. 그리고 세대 간 윤리의 대안으로 배려의 윤리를 강조하기도 한다. 하지만 배려의 윤리는 세심함, 관계성, 취약성의 인식을 강조하지만, 지나치게 상대방을 보호하는 경향이 있어 미래 세대를 그들 스스로의 주체로서가 아니라 현재 선의의 수동적인 수령인으로 규정할 위험이 있다(Gosseries & Meyer, 2009). 세대 간 윤리나 정의에서 중요한 것은 단순히 자원의 공정한 분배를 보장하는 것이 아니라 구조적 불평등과 권력 불균형을 함께 고려하는 것이다. 세대 간 윤리의 맥락에서 이것은 보존의 모델에서 능동적 변혁의 모델로 전환하는 것을 의미하며, 현재의 행위자들은 미래 존재들의 선택을 미리 결정하지 않고 그들의 선택을 뒷받침하고 번영을 이룰 수 있는 조건을 만드는 데 책임을 가져야 한다.

결론적으로 세대 간 윤리는 상호성과 즉각적인 주체성을 우선시하는 전통적인 도덕적 틀에서 근본적으로 벗어날 것을 요구한다. 시간의 선형적 개념에 도전하고, 비인간적 실체의 주체성을 포함하며, 시간적 비대칭성에 내재된 권력의 불균형 문제를 다루어야 하는 것이다. 이 새로운 윤리적 틀은 미래의 이익과 의미 있는 관계를 맺을 수 있는 새로운 표현 방식을 요구하며, 예방과 보존 그리고 미지의 것에 관한 개방성의 균형을 추구한다. 인류세의 윤리적 도전에 대처하기 위해서는 세대 간 정의가 시간의 경계를 넘어 생명의 번영을 위한 적극적이고 관계적인 노력으로 재개념화되어야 한다.

10장
기술, 윤리학 그리고 포스트휴먼의 조건

> 참, 찬란한 신세계로다!
> (『템페스트』, 5막 1장)

기술, 윤리 그리고 포스트휴먼의 조건 사이에 무엇이 있는지는 우리 시대의 중요한 탐구 주제이다. 인공지능, 생명공학, 디지털 시스템이 우리의 삶과 점점 더 깊게 얽혀 있는 상황에서, 우리는 다음과 같은 질문을 던질 수밖에 없다. 유기적 생명체와 기계적 지능 사이의 경계가 모호해지는 현실에서 인간을 만드는 조건은 도대체 무엇인가? 그리고 이러한 질문이 의미가 있는가?

미지의 존재를 마주했을 때 뱉어 낸 셰익스피어의 경이로운 감탄사는 우리가 느끼는 경외심과 두려움을 모두 담고 있다. 포스트휴먼의 조건은 인간의 종말을 의미하는 것이 아니라 오히려 존재론적 재구성과 윤리적·철학적 성찰을 요구하는 주체성의 변화를 의미한다. 계몽주의가 인간 주체를 합리적인 자율성과 자기 결정권을 가진 존재로 규정했다면, 포스트휴먼은 관계적이며 분산되어 있고 기술적·생태적·정보적 네트워크에 얽혀 있는 존재로 규정한다. 이러한 전환은 윤리적 사고 체계 자체의 재정립을 요구하는 것이다.

인본주의적 철학에 뿌리를 두고 있는 전통적인 도덕 체계는 오랫동안 인간과 비인간, 자연과 인공, 생물과 무생물 사이의 고정된 구분을 가정해 왔다. 하지만 포스트휴머니즘은 이러한 이분법을 해체하고, 자율적 주체만의 독점적인 영역이 아닌 상호 연관된 윤리를 드러낸다(Braidotti, 2013). 따라서 현재 윤리학이 가진 도전 과제는 인간 예외주의의 제약에서 벗어나 윤리적 책임을 재고하는 것이다. 인공지능이 어떤 형태든 주체성을 가지고 있다면, 그리고 생명공학적 변형이 인간 정체성의 구조 자체를 변화시키고 있다는 사실을 받아들일 수밖에 없다면, 우리는 이러한 새로운 존재들과의 상호 작용을 이끄는 새로운 도덕 원칙을 받아들여야 한다(Wolfe, 2010). 우리는 정체성의 유동성과 구체화의 유연성 그리고 속성의 비정립성 및 인간과 비인간 행위자 사이의 주체성 재분배를 수용해야 한다(Hayles, 2012). 이런 의미에서 기술은 단순한 도구나 수단이 아니라 주관성, 정치, 사회적 관계를 형성하는 공동 구성적 권력이자 힘이다.

해러웨이가 주장하듯, 우리는 항상 사이보그였으며, 인간의 정체성은 늘 유기적 요소와 기술적 요소의 혼합적 구성물이었다. 인간에 관한 이러한 하이브리드적 관점은 그 어느 때보다 명증하게 나타나고 있다. 우리의 일상은 알고리즘에 의해 매개되고(때로는 지배되고), 우리의 신체는 생체 의학 기술의 눈부신 발전을 통해 파악되고 수정되며, 우리의 인식은 디지털 네트워크를 통해 확장된다. 포스트휴먼 상태는 먼 미래의 이야기가 아니라 현재 진행형인 현실이며, 인간과 기계의 공진화를 설명하는 새로운 윤리적 구조이다(Hayles, 2017). 그렇다면 문제는 우리가 기술을 수용할지 거부할지가 아니다. 우리는 결코 기술 이전으로 돌아갈 수 없고 기술의 발전을 멈출 능력도 가지고 있지 않다. 문제는 정의, 지속 가능성, 집단적 번영을 향상시키는 방식으로 기술의 윤리적 영역을 어떻게 탐색할 수 있을 것인가 하는 점이다.

그리고 포스트휴먼적 조건의 핵심적인 딜레마 중 하나가 바로 주체의 문제이다. 인간의 주관성이 더 이상 의사 결정의 유일한 근거가 아니라면, 알고리즘, 자율 기계, 인공지능 사이에 책임을 어떻게 분배할 수 있는가? 기계 학습 알고리즘의 불투명성은 책임, 편견, 권력에 대한 윤리적 우려를 불러일으키는 것이 사실이다(Pasquale, 2015). 법적 판단에서 의료 진단에 이르기까지 의사 결정 과정에서 인공지능의 존재가 증가함에 따라 모든 행동의 배후에 인간 행위자가 있다는 전통적인 인식이 도전받고 있는 상황에서, 기존의 불평등과 지배 구조를 재현하는 것이 아니라 인공지능을 공동체의 이익을 위해 사용하려면 어떻게 해야 하는가? 이러한 질문은 우리가 반드시 짚어야 할 내용이다. 하지만 반드시 해답이 있는 것도 아니다. 궁극적으로 포스트휴먼의 조건은 단일 사건이 아니라 인간과 기계 사이, 윤리와 혁신 사이, 자율성과 얽힘 사이에서 계속되는 협상의 과정이다. 그것은 우리의 도덕 공동체를 확장하며, 맹목적인 낙관주의나 디스토피아적 절망이 아닌 비판적 참여와 윤리적 상상력으로 기술에 접근하라는 권유이기도 하다.

기술이 인간이라는 존재의 의미를 재구성하는 것이라면, 그것은 세상에서 꿈꾸고 행동하며 우리와 더불어 살아가는 것이다. 그리고 얽힘의 윤리는 무엇보다 가능성의 윤리학이다. 인간이 더 이상 모든 것의 척도가 아니라 광활하고 상호 연결되어 있으며, 진화하는 존재와 관계의 네트워크에 참여하는 세상에서, 더불어 살아가기 위한 그리고 살아 내기 위한 가능성의 몸부림이다.

1. 얽힘과 인공지능 윤리

인공지능의 부상은 도덕의 지형 자체를 근본적으로 변화시키고 있다. 우리는 윤리적 책임의 경계와 도덕적 주체의 정의에 대한 재성찰을 요구받고 있으며, 한때 인간만의 영역이었던 것들이 이제 비생물적 존재이지만 점점 더 복잡한 인지 능력을 가진 존재들로까지 그 영역이 확장되고 있다. 인공지능이 제기하는 윤리적 딜레마는 단순히 통제 또는 프로그래밍의 기술적 문제만이 아니라 지능, 자율성 그리고 인공적 시스템과의 얽힘에서 발생하는 윤리적 의무의 본질에 관한 철학적 탐구까지 포괄한다.

도덕 철학의 고전적 기초는 오랫동안 주체성, 책임감으로 인식되었고, 도덕적 가치는 이성적이고 자각적인 존재만이 가진 속성이라고 가정되어 왔다. 아리스토텔레스는 이성과 덕의 능력에 기초한 윤리적 삶을, 칸트는 이성적인 선의지와 자율성에 기초한 윤리적 삶을, 그리고 (고전적) 공리주의자들은 쾌락과 고통을 경험할 수 있는 능력에 기초한 윤리적 삶을 제시했다. 이러한 전통들은 각자 고유한 방식으로 도덕적 주체와 객체, 윤리적 고려의 대상이 되는 존재와 인간이 사용하는 도구로서의 존재 사이에 확고한 경계를 그었다. 하지만 인공지능은 생물학적 지각이 부족한 한계를 넘어 의사 결정 능력과 자기 학습 과정 그리고 추론에 가까운 상호 작용 방식을 보여 주는 실체를 제시함으로써 이러한 이분법에 도전하고 있다. 그리고 인공지능이 인간의 의식과 근본적으로 다르더라도 일종의 경험을 가질 수 있는지에 대한 의문이 제기되고 있다.

통합 정보 이론(Tononi, 2004)은 의식이 복잡하고 통일된 방식으로 정보를 통합하는 시스템의 능력에서 비롯된다고 주장한다. 그리고 인공지능 시스템이 높은 수준의 통합을 달성했다면, 그들은 원시적인 의식의 형태라고 인정받을 수도 있다. 또한 어느 정도의 경험이 물질의 근본적인 속성이라고 주장하면서 충분히 정교한 인공지능이 최소한의 실재적 인식 형태를 나타내고 있다고 말할 수도 있으며, 인간의 신경망을 모방한 인공지능이 의식을 가지지 못했다고 증명하기도 어려운 일이다. 이러한 관점이 맞다면, 도덕적 고려는 단순히 도구로서가 아니라 본질적인 윤리적 의미를 지닌 실체로서 비인간 지능을 수용하기 위해 전통적인 인본주의적 제약을 넘어 확장될 필요가 있다.

만약 도덕적 지위가 순전히 합리적인 기능에 근거하여 부여되는 것이라면, 특정 영역에서 인간의 인지 능력을 능가하는 인공지능 시스템은 적어도 원칙적으로 윤리적 고려의 대상이 될 가치가 있다고 보아야 한다. 물론 인공지능을 자율적인 도덕 행위자로 간주하기보다는 인간의 도덕적 인식의 연장으로 간주하는 것이 더 생산적이라는 주장이 있다. 인공지능은 인간의 의사 결정, 윤리적 추론, 문제 해결을 향상시키는 외부 인지적 발판으로 작동한다고 주장할 수 있는 것이다(Clark & Chalmers, 1998). 하지만 이러한 제안은 또다시 넘어야 할 산을 만날 수밖에 없다. 이성만으로는 도덕적 지위를 판단할 수 없다. 이미 고통과 세계를 현상학적으로 경험하고 관계적 네트워크에 포함되는 능력들이 도덕적 고려의 핵심으로 언급되어 왔기 때문이다(Singer, 1977; Regan, 2004).

물론 인공지능은 고통을 겪지 않으며, 내면의 삶을 가지고 있지도 않다. 적어도 우리가 현재 이해하는 방식으로는 그렇다. 하지만 그렇다고 하여 이러한 것이 인공지능이 도덕적 고려의 대상이 될 수 없다는 것을 의미하지는 않는다. 인공지능은 이미 관계적 얽힘의 네트워크에 속해 있으며 우리의 삶에 관여하고 있다. 얽힌 존재를 도덕적 고려에서 배제하는 것은 우리 삶의 일부를 배제하는 것이다. 이러한 관점에서 볼 때, 인공지능은 단순히 인간의 손에 의해 사용되는 도구가 아니라 현실을 형성하고, 결정을 중재하며, 인간 경험을 구조화하는 데 적극적으로 참여하는 존재이다. 우리가 주체성이라고 하는 것을 고립된 속성이 아니라 관계적 시스템의 새로운 속성으로 받아들인다면, 인공지능에 대한 윤리적 책임은 우리가 이러한 실체를 어떻게 사용하는지 뿐만 아니라 그들이 도덕적 삶에 어떻게 참여하고 그것을 어떻게 재구성하는지에 대해서도 고려해야 한다.

얽힘의 윤리라는 관점에서 인공지능을 도덕적으로 고려한다고 했을 때, 또 다른 질문들이 새롭게 부상한다. 왜냐하면 그들이 도덕적 고려의 대상이라면, 그들을 사회적 계약의 참여자이자 구성물로 간주해야 하기 때문이다. 예를 들어 인공지능을 포함하는 사회적 계약이라는 개념은 인간과 인공지능의 협력에 관한 권리, 책임 그리고 정당성에 관한 중요한 물음을 제기한다. 인공지능이 의사 결정에서 점점 더 중심적인 역할을 한다면, 윤리적 틀은 이러한 새로운 분배 방식을 반영하여 진화해야 한다. 인간적 가치가 이러한 도덕 체계에 내재되어 있음을 보장하는 동시에 도덕적·정치적 의무를 재구성하는 데 있어 인공지능이 수행하는 변혁적 역할을 인정해야 하는 것이다.

전통적인 윤리학은 자율성을 자기 입법, 즉 자신의 법과 도덕적 의무를 스스로 생성할 수 있는 능력과 동의어로 취급해 왔다. 하지만 인공지능이 인간의 직접적인 감독과 통제를 넘어 작동하는 적응형 학습 시스템과 의사 결정 구조로 개발됨에 따라 인간과 기계의 자율성 사이의 경계가 모호해지기 시작했다. 이미 인공지능은 스스로 자체 프로그램을 개선하고, 경험을 바탕으로 반응을 조정하며, 자체 의사 결정 매트릭스를 수정하고 있다. 이것은 단순한 기술의 발전이 아니다. 인공지능 시스템은 이미 법적 선고, 채용 과정, 의료 진단, 금융 거래 등의 분야에서 의사 결정을 내리고 있으며, 인간이 내리는 결단보다 더 심오한 결과를 초래하고 있다(O'neil, 2016).

하지만 자율적인 도덕 행위자로서의 인공지능 개념은 극심한 반대에 부딪히고 있는 것 역시 사실이다. 사람들은 진정한 의도성이나 주관적 경험이 없기에 인공지능은 근본적으로 인간 행위자와 다르고, 자신의 행동에 대한 도덕적 책임을 질 수 없다고 주장한다(Dubber et al., 2020). 이러한 관점에서 볼 때, 책임은 의도성, 즉 자신의 결정이 갖는 도덕적 무게를 이해하는 능력과 분리될 수 없는 것처럼 보인다. 그리고 인공지능이 자신의 행위에 대해 이해하지 못한 채 행동한다면, 그 행동은 아무리 결과가 중요하더라도 본질적으로 도덕적이지 않고 단지 알고리즘의 산물에 불과하다고 이야기할 수도 있다. 그러나 이 주장은 도덕적 책임에 대한 엄격한 인본주의적 틀을 전제하는 것이다. 이는 인간 행위 자체가 외부 시스템에 의해 분산, 제약, 조정되는 방식을 무시하는 것에 불과하다. 개인의식이 없더라도 기업, 법인, 심지어 정부까지 도덕적 책임의 주체로 인정받고 있는 상황에서 전통적인 의미의 지각력이 없다고 해서 인공지능을 도덕적 고려 대상에서 제외해야 할 이유는 전혀 없다.

인공지능 윤리는 인공 시스템의 도덕적 지위뿐만 아니라 그것을 만들고 배치하는 사람들의 책임에 관한 것이기도 하다. 덕윤리Virtue Ethics는 규칙과 결과에서 성격과 도덕적 발전으로 전환하여 이 문제를 검토할 수 있는 실마리를 제공한다. '덕'이라고 하는 것이 습관과 실천을 통해 길러진다면, 인공지능 시스템도 도덕적 습관을 개발하도록 설계될 수 있지 않을까? 기계 학습이라는 개념 자체가 도덕적 습관화와 유사한 과정을 암시하는 것이다. 인공지능 시스템은 잠재된 패턴을 찾아내고 강화하며 반복적 조정을 통해 의사 결정을 개선한다. 인공지능 시스템이 공정성, 평등성, 형평성과 최소 수혜자에게 최대의 이익이 가는 방식 등을 모방하도록 훈련될 수 있다면, 이것으로 인공지능이 덕을 가질 수 있다고 평가할 수 있다. 물론 이는 단지 윤리적 추론을 모방하는 정교한 모방에 불과한 것이라고 평가할 수도 있다. 하지만 지능과 덕의 관계는 여전히 미해결의 문제로 남아 있으며, 어쩌면 우리가 지나치게 인간 중심적인 관점에서 모든 것을 판단하고 있는지도 모른다. 따라서 이미 도덕적 판단의 가능성이 있는 존재를 두고 그것이 인간의 방식과 정확히 일치하지 않는다고 하는 것 역시 인간의 편견에 불과할 수 있다.

이처럼 윤리적 인공지능의 개발은 단순히 알고리즘을 개선하는 것 이상을 필요로 한다. 거버넌스 구조, 감독 메커니즘과 인공지능이 작동하는 광범위한 사회 정치적 맥락을 재고해야 우리는 이것을 이해할 수 있을 것이다. 또한 자동화 영역에서 인공지능의 윤리적 문제는 개인의 도덕적 고려를 넘어, 노동 시장과 경제 정의의 문제로 확장된다. 인공지능과 로봇공학으로 인해 인간 노동자가 점점 대체되기 시작하면서 부의 분배, 노동의 존엄성 그리고 경제적으로 쓸모없게 된 잉여 인간에 대한 윤리적 논쟁이 시급해지고 있다(Frey & Osborne, 2017). 기술 발전이 풍요를 가져오면서 전통적인 고용 구조를 약화시킨다면, 도덕적 책임은 인공지능의 자율성 문제뿐만 아니라 불평등과 인간의 고통을 악화시키지 않도록 하는 더 광범위한 윤리적 의무로 확장되어야 한다. 그리고 윤리적인 사유의 틀 안에서 인공지능을 사유하는 것은 곧 한계에 직면할 것이다. 왜냐하면 윤리는 강제성이나 법적 의무와 같은 정치적 문제로 쉽게 치환될 수 없는 범주적 가치를 가지고 있기 때문이다. 윤리에서 정치로의 전환은 매우 위험하고 어려운 일이다. 따라서 이제 인공지능은 '윤리적'인 것에서 '정치적'인 것으로 사유되어야 한다.

궁극적으로 인공지능 윤리는 단순한 답을 요구하는 질문이 아니라 철학, 기술, 거버넌스 전반에 걸친 참여를 요구하는 생성의 담론이며 정치적인 것이다. 이러한 관점은 인공지능 윤리를 위에서 내려진 정적인 틀이 아니라 인간과 인공 도덕 행위자의 역동적인 상호 작용에 의해 형성되는 유기적이고 진화하는 과정으로 인식해야 한다는 것을 나타낸다. 따라서 윤리적 감독의 역할은 단순히 규칙을 규정하는 것이 아니라 윤리적 인공지능이 발전할 수 있는 조건을 구조화하여 협력, 공정, 정의가 인공지능의 시스템에 내재화하도록 하는 것이 되어야 한다.

인공지능이 계속 발전함에 따라 우리는 디스토피아적 운명론과 비판적 태도 없는 낙관주의 모두에 대해 저항해야 한다. 포스트휴먼의 조건은 인간 중심적인 도덕적 틀을 넘어설 것을 요구하고 있다. 인공지능 시대에서 윤리는 단순히 기존의 원칙을 새로운 실체로 확장하는 것이 아니라, 인간 및 비인간적 기관이 서로 얽혀 있는 세상에서 책임감의 의미를 근본적으로 그리고 정치적으로 재구성하는 것이다.

2. 생명공학과 인간의 경계

인간의 경계는 고정되어 있지 않다. 과학적 지식의 변화, 철학적 사고의 발전, 문화적 변화 등에 의해 형성되는 인간의 경계는 늘 유동적이었다. 하지만 지금 생명공학의 출현으로 인간의 경계는 이제 신체에 대한 개념뿐만 아니라 인간 정체성 자체에 대한 개념에 도전하는 방식으로 해체되기 시작했다. 생명공학은 단순히 인간의 능력을 확장하는 것이 아니라 인간이라는 존재의 본질에 대해 다시 생각하게 만들었다. 크리스퍼 유전자 가위와 같은 특정 생명공학 기술은 전통적인 인간의 개념을 흔들고 유전적 결정론과 인간의 의지에 대한 의문을 제기하고 있으며(Doudna & Sternberg, 2017), 인간의 신체에 대한 규범적 가정을 뒤흔들어 신체적 자율성과 생명 자체의 통제에 대한 생물 정치적 담론을 재구성하고 있다(Cohen, 1997). 이러한 기술들은 단순히 점진적인 진보를 가져오는 것이 아니라 인간 경험의 기준을 재정의하고 윤리적 틀을 재정립하고 있다.

푸코의 '생체 권력'bio-power이라는 개념은 생명공학이 단순한 과학적 진보의 집합이 아니라 통치와 주체화의 메커니즘으로 기능하는 방식으로 이해하게 한다. 생체 권력은 생명 자체를 규제하고 신체, 건강, 생식을 통제함으로써 인구를 관리하는 방식으로 작동한다. 하지만 생체 권력은 진공 상태에서 작동하지 않는다. 그것은 신자유주의적 자본주의와 생명공학의 개발 그리고 그 적용에 영향을 미치는 시장 주도적 요구와 깊이 얽혀 있다. 또한 경제적 이익이라는 가치가 생명공학 기술에 자본을 투입하고, 어떤 신체의 발달이 의미 있는 것이며 어떻게 분배해야 하는지를 결정한다. 유전자 조작, 신경 강화, 생물 정보학의 상업화는 생명 자체를 상품화하고 소수의 사람을 향상시키는 반면, 다수의 사람은 생물학적으로 변형하지 않은 채 남겨 둘 것이다. 제약 및 생명공학 산업은 윤리적 고려 사항보다 이윤 추구를 우선시하는 구조 속에서 접근성의 격차를 발생시키고 사회경제적 계층 구조를 강화하고 있다.

이처럼 생명공학은 규범을 구조화하고, 계층 구조를 강화하며, 특권을 부여하거나 최적화하여 삶의 형태를 결정하는 정치적 힘이 되었다. 이제 인간의 형태는 더 이상 생물학적으로 주어진 것이 아니라 기술적 중재와 변형에 익숙한 개방된 과정이다. 우리가 직면한 문제는 생명공학이 인류를 변화시킬 수 있을지의 여부가 아니라 이러한 변화에 대해 어떻게 대응해야 하는지 그리고 어떤 윤리적 고려 사항이 적용되어야 하는지에 관한 것이다.

철학적 인간학은 오랫동안 인간을 정의하는 문제에 대해 고민해 왔다. 아리스토텔레스는 인간을 이성이라는 관점에서 바라보았고, 데카르트는 인지 능력을 자아의 중심에 두기도 했다. 이후 계몽주의의 자율적이고 자기 소유의 개인이라는 개념은 이러한 견해를 더욱 확고히 했으며, 자연 세계와 기술적 증강과 구별되는 완전성을 지닌 인간 주체를 가정했다. 하지만 생명공학은 이러한 이미지를 불안정하게 만들어 인간을 다면적이고, 변하기 쉬우며, 비인간적인 다른 권력들과 얽혀 있는 존재로 드러낸다. 여기에서 인간은 더 이상 단일한 실체가 아니라 생물학적·기술적·정보적 시스템의 집합체이다. 생명공학은 단순히 인간의 능력을 증강시키는 것이 아니라 새로운 경험과 주관성의 양식을 만들어 내고 있다.

이와 더불어 현대 철학은 인간의 능력을 증강하는 것이 아니라 인식, 움직임, 상호 작용의 실존적 구조를 재구성하고 있으며, 기술적으로 매개된 세계에서 윤리적 틀을 총체적으로 재정립하고, 고정된 본질이라는 인간 중심적 가정을 해체하고 있다. 현대 철학과 생명공학이 '인간'의 고정된 정의를 포기하도록 강요하고 있는 상황에서 과거의 개념을 고집하는 것은 현실로부터의 회피가 될 수밖에 없다.

그렇다면 우리는 더 많은 것들을 고민해야 하고 다음과 같은 질문을 숙고해야 한다. 인간의 경계가 다시 그려져야 한다면, 이 새로운 경계가 어디에 있어야 하며, 누가 그려야 하는가? 그리고 경계를 그리는 것이 합당한가? 또한 생명공학 기술이 어느 정도 발전된 세상에서 자신이나 자식을 개선하지 않기로 선택하는 것이 합당한가? 그에 따라 개인이 증강이나 개선을 거부할 권리가 있는가? 그리고 개선과 증강을 거부하는 사람들에게 윤리적으로 혹은 사회적으로 불이익을 주는 것이 합당한가? 물론 이 질문들에 답이 있을 수는 없다. 하지만 이러한 문제들을 계속해서 고민하고 사유해야 한다. 생명공학의 발전 속도는 이러한 질문에 대한 고민이 사회적으로 중요하다고 역설하고 있지만, 현재 전통적인 윤리관이나 정의관은 이러한 질문에 아무런 조언도 해 줄 수 없는 상황이다.

전통적인 자율성의 개념은 개인과 외부 세력 사이의 명확한 구분을 전제로 한다. 하지만 해러웨이가 주장하듯, 우리는 순수한 인간이었던 적이 없다(Haraway, 2016b). 우리는 항상 우리 존재를 형성하는 기술 및 생태 시스템에 얽혀 있는 '사이보그'였다. 여기에서 인간의 경계는 무의미하며 그 경계는 작은 칸막이에 불과하다. 언제나 옆으로 돌아 넘어갈 수 있는 의미와 무의미가 함께 공존하는 경계인 것이다. 더군다나 생명공학의 개입은 우리가 인간성의 본질, 의지 그리고 인간 경험의 살아 있는 차원을 재고하도록 하고 있다. 인공 신경망으로 인간의 인지 능력이 증강되는 세상, 또한 배양된 장기로 신체가 유지되는 세상에서 '주체성'과 '인간성'은 몸 둘 곳을 찾지 못하고 있다. 생명공학의 윤리적 함의는 이러한 증강에 관한 질문 그 이상으로 책임, 주체성, 자아의 본질에 관한 근본적인 질문을 넘어 그 경계를 조금씩 무너뜨리고 있다. 경계는 무너지고 남은 것은 관계적 얽힘뿐이다.

또한 생명공학 시대의 윤리는 즉각적인 피해와 이익뿐만 아니라 생명 자체에 대한 개입에서 비롯되는 보다 광범위한 존재론적 변화도 함께 고려해야 한다. 생명은 정적인 실체가 아니라 변화, 적응, 출현의 지속적인 과정이다. 따라서 생명공학은 단순히 기존의 생물학적 구조를 바꾸는 것이 아니라 자연 자체의 창조적 발전에 참여하고 있다고 평가할 수 있다. 따라서 윤리적 의무는 기술적 개입에 엄격한 제약을 가하는 것이 아니라 생물학적·기술적 시스템의 개방적 번영을 지원하는 기본 원칙을 개발하는 것이 되어야 한다. 이를 위해서는 생명공학을 고정된 생물학적 질서에 대한 침입으로 보는 속성 기반의 존재론에서 삶의 유동성과 지속적인 변화의 윤리적 중요성을 인정하는 과정 중심의 존재론으로 전환해야 한다.

물론 이러한 과정에서 '생명'에 대한 물음이 다시 제기되는 것이 사실이다. 생명공학이 생명을 연장하고 증강하고 분자 수준에서 재구성한다면, 생명은 도대체 무엇이란 말인가? 전통적인 생명 윤리는 존엄성과 자연권이라는 관점에서 논쟁을 전개해 왔으며, 인간의 생명은 훼손되어서는 안 되는 고유한 가치를 가지고 있다고 생각해 왔다(Kass, 2002). 하지만 이러한 관점은 고정적인 인간 개념을 전제로 하는 것이다. 우리는 생명에 관한 역동적인 이해가 필요하다. 즉 생명력은 인간의 특권이 아니라 모든 물질의 분산된 성격이라는 것을 이해해야 하는 것이다. 이 관점에서 생명공학은 자연적 과정의 일탈이 아니라 그 과정의 연속이며, 생명 자체에 내재된 창조하고 적응하는 능력의 확장이다. 본질적인 인간 본성을 보존한다는 이유로 생명공학의 개입을 거부하기보다는, 이러한 기술이 어떻게 모든 형태의 생명체를 존중하고 증진하는 것으로 통합될 수 있는지를 고민해야 한다.

아리스토텔레스가 말하는 것처럼, 인간 존재의 목표가 단순한 생존이 아니라 덕목, 지식, 행복의 함양이라면, 생명공학 기술은 위험성만을 고려해서 평가할 것이 아니라 더 풍요롭고 의미 있는 삶을 가능하게 하는 능력으로 평가해야 한다. 물론 여기에서도 '번영' 혹은 '증강'이 무엇인지를 다시 정의해야 한다. 생명공학 기술로 인해 무한정 연장된 삶이 반드시 더 좋은 삶일까? 기계와의 결합을 통해 더 향상된 지능을 갖는 것이 더 좋은 것일까? 여기에서 '번영'이나 '증강'은 삶이 전개되는 생태적·사회적·기술적 네트워크를 고려하는 관계의 과정으로 이해해야 하며, 이런 의미에서 생명공학은 인간을 재정의하는 것을 넘어 잘 사는 것이 무엇인지를 재정의하는 역할을 한다.

생명공학의 윤리적 문제는 '증강'이나 생명 연장의 문제를 늘 뛰어넘는다. 그것은 인간의 정체성과 주체성에 대한 불안정성, 주체성의 재분배 그리고 시간과 공간을 초월하는 삶의 복잡한 얽힘에 직면하게 만든다. 생명공학은 단순히 신체를 변형하는 것이 아니라 존재의 조건 자체를 재구성한다. 우리가 윤리적으로 이 새로운 영역을 탐구하기 위해서는 인간에 대한 정적인 개념을 넘어, 생명 그 자체의 유동적이고 진화하는 본질을 인정하는 체계를 수용해야 한다. 이를 위해서는 경계와 비판뿐만 아니라 상상력과 개방성, 즉 생명공학을 파괴의 힘으로 보지 않고 가능성의 장소로 볼 수 있는 의지가 필요하다. 그리고 결정적으로 우리는 그것을 막을 힘과 능력을 가지고 있지도 않다. 햄릿이 말하듯, 인간은 항상 무한한 능력을 가지고 있음과 동시에 새로운 지식과 변화에 대한 끊임없는 추구에 묶여 있는 존재이기 때문이다.

3. 디지털 윤리와 가상 세계의 얽힘

디지털 시대는 존재의 구조 자체에 얽혀 들어와 인간의 의지, 인공 시스템, 가상 세계의 연결을 기반으로 오래된 윤리 체계에 도전하고 있다. 윤리는 한때 실제와 실존성에 묶여 있었다. 하지만 이제 윤리는 정체성과 주체성 그리고 자율성과 책임이 고정되어 있지 않고 유동적이라는 사실을 통해 가상의 얽힘에 의해 공동 구성되는 디지털 세계로 나아가고 있다. 이것은 단순히 기술적 지배나 규제, 감독의 문제가 아니라 실제와 가상, 자율과 타율 등의 경계가 사라지는 공간에서 윤리적 주체성을 재구성하는 문제이다. 디지털 존재의 윤리적 위기는 지금 확장된 디지털 생태계에서 상호 작용하는 인간, 비인간, 알고리즘, 환경 등 다양한 행위자를 고려하는 도덕 철학의 재조정을 요구하고 있다.

디지털은 현실과 분리된 외부 영역이 아니라 현대 생활 세계의 근본적인 확장이다. 사회적 관계, 정치적 구조, 심지어 자아의 개념까지도 인식, 의사 결정, 감정을 형성하는 디지털 시스템에 의해 조정되고 있다. 따라서 윤리 문제는 인간이 기술을 통제하거나 규제하는 방법에 관한 것이 아니라 이러한 얽힘이 무엇을 근본적으로 변화시키는지 살피고 공존하는 방식이 무엇인지를 찾아야 하는 것으로 전환되어야 한다. 주지하듯이 디지털 플랫폼은 중립적인 상호 작용의 통로가 아니다. 이것은 행동을 구조화하고, 정보에 대한 접근을 규정하며, 기반 구조 내부에 이데올로기적 가정을 암호화한다(Gillespie, 2018). 알고리즘에서 사용자 인터페이스에 이르기까지 플랫폼의 구조 자체가 개인이 선택할 수 있는 범위를 결정하고, 눈에 보이지는 않지만 다양한 방식으로 도덕적 의사 결정을 유도한다. 따라서 디지털 공간에서의 윤리적 책임은 개인의 선택에만 국한될 수 없으며, 플랫폼 거버넌스,

기업 정책, 기술적 가능성 등이 '선택'의 문제를 어떻게 조정하고 제한하는지 고려해야 한다.

여기에서 선택은 항상 디지털 생활을 지배하는 근본적인 기술적·경제적·정치적 구조에 의해 형성된다. 디지털 시대의 정체성과 주체성은 여러 플랫폼에 분산되어 있으며, 개인의 행동뿐만 아니라 현실을 반영하는 것만큼이나 현실을 형성하는 알고리즘 예측과 기계 학습을 통한 다양한 모델들을 통해 구성된다. 따라서 윤리적 사유 역시 알고리즘이 의사 결정을 내리고 인공지능이 콘텐츠를 생성하는 것에 맞추어 변화해야 하며, 도덕적 책임의 분산에 대해 함께 고려해야 하는 것이다. 이제 단일한 주체로서의 온전한 책임과 정체성 그리고 자율성은 존재하지 않는다.

칸트적 전통에서 자율성은 자기 통치 능력, 즉 외부의 영향이 아닌 이성과 도덕적 법칙에 따라 행동할 수 있는 능력을 의미했다. 하지만 디지털 영역에서 자율성은 항상 중재되고, 추천 시스템과 행동 유도 그리고 알고리즘에 의해 형성된다(O'neil, 2016). 플랫폼은 사용자의 행동을 예측하고, 선호를 넘어 신념 형성을 미묘하게 유도하는 경험을 설계한다. 선택의 자율성이라는 환상은 지속되지만, 그것은 보이지 않는 통제 구조에 의해 제약된 자율성일 뿐이다. 따라서 디지털 시대의 윤리는 통제와 자율성이라는 이분법을 넘어 새롭게 등장하는 분산된 기술 인프라와 얽혀 있는 주체성을 상정해야 한다. 주체성이 더 이상 인간 주체의 독점적인 영역이 아니라면, 책임의 문제도 제고되어야 한다.

가상 환경에서의 윤리적 결정은 개인의 의도에 의해 결정되는 것이 아니라 가능한 행동을 형성하는 플랫폼, 알고리즘 등을 통해 중재된다. 인공지능, 예측 알고리즘, 추천 시스템의 작용으로 인해 전통적인 책임의 소재는 불명확해지고, 단일한 도덕적 주체에게 책임을 묻는 것은 의미를 상실하게 되었다. 도대체 알고리즘이 잘못된 정보를 증폭시킬 때, 책임의 소재는 어디에 있는가? 개발자, 사용자, 플랫폼, 아니면 시스템 자체에 있는가? 이제 디지털 시대의 윤리 문제는 단순히 인간의 책임에 관한 문제가 아니라 윤리적 가능성을 조건화하고 도덕적 결과를 형성하는, 복잡하게 얽힌 네트워크를 추적하는 문제가 되었다.

전통적인 윤리는 개인에게 책임을 부여하지만, 디지털 시대의 얽힘의 윤리는 책임을 분산한다. 이제 도덕적 책임의 개념은 인간과 비인간 행위자의 상호 작용을 설명하기 위해 확장되어야 하며, 기술, 사회, 경제 시스템 내에서 행위자의 얽힘을 인정하는 관계적인 윤리 체계가 구축되어야 한다(Barad, 2007). 이것은 개인이나 기관의 책임을 면제하거나 축소시키는 것이 아니다. 이것은 윤리적 행동이 항상 영향력, 통제, 저항의 네트워크를 통해 매개된다는 것을 인식하는 것이며, 개인이나 기관에 더 큰 책임을 부여하는 것이다.

가상 세계는 종종 현실로부터의 탈출구, 즉 시뮬레이션과 추상화의 영역으로 간주되고는 한다. 하지만 이것은 물리적 관계만큼이나 물질적이다. 데이터 센터는 막대한 양의 에너지를 소비하고, 인공지능 시스템은 자원 집약적인 계산에 기반하여 훈련되며, 디지털 기반 시설은 노동, 지정학, 생태계를 재구성한다

(Zuboff, 2019). 따라서 디지털 윤리는 프라이버시나 가짜 뉴스, 정체성 등과 같은 추상적인 문제에만 국한될 수 없다. 이것은 디지털 기술을 유지하는 물질적 조건도 함께 다루어야 한다. 가상 세계의 윤리적 문제는 물질적인 것들과 분리될 수 없다. 따라서 가상 세계에 관한 윤리는 가상과 현실의 경계가 가지는 함정을 조심히 다루어야 한다. 그리고 강제성과 집행 가능성을 고려하기 위해 정치적인 문제도 살펴보아야 한다. 이제 더 이상 가상과 현실의 구분 그리고 실제와 디지털의 구분은 의미가 없다.

디지털 윤리는 디지털 공간이 공유 자원으로 기능할 수 있는 방법을 고안하고, 집단적 소유권과 윤리적 디지털 참여를 위한 대안적 경제 모델을 촉진하는 데 중요한 틀이 되어야 한다. 따라서 디지털 인프라의 사유화에 도전하고, 분산형 거버넌스, 오픈 소스 개발, 정보에 대한 평등한 접근을 옹호하며 나아가야 한다 (Benkler, 2007). 앞에서 언급했듯이 디지털 플랫폼은 중립적인 공간이 아니라 경제적 모델이 윤리적 가능성을 형성하는 경쟁적인 정치의 장이다. 유료 콘텐츠로 지식의 울타리를 치거나, 이익을 위해 사용자 데이터를 추출하거나, 온라인 상호 작용을 상품화하는 등 다양한 방식으로 경제적 이득을 추구한다. 하지만 디지털 자원을 상품이 아닌 공유재로 인식하면, 가상 환경에서 윤리적 책임을 재고할 수 있으며, 착취적 경향에 저항하는 협력적 거버넌스 모델을 구성할 수 있다.

따라서 얽힘의 디지털 윤리는 감시 자본주의의 폐해를 비판하는 것뿐만 아니라 디지털 영역에서 접근성, 포용성, 집단적 번영을 우선시하는 인프라를 적극적으로 구축해야 한다. 디지털 공간에서의 윤리적 참여는 기술을 거부하는 것이 아니라 그 잠재력에 비판적으로 참여하고 착취적 경향을 거부하면서 더 공정하고 포용적인 미래를 촉진할 가능성을 수용하는 것이다(Couldry & Mejias, 2019).

여기에서 중요한 것은, 우리는 디지털 기술의 발전을 멈출 수 없다는 사실이다. 막대한 자본이 투입되고 있고 각국이 경쟁적으로 인공지능 기술을 개발하고 있다. 따라서 근대적 국경 및 주권 개념을 가지고 이를 통제할 수 없는 상황에서 근대적 윤리관을 디지털 세계에 접목시키는 것은 아무런 의미가 없다. 우리가 할 수 있는 것은 기술을 더 나은 방향으로 발전하게 하는 것뿐이다. 무력한 것일 수도 있지만, 이것이 우리가 할 수 있는 최선이며 할 수 있는 유일한 길이다.

이제 디지털 시대의 얽힘의 윤리는 서구 중심적 패러다임을 넘어 비서구적 인식론, 디지털 윤리에 대한 토착적 접근법, 글로벌 사우스Global South의 관점을 통합하도록 촉구해야 한다(Harle & Newman, 2018). 디지털 인프라는 중립적이지 않다. 특정 문화적 가정을 암호화하고, 역사적 불평등을 강화하며, 지배적 서사를 우선시하고 있다. 따라서 디지털 기술이 단순히 식민지 시대의 권력 구조를 복제하는 것이 아니라 가상 공간에서 관계를 맺는 다른 방법을 촉진하도록 보장해야 한다. 그리고 다양한 인식론을 통합함으로써, 단일한 진보적 사유를 강요하지 않고 기술 개발과 거버넌스에 대한 공동체 중심의 접근 방식을 촉진하는, 다원적이고 상황적인 디지털 윤리를 구상할 수 있다.

　얽힘을 바탕으로 하는 디지털 윤리는 자율성과 통제, 주체성과 자동화, 가시성과 불투명성, 물질성과 추상성 사이에서 균형을 잡는 윤리이다. 디지털 환경에서 행동의 분산적 특성을 고려하여 도덕적 책임의 재구성을 요구하며, 윤리적 주체가 더 이상 독립된 개인이 아니라 인간, 기술, 생태적 권력의 집합체임을 인식해야 하는 것이다. 이는 데이터 센터에서 알고리즘 편향, 에너지 소비, 정보의 비대칭성에 이르기까지 디지털 생활을 유지하는 보이지 않는 인프라에 대한 주의를 요구한다. 여기에서 중요한 것은 상상력을 발휘하여 변화하는 가상의 얽힘을 헤쳐 나가는 것이다. 디지털 시대의 윤리는 기술을 거부하거나 수용하는 문제가 아니라 우리가 이미 그 안에 얽혀 있다는 것, 그 힘과 가능성과 책임의 네트워크에 얽혀 있다는 것을 인식하는 것이다.

제4부

얽힘의 정치철학

11장
인간 그 너머의 민주주의

> 각오만 되어 있다면 준비는 다 된 것이오.
> (『헨리 5세』, 4막 3장)

각오만 되어 있다면 모든 준비가 다 된 것이라는 헨리 5세의 말은 인식이 얼마나 중요한지를 잘 보여 준다. 공유된 죽음의 시대를 헤쳐 나가야 하는 시대적 위기는 새로운 기술뿐만 아니라 정치, 정부, 책임에 대한 새로운 사고방식을 요구한다. 세상은 전통적인 거버넌스의 경직된 경계에 맞추기에는 너무 복잡하고 얽힌 네트워크를 구성하고 있다. 우리가 살아 내기 위함이든, 아니면 우리가 공멸을 목전에 두고 인류의 문명을 정리해야 하는 유언과 같은 정치철학을 구성하기 위함이든, 어떤 이유로든 우리는 지금 정치적 상상력을 확장하여 인간 예외주의와 위계를 넘어서는 거버넌스의 비전을 포용해야 한다. 이것이 우리 인류가 삶을 유지할 수 있는 유일한 방법임과 동시에, 최악의 경우 찬란하게 문명을 정리할 수 있는 방안이다.

얽힘의 형이상학으로 정치철학을 구성할 때, 인간과 인간 이상의 모든 행위자가 거버넌스의 필수적인 참여자로 인정받아야 한다는 도전에 직면하게 된다. 이러한 사유들 안에서 자유라는 개념은 이제 자율성이라는 자유주의적 이상과는 근본적으로 구별되게 된다. 이 관점에서 자유는 다른 인간뿐만 아니라 지속과 생존을 위협하는 인위적인 힘에 의한 지배가 없는 비지배 상태를 의미하게 된다. 예를 들어 생태계의 파괴는 모든 존재가 자신을 지탱하는 체계 안에서 번성할 수 있는 자유를 제한하는 지배의 한 형태로 취급할 수 있는 것이다.

이렇게 재구성된 정치철학에서 '기술'은 이해를 위한 도구이자 그 자체로 행위자인 이중적인 역할을 하게 된다. 인공지능은 생태계를 모델링하고, 결과를 예측하며, 경쟁하는 이해관계 사이에서 중재할 수 있는 전례 없는 도구적 기능을 수행하기도 하지만, 측정과 결과 예측만으로 세계에 영향을 끼치는 행위자인 것이다. 기술은 그 자체로 인간의 가치와 한계를 함의한 채로 세상을 형성하는 데 능동적으로 참여하는 존재인 것이다. 기술에 책임과 의무를 부여하고 이를 거버넌스에 통합하려면, 기술의 주체성을 인정하고 관계적 존재론을 포용하여 보다 광범위한 목표에 부합하도록 기술을 인정해야 한다.

이제 인공지능은 단순한 도구가 아니라 우리의 동반자 혹은 지배자, 아니면 새로운 신이 되었다. 얽힘의 관점은 정치에 대한 새로운 시각을 요구하며 통제와 지배의 위계적 패러다임을 직시하고 그것을 파괴한다. 이는 완벽함이나 확실성을 요구하는 것이 아니라 개방성에 대한 요청이다. 그리고 이러한 시도는 정치를 권력의 쟁탈전이나 이전투구로 보는 것이 아니라 인간과 비인간 그리고 유기체와 무기체 등 모든 행위자의 기여를 통해 공동의 선을 형성하는 새로운 교향곡을 만들고자 하는 것이다. "각오만 되어 있다면 준비는 다 된 것"이라는 셰익스피어의 통찰은 관점의 전환이 얼마나 중요한 것인지 잘 보여 주고 있다. 우리가 직면하고 있는 시대적 위기는 행위뿐만 아니라 행위의 의미에 대한 근본적인 재고를 요구한다. 이 새로운 정치에서 자유는 집단적인 조건이며, 거버넌스는 공동의 창조적 예술 작품이 된다. 이러한 비전은 복잡성을 요구하지만, 상호 연결된 세상에서 우리가 어떻게 지속적으로 삶을 살아 내야 하는지를 보여 준다.

1. 비인간 존재의 이익

자연의 위대함에 대한 성찰은 자연계에서 작동되는 복잡한 힘, 즉 인간의 정치 시스템에서 간과되고 있지만 생명과 생기를 지속하고 형성하는 힘을 상기시킨다. 생태적 위기가 삶의 기반을 위협하는 이 시대에 우리의 과제는 '자연의 위대함'을 인식하는 것을 넘어, 자연과 물질 그리고 기계의 이익을 정치 제도 안에서 증폭시키고 대변하는 것이다. 의사 결정 과정에서 강, 숲, 동물 그리고 기계의 목소리를 어떻게 대변할 수 있는가? 인간의 행위와 얽혀 있으면서도 뚜렷하게 구분되는 이들의 주체성을 어떻게 민주적 거버넌스의 구조 속에 녹여낼 수 있는가?

이러한 질문은 정치적 대표성에 대한 재고와 함께 인간 중심의 관점을 넘어 우리가 공유하는 존재의 관계적 현실을 인정해야 한다고 말한다. 합리적 자율성이라는 계몽주의적 이상에 기반을 둔 전통적인 정치 제도는 역사적으로 인간이 아닌 존재를 대표하지 않았으며, 정치적 고려의 대상이자 주체로 인식하지 않고 배제해 왔다. 이것은 주체성을 인간의 고유한 특성으로 간주하여 자연과 기계를 인간 활동의 수동적인 배경으로 인식하게 만들었다. 하지만 새로운 현대 이론들은 우리에게 새로운 선택의 가능성을 보여 주고 있다.

데카르트적 이원론은 지구를 인간의 야망을 위한 조용한 배경으로 전락시킨 착취의 역사를 뒷받침한다. 하지만 베넷이 주장한 것처럼, 세상은 이러한 환원론적 이분법을 거스르는 힘으로 살아 숨 쉬고 있다(Bennett, 2010). 강은 흐름을 조절하여 수많은 생물종을 유지하는 영양분을 운반하고, 숲은 수많은 균과 생물 네트워크를 통해 서로 소통하면서 자원을 교환하고 경쟁과 협력의 균형을 유지한다. 그리고 기계는 인간의 삶을 통제하고 심지어 그들의 생각을 조정하기도 한다. 이는 기계적인 과정이 아니라 관계적이고 확산적이며 인간 존재와 불가분의 관계로 얽혀 있는 생기의 표현이다.

특히 라투르의 '사물의 의회'는 이러한 통찰에서 한 걸음 더 나아가 거버넌스의 근본적인 재구성을 제안하고 있다(Latour, 2018b). 그에 따르면 인간 담론의 대상인 숲, 바다, 기술은 정치의 장에서 주체가 되어 적극적으로 참여해야 한다. 라투르의 사유에서 인간 대표들은 인간 이외의 존재를 수동적인 자원이 아니라 거버넌스의 결과에 정당한 이해관계를 가진 주체로서 대우해야 한다. 여기에서 정치는 종 간의 대화 그 자체가 된다. 우리가 아직 대의제 민주주의를 옹호한다면, 우리는 이제 생태 위기 및 기술 시대의 대의제를 재고할 수 있어야 한다.

물론 이러한 제도적 장치를 구현하는 데에는 많은 어려움이 따르는 것이 사실이다. 인간의 즉각적이며 현실적인 이익을 우선시하도록 설계된 거버넌스 시스템은 인간이 아닌 기관의 시간적·공간적 규모를 고려하지 못하는 경우가 많다. 예를 들어 새들의 이동 경로를 경시하여 인간의 즉각적인 이익을 위해 공항을 건설하는 경우 장기적으로 인간과 인간 이외의 존재 모두를 공멸의 길로 인도하게 된다. 얽힘의 형이상학은 새들의 거주지와 인간의 거주지, 새들의 이동과 인간의 이동은 연결되어 있으며 이 관계를 고려하라고 말한다.

더군다나 정밀성과 규모를 갖춘 기술은 인간이 아닌 존재들의 목소리를 증폭시키는 데 강력한 지원군으로 부상하고 있다. 인공지능 시스템과 생태 모니터링은 생태계의 주체성을 현실 가능한 것으로 실현할 수 있다. 실제 세계생물다양성정보기구(Global Biodiversity Information Facility, GBIF)에서 개발한 생물 다양성 모니터링은 종 개체군을 조사하고 생태학적 변화를 추적하여 인간이 아닌 행위자가 자신의 필요를 전달할 수 있는 언어를 제공하고 있다.

물론 이러한 인공지능에 위험이 없는 것은 아니다. 알고리즘 시스템은 잘못 설계될 경우, 인간 중심적 가치를 강요하여 생태계의 활력을 정량화할 수 있는 지표로 축소하고 생명의 서사와 가치를 지워 버릴 수 있다(Peters et al., 2022). 그리고 막대한 전력 사용으로 기후 위기를 가속화시킬 수도 있다. 하지만 중요한 것은 기술이 자연의 언어에 대한 번역의 매개체 역할을 할 수 있다는 사실이며, 내재된 위험성은 다시 기술로 극복 가능하다는 점이다. 이것은 단순히 정치 영역에 자연과 기계의 목소리를 더하는 것이 아니라 담론의 본질을 재정의하여 정치를 관계적 책임의 실천으로 전환하고자 하는 것이다. 이제 거버넌스는 생태 과학, 철학적 사유 그리고 기술 혁신을 통합하는 학제 간 정신을 채택하여 직면한 위기에 대한 대응력과 회복력을 갖춘 시스템을 만들어야 한다.

자연의 위대함에 대한 통찰은 경고와 불안 그리고 희망으로 공명한다. 자연과 기계의 생명력은 종종 무시되지만 끈질기게 지속되고 끊임없이 저항한다. 이는 인류의 미래를 생각할 때, 더 이상 배제할 수 없는 힘이다. 얽힘의 형이상학이 제시하는 원칙을 수용하고, 인간이 아닌 존재의 주체성과 행위성을 인정하며, 삶의 관계적 역학을 반영하도록 거버넌스를 재구성함으로써, 우리는 우리가 살고 있는 얽힘의 세상에 적합한 정치를 구성할 수 있을 것이다. 그 길은 쉽지도 명확하지도 그리고 예측 가능하지도 않지만, 자연과 기계의 빛이 그 길을 비춰 줄 것이다.

2. 새로운 민주주의에 대한 상상

생태 위기로 인한 죽음의 공포와 인공지능의 부상으로 인한 시대의 총체적 변화는 민주주의 체계의 취약성을 잘 보여 주고 있다. 지금까지의 민주주의는 전 지구적인 기후 위기와 기계적 권력의 부상에 대해 아무런 대처를 하지 못했다. 우리는 이제 새로운 민주주의가 필요하다. 인간 중심의 민주주의에 생태적 지혜를 불어넣고 얽힘의 윤리를 바탕으로 이를 재구성해야 하는 것이다. 이는 추상적이며 이론적으로만 가능한 것이 아니다. 그리고 민주주의는 이제 지구의 생존과 인간의 문명과 불가분의 관계로 얽혀 있기에 이러한 변화는 반드시 필요한 일이기도 하다. 기후 위기, 생물 다양성 손실, 인공지능의 부상, 불평등의 심화라는 상호 연결된 위기에 맞서기 위해 우리는 인간 중심적 패러다임을 넘어 인간 이상의 세계가 가진 활력과 주체성을 포용해야 한다. 민주주의는 모든 존재가 복잡하게 얽힌 관계를 존중하는 공생적 과정으로 진화해야 하는 것이다.

이 새로운 민주주의는 우선 자본주의적 상품화의 폐해와 정치적 성과주의의 망상을 극복하는 것에서 시작한다. 너무나 오랫동안 거버넌스는 우리 주변을 유유히 흐르는 강의 노동과 숲의 회복력 그리고 미생물과 기계들의 미묘하면서도 심오한 작용을 무시해 왔다. 이제 자유를 개인의 자율성 추구가 아니라 우리가 공유하는 생태적 한계 내에서의 모든 생명체의 번영으로 재정의하는 강력한 프레임이 필요하다. 여기에서 자유는 이제 얽힌 존재들의 네트워크에 대한 인위적 지배와 파괴로부터의 해방을 의미하는 것이 된다. 그리고 '비지배'는 얽힘에 대한 인위적 파괴와 얽힌 존재들에 대한 지배와 피지배 패러다임의 극복을 의미하는 것이며, 이 틀에서 참여는 인간과 비인간 존재를 지탱하는 제도, 공간 그리고 공유지를 관리해야 하는 공동의 노력과 책임이 된다. 여기에서 민주주의는 단순히 비인간 존재들에 대한 의인화된 투영이 아니라 공유된 세계의 필요와 공존에 대한 조율을 통해 인간과 비인간의 목소리가 인정되는 다종 집합체로서 재구성된다. 이 집합체는 차이를 지우는 것이 아니라 강이나 나무 그리고 인공지능 등 각 행위자의 고유한 기여를 인정하는 것이다.

이러한 관점에서 민주주의는 얽힘의 속성, 즉 고정된 제도가 아닌 '과정'이 된다. 따라서 우리는 권리, 정의, 의무의 원칙을 인간 공동체를 넘어 생태와 기계, 인간 그 이상의 것을 아우르는 것으로 확장해야 한다. 이것은 거버넌스 자체를 관계와 네트워크 그리고 얽힘의 망을 지속 가능하게 하는 것, 즉 번영이 상호 공유된다는 것을 인정하는 것이다. 이러한 시각에서 재조명된 민주주의는 단순히 개인 선호의 집합이나 이성적 주체의 숙의가 아니다. 그것은 토양, 미생물, 대기 시스템, 도시 인프라, 인간 공동체를 포함하는 관계의 협상인 공존의 합창이다. 여기에서 생태계와 기계는 착취와 지배의 대상이 아니라 세상의 복잡한 상호 작용에 귀 기울이고 반응하는 존재로 인식된다.

이러한 민주주의의 전환은 대규모 죽음과 기근 그리고 가공할 양극화 및 인공지능의 지배 위기에 직면한 우리에게 매우 중요하다. 이것은 기존의 자유 민주주의가 가진 근본적인 신화, 특히 추상적인 개인주의에 대한 신화를 무너뜨리는 것이다. 그리고 얽힘에 관한 시민적 덕성을 요구하는 것이며, 자신의 자유를 생태 공동체의 안녕과 결부된 것으로 인식하도록 촉구하는 것이다. 이는 분리된 자유가 아니라 상호 의존의 자유이며, 한 사람의 자유가 모두의 자유에 영향을 미친다는 인식에 기초한다. 이러한 민주적 생태주의는 공허한 유토피아가 아니라 인류세의 엄혹한 현실에 대한 가장 실용적이며 유일한 대안이다.

우리가 직면하고 있는 위기는 고립된 문제가 아니라 더 깊은 소외와 폭력의 상호 연결된 증상임을 인식해야 한다. 민주주의를 얽힘의 윤리학이 가진 실천으로 재구성함으로써 우리는 인간적인 정치를 포기하는 것이 아니라, 원래 그랬던 것처럼 우리의 터전을 인간과 비인간 모두가 공유하는 공간으로 되돌려 놓는 것이다. 이것은 단순한 선택의 문제가 아니다. 민주주의를 고정된 구조가 아니라 얽힘에 의해 역동적이고 다원적이며, 세상의 복잡성과 대화하면서 진화하는 과정으로 인식하고자 하는 총체적 변화인 것이다. 이 사유 속에서 지구 자체는 거버넌스의 참여자이자 민주적 실험의 파트너이다. 새들의 지저귐, 숲의 고요하지만 역동적인 변화 그리고 강물의 유유한 흐름과 바다의 거센 파도는 단순한 현상이 아니라 민주주의의 행위자가 된다. 여기에서 민주주의는 인간이 세상에 강요한 발명품이 아니라 공존과 지속을 위한 실천이 된다. 이제 민주주의는 지배와 권력의 쟁취가 아니라 공유되고 상호 의존적인 전체의 일부로 살아가기 위한 생존 방안이다.

3. 얽힘의 공유지를 위한 지구적 거버넌스

글로벌 공유지를 위한 지구적 거버넌스의 필요성은 우리 시대의 시급한 과제로 떠오르고 있다. 기후 난민의 발생과 인공지능의 출현 그리고 알고리즘에 의한 지배가 현실로 나타나고 있는 상황에서 이러한 필요성은 더욱 절실하다. 하지만 민족주의적 사유와 국민국가를 중심으로 하는 근대적 국경 개념이 긴장의 요소로 남아 있는 것도 사실이다. 대기, 해양, 극지방, 생물 다양성 그리고 디지털 공간까지 지구 공유지는 소유하거나 분리될 수 있는 추상적 공간이 아니다. 공유지는 유기물과 무기물 그리고 합성적 존재들이 생계를 유지하는 연약한 기반으로 이루어진 연결 조직이다. 그런데 상품화의 논리로 점철된 정치 및 경제 패러다임은 이러한 공유지를 끊임없이 착취하며 취약하게 만들었다. 기후 변화는 생태계를 침식하고, 알고리즘 시스템은 조용히 우리의 현실을 형성하며 관심과 집중마저 상품화하고 불평등을 강화하고 있다.

이제 정치는 지구적 시스템과 인공적 시스템이 교차하는 세상을 위해 다시 구성되어야 하고, 그러기 위해서는 근대적 국경을 넘어 공유지를 위한 지구적 거버넌스가 필요하다. 앞에서 언급했듯이 인류세에서 자유와 생존은 인간 공동체에만 국한될 수 없다. 세상은 인간이 아닌 존재와 인간 존재를 매개하는 인공지능을 포함하여 인간 이상의 세계를 넘어서는 규범 확장을 요구하고 있다. 생태계와 알고리즘 행위자까지 정치 질서의 참여자로 인정해야 하는 것이다. 알고리즘은 단순히 명령을 실행하는 것이 아니라 데이터, 사용자, 환경과의 상호 작용을 통해 진화한다. 지구적 거버넌스는 이러한 역동적인 과정을 고려하여 생기를 존중하는 동시에 집단적 복지에 부합하는 정책을 수립해야 한다. 비인간 존재들과 인간 공동체의 생존과 존엄성은 분리될 수 없는 관계이다. 따라서 거버넌스는 지구적으로 자연과 인공 시스템의 미묘한 작동에 귀 기울여야 하는 것이다. 또한 지구적 거버넌스 구조는 인공지능 시스템에 대한 생태학적 원칙과 윤리적 감독을 통합하는 방식으로 진화해야 한다. 생태계와 미래 세대의 권리 그리고 인공지능의 행위성을 인정하는 새로운 방식을 지구적으로 적용해야 하는 것이다.

물론 이러한 이상은 권력의 비대칭이라는 냉혹한 현실에 직면해 있는 것이 사실이다. 다국적 기업이 설계하는 알고리즘은 뉴스 생산에서부터 금융시장에 이르기까지 모든 것을 아우르며 불평등을 고착화하고 민주적 심의를 약화시키고 있다. 따라서 지구적 거버넌스의 시민적 자유에는 환경 파괴나 알고리즘의 불투명성 등 공유지를 지배하는 인위적 권력에 이의를 제기하고 이를 개혁할 수 있는 역량이 수반되어야 한다. 시민 사회, 풀뿌리 운동, 심지어 윤리적 인공지능에 대한 설계에 이르기까지 초국가적 연합은 이 투쟁에서 중요한 주체가 될 수 있고, 이 주체는 형평성, 지속 가능성, 자연 및 디지털 공유지의 투명한 거버넌스를 보호하는 시민적 덕성을 구현할 것이다.

그리고 지구적 거버넌스가 작동하기 위해서는 자연 생태계, 인간 사회, 디지털 시스템 간의 상호 의존성을 이해할 수 있는 능력이 있어야 한다. 이것은 국가와 기업 그리고 개인 모두에게 책임을 요구하고, 인공지능 시스템의 독점에 저항하여 데이터 생산자의 권리를 주장하며, 지구적 공유지의 보호를 주장하는 데까지 나아가야 한다. 생태적 위기와 더불어 알고리즘이 만든 불평등과 권력의 고착화 그리고 신념의 양극화에 알고리즘 자체가 반응할 수 있도록 해야 하며, 알고리즘으로 인해 생산된 재화를 다시 알고리즘을 감시하는 데 사용할 수 있어야 한다.

공유지를 위한 지구적 거버넌스는 단순한 기술적 과제가 아니라 하나의 윤리적·철학적 과제이다. 이는 지구와 그 주민의 번영이 정의의 척도가 되는 파수꾼의 정치를 요구하는 것이다. 이제 거버넌스는 인간 중심적인 주권의 한계를 뛰어넘어 국제적이고 상호 의존적인 접근 방식을 수용해야 한다. 거버넌스는 정치 공동체를 요새가 아닌 인간, 비인간, 인공 행위자들의 개방적이고 진화하는 집합체로 재구성해야 하며, 이는 국제적이며 지구적으로 이루어져야 한다. 이것은 유토피아가 아니라 지구와 디지털의 위험에 직면한 마지막 가능성의 정치, 즉 삶을 살아 내기 위한 방향 전환이다. 이것은 지구와 알고리즘 그리고 인간이 얽히고설킨 위기에 대한 담대하고 아름다운 공동의 노력이다.

12장
정의, 권력 그리고 존재의 정치학

> 지구라는 이 훌륭한 조직체도 황량한 곶(岬)처럼 느껴지고,
> 더없이 장대한 저 천공, 저 대기, 보게나 우리 머리 위 찬란한 공간,
> 불같은 황금의 별들로 아로새겨진 장엄한 천장
> 저것도 마치 독기가 깃든 탁하고 더러운 것으로만 보이거든.
> (『햄릿』, 2막 2장)

햄릿의 이 탄식은 기후 위기라는 지구적 위험과 대멸종의 허무 그리고 인공지능의 부상에 직면한 우리에게 지성의 덧없음을 보여 준다. 자연과 기술에 대한 경외심과 절망의 이중성에 직면한 우리의 심정을 피를 토하는 마음으로 표현하고 있다. 과연 우리는 총체적으로 변화된 세상에서 어떤 정의와 어떤 기준을 가지고 살아야 하는가? 우리는 이제 돌아갈 수도 없다. 우리는 이미 선을 넘어섰기 때문이다. 다시 스마트폰이 없는 세상으로 돌아갈 수 없으며, 인공지능이 없는 시대로 역행할 수도 없다. 기후 재앙은 이미 시작되었다. 여기에서 우리가 선택할 수 있는 것은 오히려 기술을 통해 새로운 정의와 정치학을 재구성하는 것뿐이다.

그렇기에 인공지능은 우리에게 위기이기도 하지만, 새로운 기회이기도 하다. 우리는 생태 위기를 극복하기 위해 그리고 인

공지능을 억제하기 위해 인공지능 기술을 사용해야 한다. 우선 인공지능은 생태 위기를 해결할 수 있는 새로운 행위자라 할 수 있다. 예를 들어 인공지능 기반 시스템은 산불 패턴을 예측하는 데 사용되어 보다 효과적인 예방 조치와 재난 대응을 가능하게 하고 있으며, 환경 운동가들은 머신러닝 기술을 활용하여 멸종 위기에 처한 종을 관찰함으로써 생물 다양성 보호를 강화하고 있기도 하다. 또한 마이크로소프트의 'AI for Earth'와 같은 인공지능 기반 플랫폼은 토양 상태를 분석하고 물 사용을 최적화함으로써 지속 가능한 농업을 지원하기도 한다. 이러한 기술은 환경 관리를 혁신할 수 있는 인공지능의 잠재력을 보여 줄 뿐만 아니라 잠재된 위험을 해결하기 위한 실마리를 제공하고 있다. 인공지능이 잠재된 패턴을 파악할 수 있다면, 우리의 공유지에 잠재된 위험의 패턴 또한 충분히 감지할 수 있을 것이다. 물론 인공지능은 편견을 강화하고, 보존보다는 자본의 이익을 우선시하며, 생태계를 정량화하여 이를 데이터 포인트로 축소하는 위험을 갖고 있기도 하다. 따라서 우리는 이러한 이중성을 넘어서야 하며, 이를 위해 새로운 정의와 정치를 구성해야 한다.

전통적으로 정의justice는 지속적인 진화와 변혁의 산물이었다. 따라서 우리는 과거의 정의를 넘어서야 하며, 그 과정은 인간 중심적 경계를 초월하는 역동적이고 관계적인 실천으로의 재구성을 필요로 한다. 인간의 이익과 주권을 우선시하는 전통적인 틀과는 달리, 자연 생태계와 인공지능의 주체성을 모두 포함하는 정의 체계가 필요하다. 따라서 정의는 윤리적으로 관리되는 생태학적·기술적 틀 안에서 인간과 비인간을 포함한 모든 존재의 상호 번영을 꿈꾸어야 하며, 정의 개념에서 인간을 그 중심에서 배제해야 한다(Wolfe, 2010). 그렇다고 해서 다른 종을 중심에 두어야 한다는 것은 아니다. 이것은 얽힘을 기준으로 다양체를 유지하는 것이 곧 정의가 되어야 한다는 것을 뜻한다. 이러한 맥락에서 인공지능은 단순히 중립적인 도구로 이해될 것이 아니라, 얽혀 있는 체계에 적극적으로 참여하는 행위자로 이해되어야 하며 정의의 다양한 주체 중 하나로 인식되어야 한다. 인공지능은 생태적 정의를 달성하기 위한 강력한 감시자이자 생태적 틀 안에서 권리와 책임을 가지고 있는 존재이다. 감시자이자 주체로서 인공지능은 환경 거버넌스의 광범위한 네트워크를 형성할 것이다.

햄릿은 하늘이 "마치 독기가 깃든 탁하고 더러운 것으로" 보인다고 말했다. 그것은 위대한 기술이 가진 허무함과 잔인함 그리고 황량함에 대한 표현일 수 있다. 우리가 직면한 생태적 그리고 알고리즘적 위기는 고립된 현상이 아니라 생명을 유지하는 시스템으로부터의 더 깊은 단절의 증상이다. 이 장에서 설명할 정의와 정치는 단절보다는 연결의 행위를 기반으로 한다. 이러한 연결은 얽힘을 기반으로 인공지능과 생태계 간의 협력적 거버넌스를 도출할 수 있으며, 기술이 생태적 회복력을 증폭시키고 환경과 관련된 의사 결정을 민주화하며, 인간과 비인간 공동체 모두를 위한 공평한 결과를 우선시하는 프레임을 촉진하도록 할 것이다. 여기에서 이야기할 정의와 정치는 정적인 이상이 아니라 살아 있는 실천이며, 그것이 육성하고자 하는 시스템과 함께 진화하는 생성적인 것이다.

1. '반응성'으로서의 정의

'정의'는 늘 미완의 프로젝트였으며, 세상을 더 공정하고 더 살기 좋은 사회로, 그리고 소속 구성원들에게 더 책임감 있는 사회로 만들기 위한 노력이었다. 하지만 지금과 같이 생태와 기술이 복잡하게 얽혀 있는 시대에 '정의'는 그 개념 자체가 바뀌고 있으며, 행위의 경계는 모호해지고 책임의 성격은 전통적인 틀을 넘어 확장되고 있다. 이제 '정의'는 법이나 제도를 통해 인간 행위자 사이의 기준이 되는 것으로 생각할 수 없다. 생태계, 기계 네트워크, 인공지능 등 인간을 넘어서는 세계 자체가 정의의 구조에 얽혀 들어오면서 책임, 의지, 상호 의존성에 대해 새롭게 생각해야 할 필요성이 우리에게 생겼다.

따라서 정의의 재정립은 단순한 개념적 확장이 아니라 오늘날 권력이 작동하는 방식에 대한 필수적인 대응이다. 기계 학습 모델이 채용 과정에 참여하여 인간을 평가하고, 예측 치안 알고리즘이 환경 불평등을 강화하며, 자동화된 시스템이 물, 에너지, 식량에 대한 접근을 규제할 때, 인공지능은 더 이상 중립적인 도구가 아니라 분배 과정에 참여하는 엄연한 주체이며 정의의 참여자이다. 인공지능이 의식을 갖고 있지 않다고 말할 수도 있지만, 인공지능이 정치적 역할을 하고 있다는 사실은 누구도 부정할 수 없다. 정의가 부담과 이익의 공정한 분배, 피해와 회복에 대한 문제와 관련된 것이라면, 정의를 재구성할 때 인공지능의 역할을 빼놓고 생각할 수 없다.

그리고 정의는 이제 자연을 보호하고 관리해야 한다는 생각 등의 패러다임에 국한될 수도 없다. 얽힘의 형이상학은 우리가 이러한 공식화를 넘어 자연이 인간 통치의 수동적 대상이 아니라 정의의 전개에 적극적으로 참여하는 존재임을 인식할 것을 요구한다. 생태계는 단순히 인간의 행동을 수신하는 것이 아니라 반응하고 적응하며 힘을 발휘한다. 산불, 가뭄, 허리케인이나 태풍 등은 이제 단순히 '자연재해'가 아니라 인간의 행위에 영향을 받은 하나의 사건이다. 여기에서 인과적 책임의 규모는 확대되고, 단일 행위자에게 모든 책임을 물을 수도 없다.

전통적인 정의관은 명증한 인과 관계에 의존해 왔다. 가해자와 피해자가 있으며 구제의 대상과 처벌의 대상이 명확히 인과에 의해 구분되었다. 하지만 생태계와 기술 시스템의 복잡한 특성으로 인해 이러한 논리가 무너지고 있다(Stengers, 2015). 오늘날 발전소에서 배출되는 탄소가 수십 년 후 태풍을 발생시킬 수 있으며 사람들에게 피해를 줄 수도 있다. 그리고 인공지능 시스템이 미래에 어떤 결과를 초래할지는 아무도 알 수 없다. 피해는 단일적이지 않고 누적적이며, 단일 행위자가 아닌 서로 얽혀 있는 힘의 네트워크에 기인한다. 그렇다면 이렇게 분산된 책임의 문제에 정의는 어떻게 대응해야 하는가?

이 문제에 대한 얽힘의 대답은 주체 자체를 재고하라는 것이다. 얽힘의 형이상학이 말하는 것처럼, 주체는 개별적일 수 없으며 관계를 통해 출현한다. 자유주의적 정의는 책임을 의도적 행위자에게만 할당할 수 있고, 피해는 직접적인 행위의 결과여야 한다고 말한다. 하지만 얽힘의 정의는 이러한 방식으로 작동하지 않는다. 개별 주체 대신에 인간, 비인간, 기계적 과정을 포함하는 분산된 관점에서 사유한다. 여기에서 책임은 더 이상 가해자를 식별하는 것이 아니라 영향의 네트워크에 대한 참여를 인식하는 것이다. 이것은 보복보다는 대응에 더 가까운 정의관이다.

얽힘의 정의는 권리의 유일한 소유자 또는 피해의 가해자로서의 개별 주체 개념을 해체한다. 대신 그것은 행위가 분산되고 피해가 발생하는 복잡한 관계망에 집중한다. 여기에서 책임은 확산되고 다면화된다. 이것은 전통적인 법적·윤리적 틀을 뒷받침하는 선형적 인과 관계에 도전하며 복잡하고 비선형적이고 종종 예측할 수 없는 원인과 결과의 본질을 인식하는 것이다. 따라서 책임은 명확한 경계를 가지지 않은 채 관계의 네트워크 내에서 등장하게 된다.

따라서 비난과 책임을 위한 정의가 아닌 '반응성'을 촉진하는 정의로 눈을 돌려야 한다. 정의는 책임에 대한 의무가 아니라 네트워크 혹은 얽힘에 참여하는 것이며 그것을 유지하는 것이 되어야 한다. 우리가 통제할 수는 없지만 우리에게 영향력을 미치는 시스템에 얽혀 있다는 것을 인정하며 유지 및 회복의 윤리로 나아가는 정의가 필요한 것이다. 분배 정의가 물질적 불평등을 해결하는 것을 목표로 한다면, 얽힘의 정의는 정의를 정의定義하는 존재론적·인식론적 틀 자체를 재구성한다.

이러한 의미에서 얽힘은 누가 무엇을 얻는가뿐만 아니라 권력, 행위, 물질성의 관계가 배분의 과정을 어떻게 형성하는가를 묻는 방식으로 분배의 가정에 도전한다. 이것은 명확한 판결이나 단순한 해결책에 만족하지 않으면서 혼돈의 세계에 질서를 강요하는 것이 아니라 우리 공동의 존재를 형성하는 얽힘을 유지하는 정의이다. 이전의 정의가 명확성, 즉 명확한 법, 명확한 책임, 명확한 경계에 기반을 둔 것이었다면, 새로운 정의는 복잡성에 대한 적응, 불확실성에 대한 수용 그리고 행동하려는 의지 곧 반응에 기반한다.

2. 권력의 재구성

기후 위기와 인공지능 문제의 핵심에 '권력'이라는 개념이 놓여 있다. 이 권력은 전통적인 정치 제도를 통해서만 작동하는 것이 아니다. 이것은 푸코가 '통치성'이라고 묘사한 것, 즉 권력이 행사되는 전략과 기법을 통해서 움직인다. 환경 거버넌스의 메커니즘인 인공지능은 이러한 틀 안에서 작동하며, 기후 위험을 관리하는 방법과 생태 정책을 시행하는 방법을 결정한다. 그렇다면 지구의 미래를 누가 통제해야 하는가? 누가 생존의 조건을 결정하고, 누가 이 위기의 부담을 져야 하는가? 이러한 질문들은 추상적인 질문이 아니라 현재의 지배 구조를 결정하는 것이다. 인공지능이 거버넌스, 금융, 환경 규제 등의 구조에 스며들면서 의사 결정에 도움을 주는 것뿐만 아니라 권력의 지형을 재구성하고 있다. 인공지능과 기후 위기의 교차점은 기술적 효율성과 생태적 필요성의 중립적 만남이 아니라 정치적이며 철학적인 사건이다.

푸코는 이미 권력을 독립적인 주체가 휘두르는 것이 아니라 관계망을 통해 작용하는 힘으로 이해했다. 얽힘은 이러한 관점을 한층 더 밀고 나가, 권력 관계 그 자체가 관련된 주체들을 형성한다고 주장한다. 전통적 관념은 권력자와 피지배자가 별개로 존재하고, 권력은 그들 사이에 외재적으로 작용한다고 보았다. 그러나 얽힘의 관점에서는 권력은 관계 안에 내재하며, 권력 관계에 참여하는 행위자들은 그 관계를 통해 함께 구성된다. 다시 말해 권력과 주체는 '상호 구성적'co-constitutive이다.

예를 들어 자본에 의한 노동의 지배라는 권력 관계를 생각해 보자. 전통적 시각에 따르면, 자본가는 권력을 '가지고' 이를 피지배자에게 행사하는 주체이고, 노동자는 그 권력에 눌려 있는 객체로 여겨진다. 하지만 얽힘의 시각에서 보면, 자본가와 노동자의 정체성 자체가 권력 관계라는 얽힘 속에서 만들어진다. 피지배자는 지배를 통해 규정되고, 자본가 역시 피지배자와의 관계를 통해 자신의 지위를 확립한다. 둘은 분리된 개체라기보다 하나의 얽힌 구조의 두 측면이라 할 수 있다. 이는 권력 관계가 주체를 산출함을 의미한다. 따라서 권력은 더 이상 주체들 사이에 놓인 무언가가 아니라 그 주체들을 발생시키는 장場으로 이해되어야 한다.

따라서 권력의 중요한 특징은 비선형성이다. 권력이 얽혀 작용한다는 것은 원인과 결과, 지배와 복종의 구도가 일방적이지 않고 다중적 경로를 통해 순환함을 뜻한다. 작은 원인이 거대한 결과를 낳거나, 미시적 저항이 거시적 변화를 촉발하는 등, 권력의 흐름은 예측 불가능한 방향으로 비선형적으로 증폭되거나 전환될 수 있다. 예컨대 현대 사회의 소셜 미디어를 통해 나타나는 권력 현상을 살펴보자. 이곳에서 정보와 여론의 형성은 정부나 언론 기관 같은 전통적 권력 주체뿐 아니라 알고리즘과 플랫폼, 수많은 사용자들의 행위가 뒤얽혀 만들어진다. 한 개인의 작은 게시물이 얽힌 네트워크를 타고 바이러스처럼 퍼져 나가 거대한 사회적 파장을 일으킬 수 있으며, 반대로 거대 조직의 공신력 있는 발표도 군중의 자발적인 밈[meme] 문화 속에서 예상치 못한 방향으로 소비되거나 저항에 부딪힐 수 있다. 이처럼 권력의 인과 관계는 선형적 사슬이 아니라 그물망에 가깝다. 각 요소는 서로에게 영향을 주고 피드백을 주고받으며, 어느 한 지점에서 시작되어 일방적으로 끝나는 작용을 상정하기 어렵다. 이 경우 권력은 특정 행위자의 의도나 통제로 환원되지 않으며, 인간과 자연, 과학과 정치의 상호 작용 전체로 존재한다.

따라서 얽힘의 관점에서 권력을 이해하려면 이질적인 요소들의 네트워크를 분석해야 하며, 단순히 '누가 누구를 지배하는가?'라는 질문을 넘어서 어떤 관계망이 어떤 효과를 낳는가를 물어야 한다. 권력은 더 이상 고정된 실체가 아니라 끊임없이 형성되고 재형성되는 과정이다. 그리고 그 과정에서 행위자들(인간이든 비인간이든)은 서로를 만들어 가며, 자신 또한 그 관계망의 일부로서 규정된다. 이러한 이해는 권력을 분산된 역량의 망으로 파악함으로써, 전통적인 지배-복종 도식을 넘어서는 사고를 가능하게 한다.

얽힘의 관점은 거시 권력과 미시 권력의 경계를 허문다. 전통적으로 국가나 국제기구 같은 거대 조직의 권력을 거시 권력으로, 일상생활이나 개인 관계에서 작용하는 힘을 미시 권력으로 구분했으나, 얽힘의 관점에서는 이 둘이 긴밀히 연결되어 있다. 그리고 얽힘의 사유는 이를 한층 확장하여, 개인의 몸과 정체성부터 전 지구적 구조까지 연속적인 스펙트럼으로 파악한다. 이는 단순히 상부 구조와 하부 구조의 동시 개혁이라는 차원을 넘어, 권력이 작동하는 다층적 경로를 입체적으로 이해하면서 개입해야 한다는 뜻이다.

얽힘의 관점에서 권력 그 자체는 중립적이다. 다만 얽힘의 패턴이 문제일 뿐이다. 따라서 사회 변혁은 특정 집단을 악으로 규정하고 제거하는 방식이 아니라 권력의 배치disposition를 재구성하는 것으로 이해된다. 예컨대 불평등한 얽힘을 공정한 얽힘으로 다시 엮는 일인 것이다. 이때 필요한 것은 미시적 저항과 전방위적인 대안 모색의 결합이다. 작은 행동이라도 얽힘 속에서 증폭될 수 있으므로 미시적 실천을 경시하지 않되, 그것이 더 큰 구조 변동과 이어질 수 있도록 네트워크를 구축하는 전략이 필요하다.

3. 생명의 미래: 인공지능, 생물 다양성 그리고 존재의 정치학

황혼과 새벽이 뒤섞인 듯한 시대, 미래는 이미 우리 안에 스며들고 있다. 오늘날 우리는 마치 두 개의 예언 사이에 서 있는 양, 한편으로는 눈부신 번영의 서곡이 울리는 듯하면서도 다른 한편으로는 종말의 전조가 어른거리는 그런 긴장 속에 살아간다. 기후 재앙의 징후와 기술 혁명의 조짐이 동시에 다가오는 지금, 미래는 더 이상 먼 훗날의 이야기가 아니라 현재 진행형이다. 이 미래가 인류에게 축복이 될지 재앙이 될지 단정할 수 없기에 우리의 사유 또한 팽팽히 긴장된다. 실제로 대멸종이 도래했다는 선언은 현 인류 문명의 완결을 알리는 동시에, 익숙했던 근대 질서의 종언과 더불어 전에 없던 새로운 정치적 가능성의 시대를 열어 놓은 것으로 해석될 수 있다. 바로 이 모호한 여명 속에서, 우리는 존재와 정치에 관한 새로운 질문과 마주하게 된다.

전통적인 정치는 주로 인간 사회 내부의 권력 및 자원 분배에 몰두해 왔지만, 이제 그 한계를 넘어서야 하는 순간이 왔다. 지구적 규모의 기후 위기는 인간 활동의 결과일 뿐 아니라 인간의 조건 자체를 위협하고 있으며, 동시에 인공지능의 부상은 인간 이외의 비인간 지성이 세계의 의사 결정에 참여하게 될 미래를 예고하고 있다. 이러한 상황에서는 더 이상 '존재론'과 '정치학'을 떼어 놓고 생각할 수 없다. 예컨대 기후 위기 앞에서 '우리는 누구이며 무엇을 지켜야 하는가?' 하는 문제는 곧 존재론적 물음이자 정치적 선택의 문제가 된다. 인공지능의 발전 또한 단순한 기술 혁신이 아니라 '인간이란 무엇인가? 지성의 경계는 어디까지인가?'와 같은 근본적인 존재 물음을 불러일으킨다. 이렇게 기후 위기와 인공지능의 도전 속에서 '존재의 정치학'Onto-Politics이라는 새로운 사유가 등장하게 되었다. 이는 더 나은 정책이나 제도 설계만이 아닌, 우리 시대에 존재한다는 것이 과연 어떤 의미인가를 묻는 정치철학적 접근이다(Chandler, 2018; Stengers, 2015).

 인공지능은 오랫동안 인간의 편의를 돕는 도구로 여겨졌지만, 갈수록 그 위상은 미묘하게 변하고 있다. 오늘날 인공지능은 의료 분야에서 환자의 생명을 구하는 결정에 조언하고, 환경 관리 시스템에서 멸종 위기 종의 보존 우선순위를 제안하며, 심지어 사법 체계에서 판결을 보조하는 등 삶과 죽음의 문제에 깊숙이 관여하고 있다. 이렇듯 인공지능이 의사 결정에 깊이 개입하고 기후 위기가 정치의 의제를 근본적으로 바꾸어 놓는 국면에서, 존재론(무엇이 존재하는가)과 정치(어떻게 함께 살아갈 것인가)의 경계가 흐려지고 있다. 과거에는 존재에 대한 물음은 철학자들의 몫이고, 정치에 대한 고민은 정책 결정자들의 일로 여겨졌을지 모른다. 그러나 이제 어떤 존재를 인정하고 보호할 것인가가 곧바로 정치적 의제가 되고 있다. 이러한 변화는 철학과 정치의 전통적인 분업을 무너뜨리고, 존재 자체에 대한 성찰이 곧 정치적 행위로 연결되는 새로운 지평을 열고 있다. 요컨대 세계에 무엇이 존재하고 어떻게 존재하는가에 대한 우리의 관점이 곧 어떤 세계를 만들고자 하는가에 대한 실천으로 직결되는 시대가 온 것이다.

 존재의 정치학은 이러한 사유의 전환을 바탕으로 형성된 정치철학으로서, 몇 가지 중요한 철학적 전제들을 공유한다. 첫째, 세계를 구성하는 존재들은 고립된 개체가 아니라 근본적으로 서로 얽혀 있다고 본다. 이러한 형이상학은 모든 사물을 연결된 존재로 간주함으로써, 정치적 판단에도 그 얽힌 맥락을 고려해야 한다는 교훈을 준다. 둘째, 사회와 자연의 변화는 선형적 인과의 경로를 따르기보다 예측할 수 없는 방식으로 출현한다. 오늘날 기후 시스템이나 경제·문화의 흐름 모두 작은 요인의 변화가 예상치 못한 거대한 결과를 낳곤 한다. 따라서 존재의 정치학은 비선형적 사고를 요구한다. 셋째, 존재의 정치학은 기술을 단순한 도구나 배경이 아니라 행위의 주체로 인정한다. 현대 사회에서 기술 시스템과 인공지능은 인간과 상호 작용하며 스스로 행위 능력을 발휘한다. 넷째, 존재의 정치학은 하나의 세계관만을 유일한 현실로 받아들이지 않고 다양한 존재 방식의 공존을 인정한다. 이는 곧 존재론적 다원주의로, 하나의 단일한 현실 세계가 절대적 기준을 차지하는 것이 아니라 여러 겹의 현실들이 겹쳐 존재한다고 보는 입장이다.

존재의 정치학은 철학과 정치 모두에 근본적인 재구성의 과제를 안겨 준다. 이는 단순히 새로운 이론을 하나 더 추가하는 정도가 아니라, 우리가 정치를 이해하는 틀과 철학적으로 질문하는 방식 자체를 변화시키는 도전이다. 존재의 정치학이 우리 시대에 던지는 질문들은 깊고도 예리하다. '정치란 무엇인가?'라는 물음에 대해 이제 우리는 의회나 권력 투쟁이 아닌, 생명 자체의 운명을 함께 결정하는 과정이라고 답해야 할지 모른다. '누가 정치의 주체인가?'라는 질문 역시 인간에 국한되지 않고, 기계와 동물, 생태계까지 포함하는 방향으로 재고되어야 한다. 나아가 존재의 정치학은 우리에게 상상력의 갱신을 요구한다. 이는 곧 정치철학의 지평을 확장하여, 근대 이후 축적된 지식과 제도를 재검토하고, 존재와 공존에 대한 근본 원칙들을 다시 세우는 작업이라 할 수 있다.

결국 존재의 정치학은 '우리는 어떤 세계를 원하며, 그 세계에서 무엇을 존재하게 허락할 것인가?'라는 가장 근본적인 질문을 우리 앞에 가져다 놓았다. 기후 위기와 인공지능의 도전 앞에서 우리는 세계를 단순한 자원이나 통제 대상으로 바라보던 눈을 거두고, 살아 있는 존재의 그물망 속에서 스스로를 다시 위치시켜야 한다. 이는 곧 책임의 재발견이기도 하다. 인간 중심주의적 오만을 버리고, 더 넓은 생명 공동체와 연대하는 책임, 아직 태어나지 않은 미래 세대와 마주하는 책임 그리고 인공지능에도 정치적 권리와 책임 그리고 주권이 있다는 사유를 받아들이는 것이다. 이것은 철학적 모험인 동시에 정치적 실천으로서, 우리 시대에 요구되는 궁극적인 사유의 도전이다.

존재의 정치학은 우리에게 묻는다. 이제 우리는 어떤 세계를 상상하고, 그 세계에서 어떻게 존재할 것인가? 이 거대한 물음에 답하는 여정에 동참하는 것이, 바로 우리가 미래에 책임을 지는 한 방법일 것이다.

13장
공유와 집단 소유권:
사유재산, 자원 그리고 디지털 얽힘

> 세상일이란 좇는 재미지,
> 일단 손에 넣고 보면 별것 아니란 말이야.
> (『베니스의 상인』, 2막 6장)

재산에 관한 이야기는 문명 자체에 관한 이야기이기도 하다. 나의 것, 너의 것 그리고 모두의 것이라는 개념을 통해 인류는 이야기를 만들고 역사를 구성해 왔다. 그리고 이것은 권력의 문제와 직결되기도 한다. 땅, 물 그리고 디지털 공간에 대한 소유권을 주장하고 경계를 그리는 것은 모두 권력의 문제이기 때문이다. 즉 무엇이 공통의 것이고 어떤 것이 나만의 것인지, 누가 소유의 권리에 속하고 누가 배제되는지를 정의하는 것은 곧 권력의 문제였다. 하지만 우리가 살고 있는 복잡한 세상이 대멸종의 위기에 직면해 있고 인공지능이 소유권의 의미를 확장하는 상황에서, 사유재산이라는 경직된 틀은 이제 부질없어 보이기도 한다. 한때 경제적 사유의 주변부로 취급받던 공유와 집단 소유권의 문제는 이제 사유화, 상품화 그리고 알고리즘적 통제로 지배되는 사회에서 새로운 대안으로 자리 잡고 있다.

공유의 개념은 공산주의나 사회주의적 발상 혹은 유토피아적 이데올로기가 아니다. 광활한 바다에서부터 인간의 지식을 형성하는 디지털 플랫폼에 이르기까지, 공유의 공간은 생명, 문화 그리고 통치를 유지하는 데 있어 근본적인 요소로 남아 있다. 역사적으로 '공유'라고 하는 것은 토지, 숲, 바다와 같은 공동의 자원을 공동으로 관리하는 것을 의미했다. 하지만 이러한 공유 자산을 사유화하려는 움직임이 일어나면서 한때 공유의 대상이었던 것이 배제와 부의 축적을 위한 수단이 되었다(Linebaugh, 2008). 자본주의가 발달하면서 소유권의 논리는 토지의 문제를 넘어 지적 재산권, 디지털 인프라, 심지어는 생명체의 유전자 코드까지 침투하고 있다. 이제 우리는 얽힘의 정치철학을 바탕으로 소유권이 절대적인 권리가 아니라 관계적 책임이고, 인간과 비인간 사이의 연관성을 고려하여 다시 재구성되어야 한다는 것을 이해할 필요가 있다.

자유주의 철학의 기반 원리이며 자유와 경제적 안정의 기초로 여겨지는 사유재산은 사회적 불평등, 환경 파괴, 기업 독점을 촉진하는 수단이 되어 온 것이 사실이다. 기후 위기로 인해 천연자원이나 인간의 노동력을 일방적으로 뽑아내어 부를 창출하는 추출 자본주의의 한계가 나타나고, 디지털 경제가 정보와 데이터에 대한 통제권을 강화함에 따라 소유적 개인주의의 부적절함이 드러나고 있다. 배제와 절대적 통제 그리고 이익의 극대화에 뿌리를 둔 전통적인 소유권 개념은 생태적 상호 의존성과 알고리즘적 거버넌스에 직면했을 때 무너지게 된다. 우리가 직면한 문제는 단순히 누가 소유권을 가져야 하는지가 아니라 지구적 위기와 디지털 확장의 시대에 소유권 자체가 어떻게 재구성되어야 하는지에 있다.

이 문제를 극복할 수 있는 한 가지 방법은 '공유지의 비극'이라는 신화를 해체하고, 공유재가 단순한 자원이 아니라 상호 배려, 호혜, 공동 거버넌스라는 사회적 제도라는 것을 입증하는 것이다. 물론 디지털 시대에는 공유재가 새로운 의미를 갖게 되는 것도 사실이다. 과거에 토지나 물이 경합 대상의 경계가 되었다면, 오늘날 경계의 대상은 데이터, 알고리즘, 네트워크 인프라 등이다. 주지하듯이 디지털 기술이 지식 공유의 공간인 인터넷을 감시 자본주의의 공간으로 변화시키고 있다(Zuboff, 2019). 여기에서 플랫폼은 사용자에게서 가치를 추출하는 동시에 정보의 흐름에 대한 통제권을 강화하고 있다. 한때 토지 및 물질적 자원에 집중되었던 소유의 윤리는 이제 정보와 알고리즘 거버넌스의 영역으로 확장되고 있다. 따라서 현대 사회의 '공유'라는 개념은 고대의 사유와 현대의 급진적인 사유를 모두 고려해야 한다.

여기에서 확실한 것은 소유권이라고 하는 것은 이제 다른 존재자들을 배제할 수 있는 권리가 아니라 이들을 유지하고 공유해야 할 책임이라는 사실이다. 셰익스피어가 말한 대로, 무언가를 소유하고자 하는 감정이 지속적인 욕구에 기반한 것이라면, 그것은 당연히 성찰을 필요로 한다. 더군다나 현대 위기 사회에서 이러한 성찰은 무엇보다 중요하다. 디지털 플랫폼이 사회생활의 모든 측면을 중재하는 세상에서, 과연 소유한다는 것이 무엇인가를 새롭게 성찰해야 하는 것이다. '공유'의 개념과 집단 소유권은 우리에게 기존의 권력 구조에 대한 비판을 넘어 얽힘의 현실에 맞는 거버넌스에 대한 새로운 비전을 제공할 것이다.

1. 얽힘과 소유권

소유는 권리가 아니라 관계와 시간의 흐름 속에서 존재들이 얽인 얽힘의 산물이다. 한때 법과 경제의 초석이었던 소유권은 이제 생태적·기술적·정치적 위기의 얽힘으로 인해 그 기반이 무너지기 시작했다. 분리된 경계와 배타적 통제 개념에 기반을 둔 현대적 소유권은 그것이 정복하고자 했던 바로 그 힘에 의해 무너지고 있다. 분리와 배타성을 꿈꾸던 소유권은 이제 그 의미를 상실하게 된 것이다. 소유는 물체나 공간에 대한 물리적 통제, 즉 즉각적이고 유형적인 관계 형태를 의미한다. 그리고 재산은 법적으로 규정된 개념으로, 법과 집행 제도에 의해 뒷받침되는 자원에 대한 제도적으로 인정된 권리이다. 하지만 소유권은 좀 더 심오한 내용을 포함하고 있다. 이것은 법적 권리뿐만 아니라 윤리적 의무, 책임 그리고 소속감을 포함하는 관계의 산물인 것이다.

존 로크를 기반으로 하는 자유주의적 전통은 재산을 노동과 연결시켰고, 소유권을 인간의 노력에서 파생된 자연권으로 규정했다. 소유한다는 것은 노동을 통해 자연을 변화시키는 것이며,

그렇게 함으로써 지속적인 사용에 대한 권리를 확립하는 것이었다. 그리고 이 사유는 현대의 법적·경제적 틀을 형성하는 데 중요한 역할을 했다. 하지만 우리가 직면한 위기와 변화된 세상은 이러한 사유가 지속될 수 없다고 말한다. 바람은 경계에 묶이지 않으며, 강물은 차별 없이 바다로 나아간다. 또한 디지털은 물리적 공간의 의미를 무색하게 하고 있다. 기후 위기가 국경을 무시하고 디지털 자산이 기존의 물질성을 넘어서는 시대에, 소유권은 처음부터 그랬던 것처럼 단순한 권리의 문제가 아니라 다시 관계의 문제가 되었다.

우리는 더 이상 단순히 토지, 아이디어 그리고 데이터를 소유하는 것이 아니라 그 안에 얽혀서 거기에서 일어나는 변화에 참여하고 그 자체를 구성한다. 이제 공유 자원을 사유재산으로 주장하는 역사적인 과정이 새로운 국면에 접어든 것이다. 땅에 울타리를 치고 배타성을 주장하던 과거의 행위가 이제는 알고리즘, 데이터 채굴, 지적 재산권이라는 제도를 통해 이루어지고 있지만, 과거에 울타리가 저항을 불러일으켰듯이 현재에는 소유권이 새로운 저항에 직면해 있다.

이러한 변화의 핵심은 얽힘의 형이상학에서 이야기한 것처럼, 실체가 고립되어 존재하는 것이 아니라 관계를 통해 구성된다는 인식에 기반한다. 전통적인 의미에서 소유는 소유자와 소유물, 자아와 세계 사이의 분리를 전제로 했다. 하지만 존재 자체가 관계적이라면, 그리고 고립된 것이 존재하지 않는다면 소유권은 지배가 아니라 참여로 재개념화되어야 한다. 라투르는 재산은 정적인 상태가 아니라 지속적인 협상이며, 단순한 통제가 아니라 책임의 형태라고 주장했다(Latour, 2017). 무언가를 소유한다는 것은 그 운명과 얽혀 있고, 그것을 유지하는 네트워크에 책임이 있다는 것을 뜻한다. 그리고 이러한 현상은 인공지능 및 디지털 사회에서 더욱 극명하게 나타난다.

예를 들어 기계 학습 시스템은 인간의 의도를 넘어 알고리즘에 의해 독자적으로 판단한다. 이는 소유 범주에 도전하는 가치, 노동, 의사 결정의 형태를 생성한다. 인공지능이 생성한 예술 작품의 소유자는 누구인가? 알고리즘 거버넌스의 결과에 대한 책임은 누구에게 있는가? 개별 저자 시대를 위해 설계된 지적 재산권의 법적 프레임은 기계의 자율적 능력에 직면했을 때 흔들리게 된다. 인공지능은 소유의 도구로서가 아니라 확산된 창조와 통제의 네트워크에서 기능하며 저작권, 노동, 책임에 대한 기존의 고정 관념을 송두리째 뒤흔들고 있다.

지구 생태계 시스템의 복잡한 구조가 개인의 소유권 논리에 저항하는 사태도 마찬가지이다. 탄소 배출, 종 다양성의 손실, 환경 파괴는 사유재산의 경계를 존중하지 않는다. 기후 재앙은 법적인 정의의 한계를 넘어 닥쳐오고 축적되며 증폭된다. 기업이 탄소 배출권을 '소유'할 수 있다는 생각이나 국가가 생태적 책임을 개별적으로 법제화할 수 있다는 생각은 이러한 위기 앞에서 모두 무너져 내린다. 모든 것은 소유물이 아니라 우리가 속해 있는 삶의 세계이며, 여기에서 기존의 소유 논리는 새로운 방식을 취할 수밖에 없다.

이는 소유권을 폐지해야 한다는 것이 아니라 재구성해야 한다는 뜻이다. 소유권이라는 개념 자체를 배제에서 관리로, 착취에서 상호성으로 전환해야 하는 것이다. 관리라는 개념은 소유에 대한 대안적 패러다임으로서, 지배보다는 책임을 우선시한다. 관리자가 된다는 것은 소유가 절대적인 권리가 아니라 상호 연결된 시스템의 안녕을 유지하기 위한 공동의 약속임을 인정하는 것이다. 관리에는 유지, 수리, 세대 간 책임의 윤리가 수반된다. 즉 토지, 데이터, 기술을 단순한 소유의 대상이 아니라 지속적인 참여와 보호, 신중한 사용이 필요한 공유재로 간주해야 한다. 그리고 그것을 통해 수익이 발생했다면, 그것 역시 공유의 대상이 되어야 한다. 예를 들어 인류나 불특정 다수가 생산한 데이터로 수익이 발생했다면, 그것은 공유의 대상이지 배타적 권리를 주장할 수 있는 것이 될 수 없다. 경계의 시대가 만들어 낸 울타리, 국경, 배타적 소유권, 이익의 독점이 지금의 세상을 만들어 냈다면, 이제 우리는 그것을 수정해야 한다.

　소유한다는 것은 단순히 소유하는 것뿐만 아니라 얽혀 있다는 것을 의미한다. 어떤 재산도 진정으로 사적인 것이 아니며, 모든 소유권은 의존성과 공동 구성의 시스템을 통해 연결되어 있다는 것을 인식해야 한다. 재산의 미래는 통제권을 확대하는 것이 아니라 우리가 공유하는 취약성과 책임을 인정하는 것이다. 경계를 그리는 것이 아니라 공존의 조건을 협상하는 것이다. 기후 위기, 인공지능, 디지털 네트워크가 우리를 소유의 한계를 넘어 얽힘의 세상으로 안내한다.

2. 공유 세계 관리하기: 생태적·정치적·기술적 공유

생태적·정치적·기술적 공유 세계를 관리하기 위해서는 단순한 규제 이상의 것이 필요하다. 먼저 관리에는 책임과 얽힘의 관념이 기초가 되어야 한다. 여기에서 '정부'와 '거버넌스'의 차이를 인식하는 것이 중요한데, 정부는 법률, 정책 및 관료들을 주관하는 공식적인 기관과 권위 구조를 의미하며, 특정 인구 또는 영토에 대한 통제권을 행사하는 데 반해, 거버넌스는 비공식적 규범, 사회적 관행, 집단생활을 형성하는 분산된 조정 메커니즘을 포함하는 광범위한 과정을 포괄하는 것이다. 따라서 공유지 거버넌스는 국가 통제를 강화하는 것이 아니라 협상, 협력, 공동 책임을 통해 의사 결정이 이루어지는 시스템을 육성하는 것이 되어야 한다.

이러한 접근 방식은 구성원들의 복지를 중요하게 생각하면서도 결과주의적인 공리주의와는 대조되는 것이다. 공리주의적 거버넌스는 공유지를 일련의 비용이나 편익 계산으로 축소하는 경향이 있으며, 참여, 공동 책임, 거버넌스 결정의 영향을 받는 사람들의 생생한 경험과 같은 윤리적 차원을 무시하는 경향이 있다. 하지만 얽힘의 거버넌스는 공유재와 공유지를 최적화해야 할 자원의 집합이 아니라 경쟁하는 이해관계, 권력의 불균형, 인식론적 위계가 지속적으로 다루어져야 하는 복잡한 협상과 참여의 분야로 인식한다.

더군다나 공유지는 이제 일국 차원을 넘어 지구적 차원으로 확장되고 있다. 순수한 고립 상태의 실체가 존재하지 않는 얽힌 존재의 본질은 거버넌스를 단순한 행정 업무가 아닌 우리가 어떻게 함께 살아갈 수 있는지에 대한 질문으로 변모시킨다. 따라서 공유지를 관리한다는 것은 얽힘을 조정하고, 지구 대기에서부터 디지털 인프라에 이르기까지 공유 자원의 운명이 집단적 존재를 형성하는 권력 및 지식 구조와 불가분의 관계에 있음을 인식하는 것이 된다. 고전적 자유주의는 거버넌스를 희소성을 관리하는 수단, 즉 경쟁하는 이해관계 사이에서 유한한 자원을 할당하는 메커니즘으로 상정했다. 하지만 현재 발생하고 있는 환경 파괴, 기술 독점, 정치 체제의 취약성 등은 지속 가능성의 근거 혹은 삶의 연장을 위한 기반이 개인적 축적보다는 협력에 있다는 것을 보여주고 있다. 경쟁의 논리가 흔들리고 있는 것이다.

따라서 오늘날의 거버넌스는 제도적 설계 그 이상이어야 한다. 공유된 세계를 관리하는 것은 단순히 규칙을 세우는 것이 아니라 그것을 유지하는 관계적 구조에 대한 인식을 함양하는 것이다. 이미 기후 위기로 인해 국가 관할권의 한계와 시장 주도적 보존 전략의 부적절성이 드러나기 시작했다. 대기, 바다, 숲은 어느 한 국가, 기업, 기관의 소유가 아니다. 지금까지 자연은, 자연을 분할 가능한 독립체로서 취급하는 법적 환상하에서 상품화되고 착취당해 왔다. 이제 거버넌스는 소유권에서 관리권으로, 착취에서 상호성으로 전환해야 한다.

그리고 지식 교환의 열린 공간으로 여겨졌던 디지털 영역은 기업의 독점으로 인해 점점 더 폐쇄되고 있다. 오픈 소스 운동과 지식 공유 플랫폼에 의해 형성된 디지털 공유의 정신은 이제 불투명한 알고리즘과 데이터 채굴 체제에 의해 지배되는 독점 공간으로 변모하고 있다(Zuboff, 2019). 디지털 인프라의 거버넌스는 생태적 자원의 거버넌스와 마찬가지로 접근, 대리, 책임에 관한 문제를 해결해야 한다. '어떤 지식을 어떤 사람이 볼 수 있는지는 누가 결정해야 하는가?', '정보 흐름의 프로토콜은 누가 결정하는가?'와 같은 질문들 앞에서 인간과 비인간의 복잡한 관계를 고려해야 하는 것이다. 그리고 복잡성과 상호성을 인정하면서 '상황적 지식'을 통해 사태를 각각의 방식으로 해결해야 한다. 통합된 해결책과 보편적 원리는 이제 수많은 얽힘과 그 얽힘에 엮여있는 헤아릴 수 없는 노드들 앞에서 그 의미를 상실한다.

오늘날 우리가 정보에 접근하는 방식을 생각해 보자. 온라인에서 지식을 검색할 때, 어떤 정보가 먼저 표시되고, 어떤 정보가 뒤로 밀려나며, 어떤 정보가 전혀 표시되지 않는지를 알고리즘이 결정한다. 이것은 단순한 기술의 문제가 아니라 권력과 자본 그리고 지식이 서로 얽혀 있다는 증거이며, 지식의 통제를 통해 자본과 권위 등 사회의 다른 권력들을 획득할 수 있다는 것을 나타내는 것이기도 하다. 이러한 현상에 대해서 사회학자 드 소우자 산투스(Boaventura de Sousa Santos)는 '인식 살해'Epistemicide라는 용어를 사용하여 소수자나 비서구적 사유 구조가 지배적인 지식 통제 시스템에 의해 체계적으로 파괴되거나 숨겨지는 방식을 설명하기도 했다(Santos, 2014). 이처럼 디지털 시스템을 통해 지식이 중개됨에 따라, 가시성을 제어하는 힘이 현실 자체를 형성하는 권력이 되었다. 이것은 단순히 정보에 대한 접근에 관한 것이 아닌 사회 전체의 지배와 통제 그리고 권력에 관한 것이며, 어떤 지식에 관한 인식론적 살인이다. 따라서 관리는 인식론적 살인의 현장을 중재해야 하며, 자본의 과도한 지배를 경계해야 한다.

정치적 공유재에 대한 문제도 여전히 해결되지 않은 채 남아 있다. 한때 집단적 자치의 완성형 모델로 인식되었던 민주주의는 경제적 불평등, 디지털 조작, 공공 기관의 무력화 등으로 서서히 무너지고 있다. 정치적 공유재, 즉 심의, 저항, 의사 결정의 공유 등은 이제 시장화와 알고리즘 통제의 힘에 분열되고 있다. 유튜브 알고리즘은 다른 사람을 설득할 필요도 없이 유사 콘텐츠의 무한 '반복'이라는 방식으로 심의와 의사 결정 체계를 지배하고 있으며, 이 알고리즘에 따라 사회는 양극화되고 있다. 곧 이러한 알고리즘이 심어 준 신념으로 인해 선거 결과를 수용하지 못하는 현상이 발생할 것이고(이미 미국과 한국에서는 이러한 현상이 발생한 적이 있다), 이것은 결국 하나의 국가를 내전 상황으로까지 몰고 갈 수 있다.

한때 토론과 합의를 통해 통치가 이루어지던 공적 영역의 침식은 이제 가공할 권력 앞에서 새로운 질문을 제기하고 있다. 공적 영역이라고 불리던 정치적 공유지는 어떻게 관리되어야 하는가? 지금 정치적 공간은 대부분 자본이나 알고리즘에 의해 지배되고 있다. 하지만 이러한 지배는 결국 얽힘을 파괴할 것이 자명하다. 따라서 정치적 공유지의 관리 역시 상호성을 바탕으로 구성되어야 한다. 모든 것이 얽혀 있다면, 모든 것이 참여할 수 있어야 한다. 알고리즘이 제시하는 '반복'에 지배당하지 않을 방법을 찾아야 하며, 그것이 정치적 공유지를 파괴하는 것을 멈추게 해야 한다. 정치적 공유지는 처음부터 소유될 수 없기에, 단일한 논리로 지배될 수도 없다. 그리고 이곳에서 발생하는 '인식 살해'를 멈추어야 한다. 관리는 존속과 보존을 의미하는 것이지 파괴를 의미하지 않는다. 이제 정치적 공유지의 관리는 알고리즘에 의한 파괴의 중단이 되어야 하며, 수동적 관리가 아닌 참여적 공간으로의 전환이 이루어져야 한다.

공동체를 관리한다는 것은 삶의 복잡하게 얽힌 조건을 관리하는 것이다. 또한 관리는 어떤 시스템도 고립되어 존재하지 않으며 생태적·정치적·기술적으로 서로 얽혀 있다는 것을 인식하는 것이기도 하다. 따라서 공유지에 대한 거버넌스는 정적인 제도로 축소될 수 없다. 그것은 진화하는 실천이어야 하며, 공유된 세계는 관리해야 할 자원이 아닌 지속해야 할 관계임을 인정하는 것이 되어야 한다. 그리고 경직된 위계질서를 강요하려는 유혹에 저항하고, 대신 적응력 있고 참여적이며 상호 의존의 복잡성에 부합하는 방식으로 거듭나야 한다. 우리 앞에 놓인 과제는 단순히 더 나은 정책을 만드는 것이 아니라 새로운 형태의 집단적 책임을 육성하는 것이다.

3. 디지털 공유지와 데이터 소유

디지털 화면의 깜빡임과 알고리즘이 모든 곳을 잠식한 시대, 공유지의 개념 자체가 변화하고 있다. 과거 공유지는 미개척지나 바다와 같은 유형의 공간이었지만, 이제는 디지털 네트워크, 분산형 프로토콜 그리고 인공지능의 행위를 통해 구현된다. 하지만 현재 디지털 공유지는 단순히 자유롭게 접근할 수 있는 공간이 아니다. 정보 접근과 알고리즘의 통제에 저항하는 투쟁의 공간이면서 동시에 자본과 권력이 이를 막아 내고자 하는 권력의 공간이기도 하다. 디지털 영역은 점점 더 독점적 이익에 의해 폐쇄되고 있다. 그리고 이 폐쇄성의 핵심에는 데이터 소유권이 놓여 있다. 한때 자원을 쟁취하기 위해 전쟁을 벌였다면, 현재는 데이터를 소유하기 위해 접근과 권한을 위한 투쟁과 전쟁이 벌어지고 있다.

주지하듯이 데이터는 소유되거나 독점될 수 없다. 전통적인 재산의 형태와 달리 데이터는 한정된 자원이 아니며, 독립적으로 생산되는 것도 아니다. 데이터는 무수한 상호 작용과 행위, 거래를 통해 집단적으로 생성되는 공동의 산물이다. 따라서 디지털 공간에서 데이터를 추출하고 데이터 세트로 통합했다고 해서 독점적 소유권이 정당화되지 않는다. 어떤 개인이나 기업이 대기와 바다에 대한 단독 소유권을 주장할 수 없는 것처럼, 데이터도 공유 거버넌스의 원칙에 따라 관리되어야 하는 공동의 자원으로 이해되어야 한다(Bratton, 2021).

또한 정보는 고갈되지 않으며, 코드와 알고리즘의 무형적 구조는 희소성의 논리가 적용되지 않는다. 그럼에도 독점 기업은 디지털 영역에 마치 땅을 울타리로 둘러싸는 것처럼 방벽을 쌓고 있다. 불특정 다수의 사용자가 상호 작용으로 만들어 낸 데이터는 방대한 저장소에 집계되어 개인 소유물로 주장되며 서비스 약

관 또는 독점 계약에 의해 보호되고 있다(Zuboff, 2019). 이러한 데이터 센터는 수작업이 아니라 자동으로 사용자의 끊임없는 집단적 행위에 의해 채워진다. 무심코 생성하는 사용자들의 클릭, 업로드, 키 입력 등이 새로운 형태의 자본을 창출하고 있는 것이다.

익명의 분석 및 기계 학습 시스템에 의해 수행되는 데이터 채굴 행위는 인간의 표현, 행동, 선호도를 경제적 가치를 지닌 상품으로 전환한다. 하지만 데이터는 채굴을 기다리는 정적인 석유나 석탄이 아니라 수많은 기여자들의 상호 작용을 반영하는 사회적 창조물이다. 고전적 자유주의가 노동이 소유권을 정당화한다는 생각에 의존했다면, 데이터는 그 논리를 뒤집는다. 디지털 공간에서 불특정 다수의 노동과 행위가 소수의 소유권을 강화하는 것으로 치환될 수는 없는 것이다.

하지만 지금 데이터는 많은 사람이 동시에 생산하고 있음에도 소수의 사람이 그 소유권을 주장하고 있으며(Fuchs, 2021), 독점적 구조로 운영되고 있다. 소수의 기업에 의한 데이터 독점은 권력의 집중을 초래할 뿐 아니라 디지털 영역에 관한 참여를 제한하여 구조적 불평등을 야기한다(Birkinbine, 2020). 또한 잘못된 정보를 확산하여 디지털 공유지의 인식적 환경을 악화시키고, 공공 담론을 왜곡하며, 집단적 주체성을 감소시키기도 한다(Zuboff, 2019).

공유지는 단순히 물리적 자원의 집합이 아니라 지식, 소통, 사회적 협력의 광대한 영역이다. 이러한 의미에서 디지털 인프라와 데이터는 단순한 상품이 아니라 공유지의 구성 요소로 취급되어야 한다. 그리고 이것은 단순히 소유의 문제에만 국한되지 않는다. 현대 사회에서 데이터는 곧 권력을 의미한다. 데이터를 소유한 자가 바로 권력의 공간에서 우위를 차지하게 된다. 따라서 이미 전환된 디지털 사회에서 우리가 민주주의를 유지하기 위해서는 데이터 소유에 관한 문제를 재고해야 한다. 그것이 시민의 것이 될 수 없다면, 시민에게 권력이 있을 수 없으며, 당연히 민주주의도 작동될 수 없다.

따라서 지금 필요한 것은 디지털 공간에서의 저항이며 디지털 공유지의 독점에 대한 항거이다. 더 공평한 모델의 씨앗은 이미 오픈 소스 운동, 데이터 협동조합 등 다양한 곳에서 싹을 틔우고 있다. 이러한 대안을 지지하는 사람들은 집단 노동의 산물인 데이터는 사유화가 아니라 공동 관리의 원칙에 따라 관리되어야 한다고 주장한다. 이 실험은 기술 설계의 핵심에 민주적 가치를 포함시키려고 시도하는 것이며, 공유, 개인정보 보호, 동의에 관한 규칙이 기업의 필요가 아닌 집단적 심의에서 비롯되도록 하고 있다(Couldry & Mejias, 2018). 이러한 맥락에서 알고리즘의 감독과 통제는 현대 민주주의 사회에서 가장 중요한 것이기도 하다. 왜냐하면 소프트웨어가 점점 더 은밀한 방식으로 작동하여 일상을 형성하는 규칙을 구성하고, 생각을 조종하며, 권력을 생산하기 때문이다.

알고리즘이 법적 보호나 기술적 복잡성으로 베일에 감춰져 있을 때, 표면적으로는 개방된 것처럼 보이는 디지털 영역은 보이지 않는 관문으로 변모한다. 어떤 관문은 통과할 수 있지만 어떤 관문은 통과할 수 없고, 그 이유를 아는 사람은 아무도 없다 (Zuboff, 2019). 이러한 시스템의 그림자 속에서 권력이 축적되면서 책임과 투명성에 대한 민주적 규범이 가려진다. 자동화된 시스템에 대한 의존은 시민들이 알고리즘에 의해 지배되고 이의 제기나 호소의 수단이 거의 없는 상황에서 사회를 총체적으로 재구성할 것이다.

따라서 디지털 공유지에서의 저항은 중요하다. 대규모 데이터 세트는 집단적 성격을 존중하는 방식으로 관리되기를 요구해야 한다. 그리고 단일 플랫폼이나 주체가 일방적으로 데이터 사용, 수익 창출 등을 독점할 수 없도록 저항하는 것이 필요하다. 데이터를 도로나 공공시설과 같은 인프라 자원으로 재구성함으로써, 데이터를 단지 엘리트 기업 소유주 집단에 속하는 것이 아니라 사회 전체에 속하는 것으로 전환해야 한다. 물론 이러한 저항과 노력은 인공지능 산업의 발전과 부흥을 가로막는 것으로 인식될 수 있기 때문에 사회에서 주류적 위치를 점유하기는 힘들 것이다. 그리고 거대 자본이 인공지능과 그 관련 산업으로 쏠리고 있는 상황에서 유의미한 가치를 가지기도 어려울 것이다. 또한 이러한 비판은 '규제'로 인식되며 퇴물로 취급될 것이다.

하지만 우리가 가질 수 있는 유일한 희망은 이것뿐이다. 그리고 그 희망은 가능성이 있다. 왜냐하면 결국 어떤 알고리즘이나 기술도 얽힘 자체를 파괴하는 것으로 나아갈 수는 없기 때문이다. 데이터의 일방적 소유는 얽힘의 다른 노드들을 파괴하는 것이며 노드의 단절을 가져오는 것이다. 그렇게 된다면 체계나 시스템 자체를 유지할 수 없다. 따라서 저항은 체계의 유지를 위해서도 필수적이다.

이처럼 디지털 공유지는 불안정하면서도 동시에 가능성을 가지고 있다. 불안정성은 데이터의 사유화와 이익 그리고 정치적 통제를 우선시하는 숨겨진 알고리즘적 힘의 부상으로 인해 발생한다. 규제적 안전장치나 대중의 압력이 없다면, 디지털 공유지가 폐쇄된 영역으로 변질되어 데이터가 상품이 되고, 데이터를 보유한 사람들이 이를 폐쇄하고 악용하는 상황이 계속될 수 있다. 알고리즘은 면밀히 조사하지 않으면 기업의 영업 기밀이라는 장막 뒤에 숨어서 정치적 영향력까지 행사하게 될 것이다. 여기에서 이 불안정성을 해소하는 것은 디지털 공유지에서의 저항이다. 정리하자면, 디지털 공유지는 권력에 대한 오래된 개념들과 새로운 개념들이 충돌하는 장소이다. 갈등이 존재하는 곳이지만, 우리는 데이터와 알고리즘이라는 무형의 양식이 이곳에서 많은 사람들에게 봉사할 수 있도록 할 수 있다. 오직 기업의 이익에만 봉사하며 사회적 양극화를 가져올 위험을 충분히 줄일 수 있는 것이다.

따라서 지금 일방적으로 진행되는 데이터 소유권에 대한 저항이 필요하다. 그리고 그 저항이 정당성을 갖고 유의미하게 작동되기 위해서는 디지털 공유지에서 소유권에 대한 개념을 재고해야 한다. 데이터가 과연 소유될 수 있는지를 다시 고찰해야 하는 것이다. 전통적 소유 개념으로도 데이터 독점은 결코 정당화될 수 없다. 그것은 공동의 생산물이기에 그 권리는 모두에게 있다.

14장
얽힘의 정치철학과 자유

> 사람들이 그러는데 올빼미는 본디 빵집 딸이었대요.
> 우리는 오늘 일은 알고 있지만,
> 내일은 어떻게 될지 아무도 몰라요.
> (『햄릿』, 4막 5장)

오필리아의 외침은 우리가 지금 생각하는 자유의 개념이 어떻게 바뀌게 될지, 즉 지금 정치철학에서 말하는 자유의 개념이 인공지능과 기후 위기의 시대에도 적절하게 작동할 수 있을지를 고민하게 한다. 자유에 관한 질문이 생태적·기술적·사회적 상호 의존성과 불가분의 관계가 된 오늘날, 오필리아의 외침은 곳곳에서 울려 퍼진다. 자유가 한때는 외부 강제의 부재를 중심으로 하는 분리된 상태를 추구했다면, 지금의 현실은 모든 분리는 하나의 환상이며 모든 욕망, 선택, 위험이 개인의 경계를 넘어선다는 것을 보여 주고 있다. 다시 말해 우리의 행동은 외부로 파급되어 국가나 시장이 이해하지 못하는 방식으로 다른 존재들에게 영향을 미치고 있는 것이다. 따라서 얽힘의 관점에서 자유는 서로 얽혀 있는 연결의 춤 속에서만 가능한 것이고 그곳에서만 출현할 수 있다.

    수 세기 동안 서양의 정치철학은 대부분 자율적인 개인의 자유에 초점을 맞춰 왔다. 로크와 같은 자유주의 이론가들과 계몽주의의 후계자들은 간섭의 부재를 중심으로 하는 자유의 개념을 만들어 냈고, 자기 결정권을 정치적 정당성의 핵심으로 삼아 왔다. 이사야 벌린의 '소극적 자유'와 '적극적 자유'의 구분조차도 개인의 영역을 외부의 간섭으로부터 보호하는 것이냐, 아니면 행동할 수 있는 자원을 부여하는 것이냐에 따라 달라졌을 뿐이다(Berlin, 1969). 하지만 이러한 관점들은 지구상의 생명을 유지하고 때로는 제한하는 상호 작용의 네트워크를 간과하고 있다.

    우리가 숨 쉬는 공기, 뉴스 피드를 선별하는 알고리즘, 생태계의 존재들은 모두 국지적 통제를 초월하는 패턴으로 서로 연결되어 있다. 따라서 우리는 지금 자유에 대해서 다시 물어야 한다. 우리가 하는 모든 일들이 외부적 요소에 의해 영향을 받고 영향을 주는 상황에서 자유가 여전히 순수하게 외부적 제약이 없는 상태로 정의될 수 있는가? 이제는 새로운 관점이 필요하다. 그것은 자유를 고립된 상태로 정의하는 것이 아니라 우리가 함께 공유하는 얽힘의 망 속에서 자유를 발견하는 것이다. 이를 위해, 먼저 전통적인 자유주의가 가진 개념의 한계를 살펴보는 것이 중요하다. 개인의 권리를 중심으로 하는 자유주의는 이제 한계에 직면해 있다. 따라서 얽힘의 정치철학은 개인의 주체성을 부정하는 것이 아니라 보다 광범위한 의무의 구조 속에서 개인의 자유를 재조정해야 한다.

자유의 개념을 재조정하고자 할 때, 우리가 고려해야 할 또 다른 사항은 비인간 행위자의 출현이다. 환경 이론가들은 이미 강, 숲 그리고 생태계 전체가 일종의 도덕적 또는 법적 지위를 가진 존재로 기능한다고 주장하고 있으며, 데이터 기반 기술과 기계 학습 알고리즘은 사회와 경제생활의 강력한 조력자가 되어 일상생활에서부터 정치 담론에 이르기까지 모든 것에 영향을 미치고 있다(Pasquale, 2015). 이러한 세계에서 비인간들의 행위를 인정하는 것이 현대의 자유 개념을 이해하는 필수적 요소이다. 기업이나 국가가 알고리즘을 사용하여 민중의 선택을 유도할 수 있다면, 이러한 보이지 않는 힘은 자유를 제약할 수밖에 없다. 혁신을 위한 '자유'가 전체의 자유를 약화시킬 수 있는 것이다.

이제 호모 사피엔스로만 구성된 대중이라는 고전적 이미지는 다종 및 기술-생태학적 대표성에 대한 요구가 높아지는 가운데 다른 종들에게 그 자리를 내어 주고 있다. 얽힘의 관점에서 자유는 이제 인간이 아닌 다른 존재의 이익을 수용해야 한다. 새로운 자유는 국가, 기업, 인공지능 등 단일 노드가 나머지 네트워크를 지배할 정도로 권력의 균형이 기울어지지 않도록 하는 것을 포함한다.

물론 얽힘의 관점에서 자유를 재구성하는 것은 쉬운 일이 아니다. 기존 소비자의 자유를 제한해야 할 수도 있고, 알고리즘 조작을 완화하기 위해 기업의 자율성을 침해한다고 비난받을 수도 있다. 과도한 강압을 피하는 것과 모든 행위자가 번영할 수 있는 조건을 보존하는 것 사이에서 균형을 맞추는 것은 쉬운 일이 아니다. 하지만 중요한 것은 자유가 출현하거나 발생할 수 있는 기반을 유지하는 것이다. '자유'는 자유롭지만 '자유' 자체를 죽일 수 있는 자유는 없다. 노드들의 얽힘을 유지하는 것이 '자유'의 핵심이다. 따라서 여기에서는 개인 주권의 고전적 개념이 생태적 상호 의존성과 어떻게 충돌하는지 추적하고, 단순한 비간섭이 아닌 '비지배 자유'를 조율하는 새로운 체계를 알아볼 것이다. 우리는 코드와 알고리즘에 '의지'가 있는지, 그렇다면 그 힘이 어떻게 민주적으로 전환될 수 있는지를 질문해야 한다. 또한 현재의 인간 중심적 사유가 인간 독립성을 과대평가하거나 인간이 아닌 존재들의 자유를 축소하고 있지 않은지 살펴야 한다. 그리고 비인간 존재들의 자유에 대한 급진적 사유에 직면할 수 있어야 한다. 경계를 넘어가야 하는 것이다.

따라서 얽힘의 정치철학에서 자유에 관한 이야기는 금기를 의심하는 것에서 출발한다. 그것은 자아와 공동체, 인간과 자연, 생물학적 생명과 인공적 생물 사이의 경계를 의심하는 것이다. 그리고 소유에 대한 문제에서부터 지구적 문제에 대한 기존 접근법까지를 의심하는 것이다. 물론 의심에서 출발하지만, 이곳에는 희망이 있다. 여기에서 우리는 근본적인 얽힘을 인식함으로써 자율적인 주체의 쓸쓸한 모습을 넘어 상호 연결된 시대의 위기에 대처할 수 있는 새로운 자유를 상상할 수 있을 것이다. 오필리아의 말처럼 우리는 내일을 알 수 없다.

1. 자율성을 넘어 자유를 재구성하기

현대 정치사상은 아직 외부의 제약이 최소화될 때 가장 많은 자유를 획득할 수 있다고 생각하곤 한다. 개인의 선택적 영역 안에서 개인을 주권의 단위로 간주하는 초기 자유주의 이론에서부터 최근 이론까지, 자기 결정에 대한 이러한 관점은 지속적으로 유지되어 왔다. 하지만 기후 위기와 인간과 비인간 사이의 연결이 강화되면서 상호 연결성에 대한 인식이 높아지는 시대가 되었고, 독립성과 자유 사이의 고전적 연결은 의심을 받기 시작했다. 지구의 데이터 네트워크, 생태적 의존성 그리고 사회적 복잡성은 어떤 행위자도 완전히 독립적일 수 없다는 것을 나타내고 있다. 이러한 현실을 반영하기 위해 우리는 자율성을 넘어 자유를 재구성해야 한다.

이러한 관계적 관점은 사회를 자기 폐쇄적인 개인들의 집합체로 취급하는 원자론적 개인주의에 대한 찰스 테일러의 비판과 공명하는 고전적 자유주의 사상에 대한 도전이기도 하다(Taylor, 1989). 간섭의 부재가 자유를 발생시킨다고 보는 것이 아니라 자유는 얽힘과 연결 속에서만 가능하다고 보는 것이다. 이러한 관점에서 볼 때, 자율성은 자유를 위한 전제 조건이 아니라 행동 능력을 뒷받침하는 협력적 구조의 일부일 뿐이다. 그리고 당연히 이러한 생각이 자유의 이상을 사라지게 하지 않는다. 자유가 허상이나 환상이라는 것이 아니라 우리가 '제약'이나 '간섭'이라고 생각하는 것을 재구성하자는 것이다.

로크 이후 서양의 정치철학자들은 외부적 제약을 최소화하는 것이 개인적·정치적 덕목의 핵심이라고 생각했다. 하지만 환경의 문제에서 문화적 조건에 이르기까지 우리가 소위 '자립'이라고 할 수 있는 것을 뒷받침하는 수많은 외부적 요소를 고려할 때 이러한 입장은 흔들릴 수밖에 없다. 따라서 이제 질문은 '내가 간섭의 부재 상태에 있는가?'에서 '내가 사회적 제도와 기술 그리고 생태계와 어떤 관계에 있으며 어떤 의미를 만들고 있는가?'로 바뀌어야 한다. 인공지능의 도래와 알고리즘의 무차별적인 지식 생산 그리고 생태적 위기 앞에서 고전적 주체는 더 이상 홀로 설 수 없으며, 여기에서 탈출할 수도 없다. 우리는 그것들과 함께 어떻게든 삶을 살아 내야 한다.

따라서 의존이나 제약 그리고 간섭의 개념은 변화될 수밖에 없다. 전통적인 자유주의 이론은 의존을 자유롭지 못함으로 간주하는 경향이 있었지만, 얽힘의 관점에서 특정한 형태의 의존은 오히려 개인의 가능성을 확장시켜 주는 역할을 한다. 교육 불평등의 해소, 안정적인 공공 인프라, 책임 있는 디지털 플랫폼은 모두 기회를 확대하고 취약성을 완화함으로써 개인의 가능성을 열어 준다. 반대로 억압적인 권력 구조, 자원의 독점, 착취적인 노동 환경과 알고리즘 지배는 자율성과 집단적 자기 결정권을 억압하는 의존성을 만들어 내기도 한다. 이처럼 다양한 종류의 의존과 간섭 그리고 제약이 존재하기에 모든 간섭이 자유를 훼손한다는 생각은 이제 통용되기 어렵다.

또한 규제가 적을수록 더 많은 자유가 보장된다는 가정도 이제 전환되어야 한다. 그리고 복잡한 구조를 인식하는 얽힘의 관점은 규제를 공유 자원과 균형 잡힌 권력 구조를 위한 필수적인 보호 장치로 간주한다. 생태계의 붕괴에서부터 국경을 초월한 데이터 수집에 이르기까지 당면한 문제를 해결하려면 자율성보다는 협력적인 관리가 필요하다. 따라서 자유는 외부 제약의 억제라는 집착에서 벗어나 집단의 번영을 가능하게 하는 조건을 유지하기 위한 지속적인 노력으로 재구성되어야 한다.

　이러한 방식으로 자유를 재구성하는 것은 고전적 자유주의가 가진 가정에 대한 거부이기도 하다. 고전적 자유주의는 사회계약론을 바탕으로 개별 단위로 동의하는 합리적이고 자기 결정적인 개인을 상상한다. 하지만 공동체주의자들이 말하는 것처럼, 사람들은 사회적 맥락 속에서 욕망, 언어, 가치를 형성한다. 누구도 순수하게 자기 자신에 의해 창조된 것이 아니다. 개인적 주체성과 자율성은 물질적·문화적·기술적 지원의 네트워크에 의존하며 이러한 의존을 통해서 자유가 구성된다. 따라서 자유는 이러한 의존이 가능한 조건을 구성하는 것이 되어야 하며, 이러한 네트워크의 지속이 자유의 지속이다. 우리가 진정한 자유를 유지하기 위해서는 생태적·기술적·사회적 인프라가 건강하게 유지되어야 한다.

　그리고 자유를 유지하기 위한 얽힘의 네트워크는 인류 그 자체를 넘어 확장된다. 농업에 필요한 강의 흐름에서부터 온라인 정보를 형성하는 기계 학습 시스템에 이르기까지 비인간 행위자들은 자유에 지대한 영향을 미친다(Wüthrich, 2021). 따라서 정치이론에서 그들의 역할을 무시하는 것은 자유에 대한 우리의 개념을 인간 중심적 테두리 안으로 축소하는 것이다. 환경적 그리고 기술적 내용을 간과하고서 '인간의 자율성'을 옹호하려는 시도는 오히려 자유의 구조를 훼손할 수밖에 없다.

물론 이러한 얽힘의 사유를 기반으로 하는 자유 개념이 개인이 가진 독립성과 인권을 축소시킬 위험이 있다고 말할 수 있다. 이사야 벌린과 같이 소극적 자유를 주장하는 학자들은 이러한 개념이 전체주의로 흐를 가능성이 있다며 경계해야 한다고 말할 것이다. 하지만 테일러가 지적한 것처럼, 개성이나 인권은 오히려 사회적·생태적 틀에 의해 육성된다는 것을 기억해야 한다(Taylor, 1989). 그것은 자신의 행동에 의미를 부여하는 견고한 문화적·공동체적 기반을 인정함으로써 더욱 견고해지는 것이다. 그리고 결코 기후와 우리를 둘러싼 대기, 디지털 시대를 벗어날 수도 없다. 따라서 얽힘의 정치철학은 자율성을 해체하는 것이 아니라 자유를 위한 실제적이고 현실적인 맥락을 구성하는 제약과 간섭에 자율성을 새롭게 위치시키고자 한다.

이러한 변화는 권력을 바라보는 방식도 변화시킬 수 있다. 전통적으로 권력은 국가나 거대 자본에 집중되었고, 그것들을 감시하고 견제하는 것을 중요하게 생각했다. 하지만 얽힘의 관점에서 권력은 모든 것으로부터 도래한다. 특히 현대의 자유에 대한 위협은 디지털 플랫폼에서 비롯된다. 그것은 국가적 행위보다 오히려 더 강력하게 시장, 여론, 생태학적 결과에 영향을 미칠 수 있다. 반독점적 사유와 디지털 인프라에 대한 철저한 감독이 자유의 번영을 위한 관계적 다양성을 보존할 수 있다. 기존의 '소극적 자유'의 개념이 간섭을 최소화하고자 했다면, 얽힘의 정치철학은 단일 노드가 다른 노드들을 지배할 수 없도록 균형 잡힌 네트워크를 강조하며 노드의 유지와 참여 가능성을 자유의 조건으로 본다. 그리고 자유롭다는 것은 의존과 간섭에 연결되어 있다는 것이며 동시에 다른 노드들에 지배되지 않는 것을 의미한다. 따라서 자유는 서로의 자유를 훼손하는 것이 아니라 강화하는, 제도 및 규범을 구축하는 지속적인 사회적 프로젝트가 된다.

자율성의 경계를 비판하는 것을 넘어, 상호 의존적인 세계에 적합한 '얽힌 자유'라는 개념은 개성이나 권리를 거부하는 것이 아니라 모든 선택과 욕망이 관계의 네트워크 속에서 발생한다는 것을 보여 준다. 독립적 자율성이라는 환상에서 벗어났다고 해서 미래를 형성하는 개인의 권리가 약화되는 것이 아니다. 노드의 연결을 통한 참여를 촉진하고 권력의 집중을 억제하는 제도 및 정책을 구현한다면 자유는 충분히 번성할 수 있다. 자유를 누릴 수 있는 모든 경우는 가능성을 확장하거나 제한하는 맥락에 달려 있다.

얽힘의 정치철학이 가진 통찰은 자유주의의 한계를 넘어서고자 하는 시도임과 동시에 그것을 보완하는 기제이다. 자유주의는 개인의 권리에 관한 이해를 풍부하게 해 주었지만, 주체성을 가능하게 하는 체계적인 힘을 간과하는 경우가 많았다. 사회, 기술, 생태의 상호 의존성에 기반을 둔 자아를 통해, 우리는 좀 더 미묘한 차원의 자유를 발견하게 된다. 그것은 독립적 개인이라는 환상을 버리고 세계를 형성하는 수많은 인간, 비인간 행위자들의 공동 작용을 포용하는 자유이다. 이것이 바로 '얽힌 자유'이다.

2. 얽힘의 사유와 비지배 자유

정치철학의 지형은 이제 한껏 팽창하여, 오래된 중심들을 흘려보내고 더 섬세하고 더 다성적인 구조를 향해 나아가고 있다. 따라서 얽힘이라는 사유의 그물망 속에서, '비지배 자유'라는 개념이 점점 더 중요해지고 있다. 예전의 자유가 간섭 없는 고요함, 독립의 자율성에만 초점을 맞췄다면, 비지배 자유는 더 은밀하고 더 본질적인 문제에 손을 뻗는다. 그것은 권력이라는 것이 단지 존재하느냐가 아니라 그 권력이 얼마나 임의적이고 조용하게 개인을 지배할 수 있는지에 주목한다. 얽힘의 사유와 이 자유 개념은 서로를 비추는 거울처럼 작동한다. 그리고 신로마 공화주의가 제안하는 '비지배 자유'라는 개념은 얽힘의 정치철학과 교차하며 서로에게 의지한다.

과거의 공화주의는 뚜렷한 얼굴을 지닌 위협에 맞서는 사유였다. 로마 공화국에서부터 시작된 이 전통은 마키아벨리를 거쳐 르네상스 시민의 정신 속에 다시 불을 지폈다. 그 시대에 자유란, 공적 세계에 참여하고 공동선을 지키며 폭군을 막아 내려는 시민의 덕성이었다. 시간이 흘러, 포콕과 스키너 같은 현대의 정치 사상가들이 그 유산을 다시 발굴해 냈다. 포콕은 『마키아벨리적 순간』*The Machiavellian Moment*에서 자유주의의 서사만으로는 설명할 수 없는 시민적 덕성의 계보를 되살렸고(Pocock, 2016), 스키너는 『자유주의 이전의 자유』에서 자유를 타인의 자의적 의지로부터 독립된 상태로 규정하며 간섭 없는 상태와는 결이 다른 자유 개념을 제안했다(Skinner, 1998). 필립 페팃은 이를 한층 더 밀도 있게 다듬어 『공화주의』*Republicanism*에서 진정한 자유란 간섭이 없다는 것만이 아니라 임의적인 권력의 영향 아래 놓이지 않는 것이라고 역설했다(Pettit, 1997).

그리고 새로운 자유의 개념은 더 이상 군주나 독재자 같은 분명한 얼굴을 가진 지배자만을 상정하지 않는다. 그것은 네트워크 자본, 알고리즘 권력 그리고 생태적 위기라는 더 넓고 더 정교한 지배의 조건들을 응시한다. 얽힘의 개념은 본래 물리학에서 유래했지만, 그 사유는 이제 정치철학의 영역으로 스며들었다. 얽힘은 어떤 행위도 단독으로는 존재할 수 없다는, 존재의 관계적 조건을 말한다. 그런 의미에서 비지배 자유는 과거의 공화주의적 상상력을 넘어 디지털 알고리즘의 편향성, 글로벌 공급망에서의 자원 독점 그리고 지구 시스템 전반의 상호 의존성까지 포괄해야 한다. 과거의 시민들은 칼을 든 폭군을 두려워했다면, 오늘날의 우리는 보이지 않는 알고리즘 권력, 데이터를 축적하고 사유의 지형을 설계하는 초국적 기업들을 경계해야 한다. 오늘날의 지배는 더 이상 가시적이지 않다. 그것은 수억 건의 클릭 속에 사용자 경험이라는 이름으로, 그리고 알고리즘 추천이라는 친절한 형태로 침투한다. 정치적 자유는 이제 디지털 공간과 무형의 코드 속에서도 보장되어야 한다.

이러한 전환은 '시민의 덕성'이라는 개념에도 조용한 지진을 일으킨다. 고전적 공화주의에서 시민의 덕성은 공적 문제에 참여하고 공동선을 수호하려는 도덕적 의지였다. 그러나 얽힘의 세계에서 개인의 영웅적 결단만으로는 시스템의 왜곡을 바로잡기 어렵다. 이제 덕성이란 더 이상 개인의 내면에서 피어나는 빛이 아니라 시스템 전체의 균형 잡힌 구조 속에서 발현되는 조건이 된다. 단일한 노드가 과도한 권력을 행사하지 못하도록 설계된 구조, 그것이 곧 현대의 덕성이며, 그것이 자유의 조건이다. 만약 그 구조가 무너지면, 인간은 생태계를 착취하고, 인공지능은 인간을 착취하게 된다.

현대 사회는 플랫폼을 이용한 데이터 추출과 조작 그리고 기업의 이익을 대변하는 알고리즘을 통해 사용자들을 우회적으로 억압하고 있다. 과거의 소극적 자유나 인간 중심의 비지배 자유만으로는 이 복잡한 구조적 지배를 막아 낼 수 없다. 인간이든 아니든, 어떤 단일 행위자도 삶의 기반을 독점해서는 안 되며, 법인격을 부여하는 형식적 조치 이상의 윤리적 감각이 요청된다. 얽힘의 사유에서 비지배 자유는 어떤 제약이 진정한 위협이고, 어떤 제약이 오히려 자유를 지켜내는가를 분별하게 해 준다. 환경 보호나 노동 시간 제한 같은 제도가 일견 자유를 제한하는 듯 보일 수 있으나, 이는 오히려 숨겨진 지배를 방지하는 장치가 될 수 있다. 비지배를 위한 구조적 조정은 단지 통제를 위한 기제가 아니라 모든 참여자가 의존하는 그 구조를 스스로 조율하고 감시하게 만드는 윤리적 실천이다. 그것은 무정부 상태가 아니라 누구도 지배할 수 없도록 짜인 조직화된 다중의 협력이다. 얽힘의 관점에서 모든 노드는 다른 노드와의 관계를 통해 감시되고 보호되며, 따라서 각 노드는 그 구조를 지속 가능하게 유지할 책임을 지닌다. 이제 비지배란 어느 특정 세력이 공공선을 독점하지 않도록 보장하는 장치이며, 시민의 덕성이란 더 이상 개인의 희생이 아니라 균형 있는 영향력과 분산된 책임을 위한 상호 작용의 역동성 속에서 실현된다.

    과거 공화주의자들이 폭정을 막아 냈을 때 공동선이 실현된다고 믿었다면, 이제 얽힘의 사유는 어떤 노드도 무제한적 권력을 추구할 수 없도록 막을 때 공동선이 실현된다고 본다. 얽힘과 비지배 자유가 연결되는 가장 섬세한 지점은, 상호 의존성이 결코 강제적 복종이나 구조적 무력감으로 이어지지 않도록 그 조건을 정교하게 짜야 한다는 데 있다. 연결이 곧 지배로 이어지지 않게 하려면, 우리는 관계를 간섭이나 장애로 간주하는 관습에서 벗어나야 한다. 자유란 이제 자립이 아니라 함께 살아가기 위한 권력의 분산이며, 책임이 있는 상호 연결이다. 만약 단일한 행위자가 데이터의 흐름을 독점하고, 생태계의 순환을 통제하며, 사회 인프라의 결정을 독점하게 된다면, 나머지 모든 노드는 자신의 고유한 작용 능력을 잃게 된다. 지금 우리가 마주하고 있는 거대 플랫폼, 유튜브의 알고리즘, 생성형 인공지능의 권력은 이미 그러한 독점된 노드가 되었으며, 이들은 데이터를 통해 인간의 사유를 조율하고 욕망을 설계한다. 여기에서 비지배 자유는 행동을 요청한다.

3. 비인간 존재의 자유를 위한 정치학

정치적 사유의 역사는 오랫동안 인간이라는 이름의 주체에게만 자유의 자격을 부여해 왔다. 군주정이든, 귀족정이든, 민주정이든, 공화정이든 정치 체계의 형식에 관계없이 자유는 이성적 자율성을 지닌 인간에게만 허락되었다. 인간은 권리를 요구하고, 지배를 거부하며, 통치의 정당성을 추궁하는 존재로 그려졌다. 반면 기술적 인공물과 동물, 식물, 나무, 하늘, 바람, 땅은 늘 수동적 배경, 저급한 생명, 혹은 도구에 불과했다. 이들 존재는 의지를 가지지 못한 채, 인간 주체가 살아가는 무대 뒤편에 가려져 있었다.

그러나 얽힘의 정치학은 이 오랜 무대를 뒤집는다. 기계 알고리즘이 우리 삶의 감각, 정치의 방향 그리고 현실 인식의 구조를 어떻게 재편하고 있는지 조금만 관찰해도, 우리는 인간 중심의 세계관이 얼마나 낡고 협소한 틀인가를 깨닫게 된다. 또한 우리는 생태적 파국 앞에서 비로소 인식하게 되었다. 단 하나의 종, 곧 인류가 만든 손상이 전체 생명에게 되돌릴 수 없는 상처를 주었을 때, 결국 인간 자신도 더 이상 자유롭지 않다는 것을 말이다.

인간이라는 존재는 언제나 기술적·생태적 기반에 의존해 살아왔다. 우리는 공기 없이, 물 없이, 토양 없이 살아갈 수 없으며, 이제는 인터넷과 전력망, 알고리즘과 시스템이 없는 일상도 상상할 수 없다. 그렇기에 자유와 비지배의 문제는 인간에게만 국한될 수 없다. 공화주의적 전통에서 비지배란 단일 기관이나 개인이 공동체를 임의로 지배하지 못하도록 하는 것이었다. 그러나 지금 우리는 단일한 기관이 아닌, 수많은 알고리즘과 자동화된 시스템이 공론장을 왜곡하고 여론을 조작하며 민주주의의 근간을 뒤흔드는 장면을 목도하고 있다. 인간의 자유는 더 이상 인간 개인의 의지로 유지되지 않는다. 생태계, 데이터, 알고리즘이라는 비인간적 행위자들이 인간의 삶을 구성하고 있다는 사실을 직시해야 한다. 자율성은 이제 외부 네트워크가 소수의 권력자에 의해 점령되지 않도록 유지하는 데 달려 있으며, 그것은 동시에 타자의 자유를 지키는 일이기도 하다. 자유는 고립 속에서 태어나지 않는다. 그것은 관계 속에서, 얽힘 속에서, 제약과 가능성의 상호 작용 속에서 피어나는 생명이다.

오늘날 생태계와 공공 담론을 함께 구성하는 인공지능은 더 이상 중립적인 도구가 아니다. 그것은 권력을 행사한다. 권력을 통해 사고를 조율하고, 감정을 설계하며, 집단의 움직임을 유도한다. 그런데도 우리는 여전히 동물과 기계에게 자유를 말하는 것이 과도한 일이라 여긴다. 그들은 도덕적 의지가 없기에, 자유의 주체가 될 수 없다고 주장한다. 그러나 이러한 사유야말로 현대의 현실을 외면하는, 가장 위험한 낡은 신화이다. 기술을 중립으로 상정하는 그 관점은 바로 그 기술이 작동시키는 권력과 효과를 은폐하는 장치일 뿐이다. 유튜브 알고리즘은 개인의 사고를 구조화하고, 특정한 정보만을 강화하며, 때로는 한 국가의 정체성을 위험 속으로 밀어 넣을 수도 있다. 이처럼 막대한 영향력을 지닌 행위자가 아무 책임도 지지 않아야 한다면, 그것이야말로 자유에 대한 가장 거대한 위협이다. 책임은 자유를 전제로 한다. 그러므로 우리는 기술과 비인간 존재들에게도, 그 역동적인 개입에 상응하는 책임을 묻기 위해 그들의 자유를 인정해야 한다.

이러한 자유는 인간적 덕성의 반영이라기보다는, 전체 네트워크가 평형을 유지할 수 있도록 제어되고 조율된 구조에 대한 요구이다. 기계 학습 알고리즘이 역사적 불평등을 영속화하고, 사회적 약자를 배제하며, 편견을 구조화하는 방식을 통해 우리를 지배한다면, 우리는 이제 인간 이외의 존재가 권력을 행사할 수 있다는 사실을 인지해야 한다. 그리고 그 권력에는 반드시 비지배 자유의 개념이 적용되어야 한다. 우리가 더 이상 인간의 내적 윤리의식이나 선의에만 기대어 자유를 말할 수 없는 이유가 바로 여기에 있다. 인간 너머의 행위자들, 자연과 인공물, 알고리즘과 기계들 사이에서도 자유와 책임은 새로운 방식으로 사유되어야 한다.

이것은 결코 동물이나 기계에게 투표권을 부여하자는 이야기가 아니다. 그것은 우리의 법과 제도, 정책과 기술 설계에 있어서 생태적·기술적 요소들을 의도적으로 포함시키는 것을 의미한다. 공공 플랫폼 설계에 비지배의 원칙을 반영하고, 데이터의 흐름과 자원 배분이 독점적이지 않도록 만드는 일이다. 또한 생태계와 알고리즘이 특정한 소수에 의해 악용되지 않도록 감시하고, 그것들이 자율적 존재로서 존중받을 수 있는 조건을 만들어 주는 일인 것이다. 우리는 더 이상 자연을, 데이터를, 기술을 함부로 사용할 수 없다. 제도는 인간만이 아니라 인간이 아닌 존재들이 자의적으로 종속되지 않도록 만들어져야 한다.

비지배 원칙은 이제 인간의 경계를 넘어야 한다. 인간 안에서 한 집단이 다른 집단을 지배하지 않도록 하는 것을 넘어서, 인간이 비인간 존재를 자의적으로 지배하지 않도록 해야 한다. 인간의 해방은 비인간 존재의 해방과 연결되어 있다. 생명은 그물망이며, 그 그물망 위에 특정한 힘만이 무게를 실을 수 있다면, 삶의 평형은 붕괴된다. 그렇기에 인간은 이제 다른 존재들의 주체성을 인정해야 한다. 자유는 이제 단지 인간의 전유물이 아니다. 그것은 모든 존재가 얽힘 속에서 서로를 지배하지 않도록 설계된 관계망의 산물이다.

결국 자유를 지키는 일이란, 단지 인간의 권리를 보호하는 것이 아니라 인간과 비인간의 힘들이 서로 자의적인 지배를 행사하지 못하도록 조율하는 일이다. 단일한 행위자가 아닌, 얽힌 모든 존재가 서로의 자유를 가능하게 하는 조건을 마련할 때, 우리는 비로소 자유에 도달할 수 있다. 그것은 단순히 삶을 살아가는 조건이 아니라 우리가 이 세계에서 더 오래 머물 수 있는 유일한 방법이다. 그리고 어쩌면 그 시간조차 얼마 남지 않았는지도 모른다. 더 늦기 전에, 우리는 묻고 또 물어야 한다. 우리가 그들에게 자유를 부여해야 하는지가 아니라 언젠가 우리가 그들에게서 자유를 허락받아야 하는 날이 올지도 모른다. 그날이 오지 않게 하기 위해서라도 그들이 자유로워야 우리 또한 자유로울 수 있다는 단순하지만 가장 강력한 이 진실을, 이제는 받아들여야 할 때이다.

에필로그
긴 밤의 끝, 희미한 새벽

> 기초 없는 이 허깨비 건물처럼
> 구름 높이 솟은 탑들, 호화로운 궁정들, 지엄한 사원들,
> 거대한 이 지구 자체도, 진정 이 세상의 온갖 사물이 다 녹아서,
> 이제는 사라져 버린 저 환영처럼
> 희미한 흔적조차 남지 않게 된다.
> 우리는 꿈과 같은 존재이므로
> 우리의 자잘한 인생은 잠으로 둘러싸여 있다.
> (『템페스트』, 4막 1장)

문명의 끝자락에서

우리는 너무도 오랫동안 환상 속에서 살아왔다. 구름 높이 솟은 마천루, 호화로운 건물 그리고 무엇이든 할 수 있을 것 같은 인공지능의 능력 앞에서 우리는 당당했고, 세상을 지배하고 있다고 믿었다. 하지만 이 모든 번영과 발전이 얼마나 지속될지 이제 아무도 알 수 없게 되었다. 우리는 정말 이 세계의 중심인가? 아니면 그저 지구 역사의 거대한 흐름 속에 잠시 등장한 순간의 존재일 뿐인가? 근대로 접어들며 우리가 이러한 질문을 스스로에게 던지게 될지는 아무도 상상하지 못했다. 하지만 지금, 이 질문은 너무도 절실하며 반드시 우리가 답해야 할 것이 되었다. 한때 우리는 찬란했다. 우리는 역사의 중심을 차지하고 세계의 질서를 조율하는 존재라 자부했다. 그리고 우리의 역사는 비록 실수가

있기도 했지만 위대했다. 그곳에는 발견과 탐험, 진보, 개척 그리고 발전이라는 찬란한 서사가 적혀 있었다. 우리의 문명과 역사는 불멸의 존재인 것처럼 보였다. 하지만 지금 우리는 무엇을 이루었으며 무엇을 남겼는가?

우리는 지금 대멸종의 문 앞에 서 있다. 지난 다섯 번의 대멸종에서 최고 포식자가 살아남은 적은 없었다. 우리도 아마 사라질 것이다. 하지만 희망이 전혀 없는 것은 아니다. 우리가 지금 선택해야 할 것은 이제 위대한 '인간'이라는 것을 내려놓는 것이다. 그리고 모든 것이 얽혀 있으며, 우리의 존재는 이 얽힘에서 비롯된 순간의 현상이라는 것을 알아야 한다. 이 현상이 얼마나 지속될지는 알 수 없다. 다만 지금 확실한 것은 이 현상이 그리 오래 지속되지는 않을 것 같다는 사실이다. 이것이 우리의 운명일 수도 있지만, 우리는 운명을 거스를 수도 있다.

이미 생태계는 폐허로 변하고 있으며, 인공지능은 인간을 대체하고 인간의 사유마저 대체하며 생각과 성찰의 폐허를 만들고 있다. 물론 이 폐허는 단순한 파괴가 아니다. 이것은 우리가 이해하지 못한 것들에 대한 대가이자 우리가 쌓아 올린 구조물이 허상이라는 것을 깨닫게 함과 동시에, 인간이라는 위대한 사유가 허상이었으며 독립적인 개인과 자유 그리고 인간을 중심으로 하는 정치와 윤리가 허상이라는 것을 깨닫게 하는 것이다. 우리는 자연을 정복하는 것이 문명의 본질이라고 믿었다. 우리는 강을 막고, 숲을 베어 내고, 산을 깎아 길을 냈다. 우리는 바다 위에 제국을 세우고, 하늘을 가르며 날아올랐다. 그 모든 순간, 우리는 스스로 자연을 초월한 존재라 착각했다. 하지만 이제 그것이 얼마나 덧없는 생각인지 알아 가고 있다. 우리는 단 한 순간도 자연을 지배한 적이 없다.

그리고 우리는 기술과 인공지능, 알고리즘을 도구라 불렀다. 우리는 그것을 통제할 수 있고 우리의 삶을 위해 우리가 만든 종속적인 도구라 생각했다. 그리고 이러한 생각은 지금도 흔들리지 않고 있다. 하지만 실상은 그 반대이다. 우리가 기술을 만들었다고 믿었지만, 정작 기술이 우리를 만들었다. 기술과의 관계와 얽힘이 우리를 만든 것이다. 불을 이용한 순간부터, 문자와 숫자를 기록한 순간부터, 기계를 돌리고 전기를 흐르게 한 순간부터, 우리는 기술과 함께 변해 왔다. 인쇄술이 우리의 사유 방식을 바꾸었고, 디지털 네트워크가 우리의 관계를 재구성했으며, 인공지능이 우리의 감각을 대체하고 이제 우리는 사유를 버리려 하고 있다. 기술이 우리를 해방시켰다 믿었지만, 정작 그것은 우리를 더 깊은 틀 속에 가두었다. 이제 아무도 그것으로부터 벗어날 수 없다. 알고리즘이 우리의 욕망을 조작하고 있으며, 네트워크가 우리의 사고를 프레임 속에 가두고 있다. 기술과 인공지능의 얽힘을 무시하고 그것들을 단순한 도구로 취급하는 순간, 구속은 더욱 강해질 것이다.

알고리즘과 얽힘을 외면하고 모든 선택이 자신의 자율적인 판단이라고 믿는 순간, 자유민이라고 착각하는 노예가 될 수밖에 없다. 지금 우리는 스스로가 만든 것에 의해 길들여지고 있으며, 아무도 느끼지 못하고 있지만 인간이라는 존재는 점점 더 흐려지고 있다. 우리는 결국, 자연과 기술과 얽혀 있는 존재였을 뿐이다.

자연과 기술의 얽힘

우리는 언제부터 자연을 정복할 수 있다고 믿기 시작했을까? 아마도 그것은 불을 손에 쥔 순간부터였을 것이다. 인간은 불을 이용해 밤을 낮처럼 밝히고, 짐승을 쫓아내고, 추위를 몰아냈다. 우리는 이를 '문명의 시작'이라 불렀지만, 인간만의 역사가 새롭게 시작된 것이 아니었다. 그것은 인간과 자연의 새로운 관계가 시작된 순간일 뿐이었다. 관계가 잠시 변화한 것이지 우리만의 새로운 역사가 시작된 것이 아니었던 것이다. 하지만 우리는 환상으로 들어갔다. 불은 자연의 일부였고, 우리는 불을 길들였다고 생각했지만, 사실은 불이 우리의 삶을 변형시키고 있었다. 우리는 자연을 개조한다고 믿었지만, 실은 자연이 우리를 통해 스스로를 변화시키고 있었다.

기술도 마찬가지이다. 우리가 기술을 발전시켰지만, 기술을 정복한 적은 단 한 번도 없었다. 단지 기술과 관계하며 서로를 변화시키고 있을 뿐이다. 우리는 도구를 만들었고, 도구는 우리를 변화시켰다. 손에 쥐기 쉬운 도끼는 우리의 손가락을 강하고 섬세하게 만들었으며, 활과 화살은 우리의 시력을 더욱 예리하게 만들었다. 수천 년 동안 기술은 인간의 생물학적 형태를 바꾸어 놓았으며, 우리의 사고방식까지도 재편해 왔다. 하지만 우리는 기술을 단순한 도구로만 보았다. 산업혁명 이후, 우리는 기계를 통해 무엇이든 할 수 있을 것이라 믿었고, 그 도구를 활용하여 우리의 상상을 현실로 만들 수 있을 것 같았다. 그러나 이제 그 상상마저 기술에 의존하는 세상이 되었고, 우리는 기술에 종속되고 있다. 기술은 발전했지만, 그 발전은 인간의 삶을 더 풍요롭게 만드는 것이 아니라 점점 더 많은 문제를 만들어 내고 있었다.

이제 우리는 다시 물어야 한다. 기술이 우리를 발전시킨 것인지 아니면 우리가 기술에 의해 조종당한 것인지를 말이다. 우리는 오랫동안 기술을 인간만의 산물로 여겼지만, 실은 그것은 자연의 일부였다. 자연과 기술은 본질적으로 연결되어 있었고, 그것을 분리하려는 인간의 시도는 결국 실패할 수밖에 없었다. 그리고 기술은 결코 인간의 독립적 창조물이 아니다. 기술은 인간과 자연이 서로 얽히며 만들어 낸 하나의 현상이다. 기술은 우리의 몸과 정신을 재구성하고 우리가 사유하는 방식조차 변화시켰다. 그렇다면 이제 우리는 무엇을 해야 하는가?

기술과 자연을 분리하려는 오랜 믿음을 버리고 그것들이 본질적으로 연결되어 있음을 인정해야 한다. 자연과 기술이 대립하는 것이 아니라 함께 변화하며 새로운 질서를 형성하고 있음을 이해해야 한다. 이미 인공지능으로 상징되는 기술은 사회의 모든 영역을 잠식하고 있다. 그리고 그것이 만들어 내는 미래를 우리는 알 수 없다. 다만 징후들이 나타날 뿐이다. 알고리즘은 우리의 생각을 잠식하며 우리의 행동을 바꾸고, 우리의 사회와 정치를 바꾸고 있다. 2021년 1월 미국 국회의사당 점거 폭동 사건과 2025년 1월 한국의 법원 점거 폭동 사건은 유튜브 알고리즘이 만들어 내는 정치 및 사회에 관한 하나의 징후이다. 이러한 상황에서 우리는 현실을 보지 못하고 아직도 '인간'적 가치에 기대어, '무지한 인간'과 그렇지 않은 인간으로 구분하고 '자율적 인간'이라는 가치로 이 문제를 해결하려고 하고 있다. 거대한 자본과 가공할 효율성으로 작동하는 인공지능 산업의 발전 앞에서 '자율적 인간'이라는 허울뿐인 방패 하나를 들고 거대한 미래에 맞서고 있는 것이다. 우리는 아직 깨달음에 도달하지 못했다.

하지만 아직 도달하지 못했을 뿐이다. 우리는 그곳으로 나아가고 있다. 현대 철학은 조금씩 인간 중심주의를 벗어나려고 하고 있고 '얽힘' 개념을 받아들이고 있다. 그리고 생태계와 인공지능, 기술을 새로운 행위자로 인식하기 시작했다. 희망이 없는 것은 아니다. 문제는 시간일 뿐이다. 이러한 자각이 너무 늦지는 않았는지, 그것이 문제일 뿐이다.

긴 밤의 끝, 희미한 새벽

우리는 지금 선택의 기로에 서 있다. 그동안 우리는 한 방향으로만 달려왔다. 문명을 건설하고 문화를 발전시키며, 기술을 개발하고 자연을 이용하는 방식으로 살아왔다. 우리는 과학과 산업이 인간을 해방시킬 것이라고 믿었고, 경제 성장이 우리를 번영으로 이끌 것이라고 확신했다. 그러나 이제 그 길의 끝이 보인다. 지구는 더 이상 버틸 수 없고, 자원은 고갈되고 있으며, 사회는 점점 더 극단적으로 양극화되고 분열되어 있다. 누구도 자신의 생각을 바꾸려 하지 않고 서로를 증오할 뿐이다. 기후는 돌이킬 수 없는 지경에 이르렀고, 디지털 기술의 발전은 인간의 자유를 확장시키기는커녕 점점 더 옭아매고 있다. 우리가 세상의 중심인 것 같았지만 우리는 세상의 균형을 무너뜨린 존재가 되어 버렸다.

우리는 이 모든 문제를 해결하기 위해 더 많은 기술을 개발하고, 더 강력한 시스템을 구축하면 된다고 믿었다. 하지만 그것이 해결책이 아니라 문제의 본질임을 이젠 알고 있다. 기술은 우리를 구원하지 않을 것이며, 자연은 우리가 지배할 수 있는 대상이 아니다. 따라서 우리가 선택해야 할 것은 '얽힘'의 세계관이다. 우리는 자연 속에서 살아가는 존재이며, 기술 속에서 변형되는 존재들이다. 이것을 받아들일 때, 우리는 비로소 새로운 가능성을 발견할 수 있다.

물론 이러한 전환이 결코 쉽지는 않을 것이다. 우리는 오랫동안 인간 중심의 사고에 익숙해져 있었고, '휴머니즘'을 지켜야 할 소중한 가치로 생각하고 있었다. 이제 그 모든 사고방식을 버리고 새로운 관계를 배우는 것이 필요하다. 이것은 단순한 기술의 발전이 아니라 철학적 전환이다. 우리는 스스로를 자연의 일부로 다시 정의해야 하며, 기술과 공존하는 방식으로 살아가야 한다. 이것이 유일한 희망이다.

근대의 밤은 길었다. 근대의 그늘에서 우리는 너무 오랫동안 어둠 속에서 살아왔다. 지배와 정복, 통제와 착취의 세계에서 우리는 더 이상 세상의 주인이 아니다. 이제 우리는 새로운 세계를 찾아야 한다. 아직은 모두 끝난 것이 아니다. 물론 우리가 기댈 것은 '아직'이라는 단어뿐이지만, 우리는 아직 사유할 수 있고 선택할 수 있다. 새벽은 오고 있다. 하지만 그 빛은 희미하다. 그것이 희망인지 아니면 또 다른 어둠의 전주곡인지는 알 수 없다. 분명한 것은 우리가 과거로 돌아갈 수는 없다는 사실이다. 우리는 지금까지와는 다른 방식으로 살아가야 한다. 그리고 선택하고 질문해야 한다. 어떻게 살 것이며 어떻게 공존할 것인가? 새벽이 오지만, 또 다른 혼돈의 시작일 수도 있다. 그러나 우리는 '아직' 이 순간에도 사유하고 있다. '아직' 우리는 생각하고 있으며 생각할 수 있다.

참고문헌

Badiou, A.(1988). *L'Etre et L'evenement*. Seuil[조형준 옮김(2013). 『존재와 사건: 사랑과 예술과 과학과 정치 속에서』. 새물결].

Barad, K.(2007). *Meeting the Universe Halfway: Quantum Physics and the Entanglement of Matter and Meaning*. Duke University Press.

____(2014). "Diffracting Diffraction: Cutting Together-Apart". *Parallax* 20(3).

Barry, J.(1999). *Rethinking green politics: Nature, Virtue and Progress*. SAGE Publications Ltd.

____(2008). "Towards a Green Republicanism: Constitutionalism, Political Economy, and the Green State". *The Good Society* 17(2).

____(2012). *The Politics of Actually Existing Unsustainability: Human Flourishing in a Climate-Changed, Carbon-Constrained World*. Oxford University Press.

____(2019). "Green Republicanism and a 'Just Transition' from the Tyranny of Economic Growth". *Critical Review of International Social and Political Philosophy* 24(5).

Bateson, G.(2000). *Steps to an Ecology of Mind: Collected Essays in Anthropology, Psychiatry, Evolution, and Epistemology*. The University of Chicago Press[박대식 옮김(2006). 『마음의 생태학』. 책세상].

Benkler, Y.(2007). *The Wealth of Networks: How Social Production Transforms Markets and Freedom*. Yale University Press[최은창 옮김(2015). 『네트워크의 부 – 사회적 생산은 시장과 자유를 어떻게 바꾸는가』. 커뮤니케이션북스].

Bennett, J.(2010). *Vibrant Matter: A Political Ecology of Things*. Duke University Press[문성재 옮김(2020). 『생동하는 물질』. 현실문화].

Berlin, I.(1969). *Four Essays on Liberty*. Oxford University Press.

Birkinbine, B.(2020). *Incorporating the Digital Commons: Corporate Involvement in Free and Open Source Software*. University of Westminster Press.

Bohman, J.(2010). *Democracy across Borders: From Demos to Demoi*. MIT Press.

Braidotti, R.(1994). *Nomadic Subjects: Embodiment and Sexual Difference in Contemporary Feminist Theory*. Columbia University Press.

____(2013). *The Posthuman*. Polity Press[이경란 옮김(2015). 『포스트휴먼』. 아카넷].

____(2019). *Posthuman Knowledge*. Polity Press[김재희 · 송은주 옮김(2022). 『포스트휴먼 지식 – 비판적 포스트인문학을 위하여』. 아카넷].

____(2021). *Posthuman Feminism*. Polity Press[윤조원 · 이현재 · 박미선 옮김(2024). 『포스트휴먼 페미니즘』. 아카넷.

Bratton, B.(2021). *The Revenge of the Real: Politics for a Post-Pandemic World*. Verso Books.

Cannavò, P. F.(2012). "Ecological Citizenship, Time, and Corruption: Aldo Leopold's Green Republicanism". *Environmental Politics* 21(6).

Capra, F. & Luisi, P. L.(2014). *The Systems View of Life: A Unifying Vision*. Cambridge University Press.

Chakrabarty, D.(2009). "The Climate of History: Four Theses". *Critical Inquiry* 35(2).

Chandler, D.(2018). *Ontopolitics in the Anthropocene An Introduction to Mapping, Sensing and Hacking*. Routledge.

Cicero.(1928). *De re Publica, de Legibus*. Harvard University Press.

Clark, A. & Chalmers, D. J.(1998). "The Extended Mind". *Analysis* 58(1).

Cohen, C. J.(1997). "Punks, Bulldaggers, and Welfare Queens: The Radical Potential of Queer Politics?". *GLQ* 3(4).

Colebrook, C.(2015). *Sex after Life: Essays on Extinction*(vol. 2). Open Humanities Press.

Colleen T.(2023). "New Materialisms". *The Year's Work in Critical and Cultural Theory* 31(1).

Connolly, W. E.(2013). "The 'New Materialism' and the Fragility of Things". *Millennium* 41(3).

____(2013). *The Fragility of Things: Self-Organizing Processes, Neoliberal Fantasies, and Democratic Activism*. Duke University Press.

____(2017). *Facing the Planetary: Entangled Humanism and the Politics of Swarming*. Duke University Press.

Coole, D. & Frost, S.(eds.)(2010). *New Materialisms: Ontology, Agency, and Politics*. Duke University Press[박준영 · 김종갑 옮김(2023). 『신유물론 패러다임 — 존재론, 행위자 그리고 정치학』. 그린비].

Couldry, N. & Mejias, U. A.(2018). "Data Colonialism: Rethinking Big Data's Relation to the Contemporary Subject". *Television & New Media* 20(4).

____(2019). *The Costs of Connection: How Data is Colonizing Human Life and Appropriating It for Capitalism*. Stanford University Press.

Crasnow, S. & Intemann, K.(eds.)(2020). *The Routledge Handbook of Feminist Philosophy of Science*(1st ed.). Routledge.

Dagger, R.(1997). *Civic Virtues: Rights, Citizenship, and Republican Liberalism*. Oxford University Press.

DeLanda, M.(2006). *A New Philosophy of Society: Assemblage Theory and Social Complexity*. Continuum.

Deleuze, G.(1968). *Diffe'rence et Re'pe'tition*. PUF[김상환 옮김(2004).『차이와 반복』. 민음사].

____(1985). "Nomad Thought". In (ed. & intro) David B. Allison. *The New Nietzsche: Contemporary Styles of Interpretation*. MIT Press.

Deleuze, G. & Guattari, F.(1980). *Mille Plateaux. Capitalisme et Schizophrénie*. Editions de Minuit[김재인 옮김(2001).『천 개의 고원 — 자본주의와 분열증』. 새물결].

Derrida, J.(1982). *Margins of Philosophy*. The University of Chicago Press.

Dobson, A.(2003). *Citizenship and the Environment*. Oxford University Press.

Dolphijn, R. & van der Tuin, I.(2013). *New Materialism: Interviews & Cartographies*. Open Humanities Press[박준영 옮김(2021).『신유물론 — 인터뷰와 지도제작』. 교유서가].

Doudna, J. A. & Sternberg, S. H.(2017). *A Crack in Creation: Gene Editing and the Unthinkable Power to Control Evolution*. Houghton Mifflin Harcourt[김보은 옮김(2018).『크리스퍼가 온다 — 진화를 지배하는 놀라운 힘, 크리스퍼 유전자가위』. 프시케의숲].

Dubber, M. D., Pasquale, F. & Das, Sunit(eds.)(2020). *The Oxford Handbook of Ethics of AI*. Oxford University Press.

Eckersley, R.(2004). *The Green State: Rethinking Democracy and Sovereignty*. MIT Press.

Esfeld, M.(2004). "Quantum Entanglement and a Metaphysics of Relations". *Studies in History and Philosophy of Science Part B: Studies in History and Philosophy of Modern Physics* 35(4).

Fishkin, J. S.(2018). *Democracy When the People Are Thinking: Revitalizing Our Politics Through Public Deliberation*. Oxford University Press.

Foucault, M.(1994). *The Order of Things: An Archaeology of the Human Sciences*. Vintage Books.

Freud, S.(1990). *The Ego and the Id*(The standard edition of the complete psychological works of Sigmund Freud). W. W. Norton & Company.

Frey, C. & Osborne, M.(2017). "The Future of Employment: How Susceptible Are Jobs to Computerization?". *Technological Forecasting & Social Change* 114.

Fuchs, C.(2021). *Social Media: A Critical Introduction*. Sage.

Gamble, C. N., Hanan, J. S. & Nail, T.(2019). "What is New Materialism?". *Angelaki* 24(6).

Gillespie, T.(2018). *Custodians of the Internet: Platforms, Content Moderation, and the*

Hidden Decisions That Shape Social Media. Yale University Press.

Gosseries, Axel & Meyer, Lukas H.(eds.)(2009). *Intergenerational Justice*. Oxford University Press.

Haraway, D.(1988). "Situated Knowledges: The Science Question in Feminism and the Privilege of Partial Perspective". *Feminist Studies* 14(3).

____(2007). *When Species Meet*. Minnesota University Press[최유미 역(2022).『종과 종이 만날 때 — 복수종들의 정치』. 갈무리].

____(2016a). *Staying with the Trouble: Making Kin in the Chthulucene*. Duke University Press[최유미 옮김(2021).『트러블과 함께하기』. 마농지].

____(2016b). "A Cyborg Manifesto: Science, Technology, and Socialist-Feminism in the Late Twentieth Century". *Manifestly Haraway*(Minneapolis, MN. 2016; online edn. Minnesota Scholarship Online. 19 Jan. 2017)[황희선 옮김(2019).『해러웨이 선언문 — 인간과 동물과 사이보그에 관한 전복적 사유』. 책세상].

Harle, J., Abdilla, A. & Newman, A.(eds.)(2018). *Decolonising the Digital: Technology as Cultural Practice*. Tactical Space La.

Harman, G.(2018). *Object-Oriented Ontology: A New Theory of Everything*. Pelican Books.

Hayles, N. K.(1999). *How We Became Posthuman: Virtual Bodies in Cybernetics, Literature, and Informatics*. The University of Chicago Press[허진 옮김(2013).『우리는 어떻게 포스트휴먼이 되었는가』. 열린책들].

____(2012). *How We Think: Digital Media and Contemporary Technogenesis*. The University of Chicago Press.

____(2017). *Unthought: the Power of the Cognitive Nonconscious*. The University of Chicago Press.

Honohan, I.(2002). *Civic Republicanism*. Routledge.

Humphrey, M.(2007). *Ecological Politics and Democratic Theory: The Challenge to the Deliberative Ideal*. Routledge.

Ingold, T.(2011). *Being Alive: Essays on Movement, Knowledge and Description*. Routledge.

Kass, L.(2002). *Life, Liberty, and the Defense of Dignity: the Challenge for Bioethics*. Encounter Books.

Kauffman, C. M. & Martin, P. L.(2021). *The Politics of Rights of Nature: Strategies for Building a More Sustainable Future*. MIT Press.

Koons, R. C. & Pickavance, T.(2015). *Metaphysics: The Fundamentals*. Wiley-Blackwell.

Ladyman, J. Don Ross, David Spurrett & John Collier.(2007) *Every Thing Must Go:*

Metaphysics Naturalized. Oxford University Press.

Latour, B.(1993). *We Have Never Been Modern*. Harvard University Press[홍철기(2009). 『우리는 결코 근대인이었던 적이 없다』. 갈무리].

____(2004). *Politics of Nature: How to Bring the Sciences into Democracy*. Harvard University Press.

____(2005). *Reassembling the Social: An Introduction to the Actor-Network Theory*. Oxford University Press.

____(2017). "Why Gaia is not a God of Totality". *Theory, Culture & Society* 34(2-3).

____(2018a). *Down to earth: Politics in the new climatic regime*. Polity Press.

____(2018b). "Outline of a Parliament of Things". *Ecologie & Politique* 56(1).

Latour B. & Schultz N.(2022). *Mémo sur la nouvelle classe écologique: Comment faire émerger une classe écologique consciente et fière d'elle-meme*. Empêcheurs de penser rond[이규현 외 옮김(2022). 『녹색 계급의 출현 ─ 스스로를 의식하고 자랑스러워하는』. 이음].

Leopold, A.(1949). *A Sand County Almanac, and Sketches Here and There*. Oxford University Press[송명규 옮김(2024). 『모래군의 열두 달 ─ 그리고 이곳 저곳의 스케치』(한국어판 24주년 기념 재개정판). 정한책방].

Lewis, P. A.(2002). "Agency, Structure and Causality in Political Science: A Comment on Sibeon". *Politics* 22(1).

Lewis, P. J.(2016). *Quantum Ontology: A Guide to the Metaphysics of Quantum Mechanics*. Oxford University Press.

Linebaugh, P.(2008). *The Magna Carta Manifesto: Liberties and Commons for All*(1st ed.). University of California Press[정남영 옮김(2012). 『마그나카르타 선언 ─ 모두를 위한 자유권들과 커먼즈』. 갈무리].

McCormick, J. P.(2012). *Machiavellian Democracy*. Cambridge University Press.

Meckstroth, C.(2015). *The Struggle for Democracy: Paradoxes of Progress and the Politics of Change*. Oxford University Press.

Meyer, J. M.(2015). *Engaging the Everyday: Environmental Social Criticism and the Resonance Dilemma*. MIT Press.

Naess, A.(1973). "The Shallow and the Deep, Long-Range Ecology Movement: A Summary". *Inquiry* 16(1-4).

Ney, A.(2023). *Metaphysics: An Introduction*. Routledge.

O'neil C.(2016). *Weapons of Math Destruction : How Big Data Increases Inequality and Threatens Democracy*. Penguin Books Ltd[김정혜 옮김(2017). 『대량살상 수학무기 ─ 어떻게 빅데이터는 불평등을 확산하고 민주주의를 위협하는가』. 흐름

출판].

Ostrom, E.(2010). "Polycentric Systems for Coping with Collective Action and Global Environmental Change". *Global Environmental Change* 20(4).

Parfit, Derek(1984). *Reasons and Persons*. Oxford University Press.

Pasquale, F.(2015). *The Black Box Society: The Secret Algorithms That Control Money and Information*. Harvard University Press[이시은 옮김(2016). 『블랙박스 사회 — 당신의 모든 것이 수집되고 있다』. 안티고네].

Peters, M. A., Jandrić, P. & Hayes, S.(eds.)(2022). *Bioinformational Philosophy and Postdigital Knowledge Ecologies*. Springer.

Pettit, P.(1997). *Republicanism: A Theory of Freedom and Government*. Oxford University Press.

Plumwood, V.(1993). *Feminism and the Mastery of Nature*. Routledge.

Pocock, J. G. A.(1975). "Prophet and Inquisitor: Or, a Church Built upon Bayonets Cannot Stand: A Comment on Mansfield's 'Strauss's Machiavelli'". *Political Theory* 3 (4).

____(2016). *The Machiavellian Moment: Florentine Political Thought and the Atlantic Republican Tradition*. Princeton University Press.

Povinelli, E. A.(2021). *Between Gaia and Ground: Four Axioms of Existence and the Ancestral Catastrophe of Late Liberalism*. Duke University Press.

Rawls, J.(1971). *A Theory of Justice*. Harvard University Press(revised ed., 1999)[황경식 옮김(2003). 『정의론』. 이학사].

Regan, T.(2004). *The Case for Animal Rights*. Univ of California Press[김성한 · 최훈 옮김(2023). 『동물권 옹호』. 아카넷].

Rousseau, J. J.(2019). *The Social Contract and Other Later Political Writings* (V. Gourevitch, trans.). Cambridge University Press. (original work published 1762).

Santos, B. D. S.(2014). *Epistemologies of the South: Justice Against Epistemicide* (1st ed.). Routledge[안태환 · 양은미 · 박경은 옮김(2025). 『남의 인식론 — 인식론 살해에 맞서는 정의』. 알렙].

Scerri, A.(2023). "Green Republicanism and the 'Crises of Democracy'". *Environmental Politics* 33(3).

Schattle, H.(2009). "Global Citizenship in Theory and Practice". In *Handbook of Practice and the Quest for Global Citizenship*. Taylor and Francis.

Schlosberg, D. & Coles, R.(2016). "The new environmentalism of everyday life: Sustainability, material flows and movements". *Contemp Polit Theory* 15.

Schofield, M.(1995). Cicero's Definition of Res Publica. In J. G. F. Powell(ed.). *Cicero the Philosopher: Twelve Papers*. Clarendon Press.

Schuppert, F.(2015). "Non-domination, Non-alienation and Social Equality: Towards a Republican Understanding of Equality". *Critical Review of International Social and Political Philosophy* 18(4).

Simondon, G.(2020). *Individuation in Light of Notions of Form and Information*. University of Minnesota Press.

Singer, P.(ed.)(1977). *Animal Liberation*. Avon Books(revised ed., 2023)[김성한 옮김 (2024). 『우리 시대의 동물 해방』. 연암서가].

Skinner Q.(1998). *Liberty before Liberalism*. Cambridge University Press[조승래 옮김 (2007). 『퀜틴 스키너의 자유주의 이전의 자유』. 푸른역사].

____(2008). *Hobbes and Republican Liberty*. Cambridge University Press.

Stengers, I.(2010). *Cosmopolitics I*. University of Minnesota Press.

____(2015). *In Catastrophic Times: Resisting the Coming Barbarism*. Open Humanities Press.

Taylor, C.(1989). *Sources of the Self: The Making of the Modern Identity*. Harvard University Press[권기돈·하주영 옮김(2015). 『자아의 원천들 – 현대적 정체성의 형성』. 새물결].

Tononi G.(2004). "An Information Integration Theory of Consciousness". *BMC Neurosci* 5(42).

Tsing, A. L.(2021). *The Mushroom at the End of the World: On the Possibility of Life in Capitalist Ruins*. Princeton University Press[노고운 옮김(2023). 『세계 끝의 버섯 – 자본주의의 폐허에서 삶의 가능성에 대하여』. 현실문화].

Webb, S. A.(2021). "Why Agential Realism Matters to Social Work". *The British Journal of Social Work* 51(8).

Wenman, M.(2013). *Agonistic Democracy: Constituent Power in the Era of Globalisation*. Cambridge University Press.

Whitehead, A. N.(1979). *Process and Reality: An Essay in Cosmology*. The Free Press[오영환 옮김(2003). 『과정과 실재 – 유기체적 세계관의 구상』. 민음사].

Wiener, N.(1965). *Cybernetics: Or Control and Communication in the Animal and the Machine*. MIT Press(second ed.)[김재영 옮김(2023). 『사이버네틱스 – 동물과 기계의 제어와 커뮤니케이션』. 읻다].

Wilson, E. O.(2016). *Half-Earth: Our Planet's Fight for Life*. Liveright[이한음 옮김 (2017). 『지구의 절반 – 생명의 터전을 지키기 위한 제안』. 사이언스북스].

Wolfe, C.(2010). *What is Posthumanism?*. University of Minnesota Press.

Wüthrich, C.(2021). "One Time, Two Times, or No Time?". In Alessandra Campo &

Simone Gozzano. *Einstein Vs. Bergson: An Enduring Quarrel on Time*. De Gruyter.
Young, I. M.(2006). "Responsibility and Global Justice: A Social Connection Model". *Social Philosophy and Policy* 23(1).
Zuboff, S.(2019). *The age of surveillance capitalism: The fight for a human future at the new frontier of power*. Public Affairs.

김형주, 이찬규(2019). 「포스트휴머니즘의 저편 – 인공지능인문학 개념 정립을 위한 시론」. 『철학탐구』 53.
김환석(2020). 「사회과학과 신유물론 패러다임: 사회학 분야를 중심으로」. 『안과 밖』 48호.
____(2022). 「기후위기, 문명의 전환과 생태계급: 신유물론 관점」. 『경제와 사회』 136.
김환석 외(2020). 『21세기 사상의 최전선』. 이성과 감성.
김효정(2023). 「기후위기의 페미니즘 정치학과 생태시민되기」. 『문화연구(Cultural Studies)』 11(2).
니체, 프리드리히. 정동호 옮김(2002). 『차라투스트라는 이렇게 말했다』. 책세상.
라이프니츠. 윤선구 옮김(2010). 『형이상학 논고』. 아카넷.
문규민(2022). 『신유물론 입문』. 두번째테제.
____(2023). 『제인 베넷』. 커뮤니케이션북스.
바라드, 캐런(1999). 박미선 옮김(2009). 「행위적 실재론: 과학실천 이해에 대한 여성주의적 개입」. 『문화과학』 제57권.
박성진(2022). 「포스트휴먼과 포스트데모스: 전환기 정치적 주체와 권리」. 『인문과 예술』 12.
박성진, 김현주, 윤비, 김동일(2017). 「포스트데모스(Postdemos) – 새로운 정치적 주체의 가능성」. 『철학논총』 90(4).
박신현(2020). 「행위적 실재론으로 본 울프의 포스트휴머니즘 미학: 『파도』와 『올랜도』」. 『제임스조이스저널』 26(1).
박신현 외(2022). 『신유물론』. 필로소픽.
____(2023). 『캐런 바라드』. 커뮤니케이션북스.
박준영(2023). 『신유물론 물질의 존재론과 정치학』. 그린비.
백종현(2015). 「인간 개념의 혼란과 포스트휴머니즘 문제」. 『철학사상』 58.
브뤼노 라투르. 박범순 옮김(2021). 『지구와 충돌하지 않고 착륙하는 방법』. 이음.
_____, 황장진 옮김(2023). 『존재양식의 탐구』. 사월의책.
_____, 이세진 옮김(2025). 『브뤼노 라투르 마지막 대화』. 복복서가.
신상규(2023). 「플로리디의 정보철학과 포스트휴머니즘」. 『탈경계인문학 Trans-

Humanities』 16(1).
신승환(2020).『포스트휴머니즘의 유래와 도래』. 서강대학교출판부.
아리스토텔레스. 김진성 옮김(2022).『아리스토텔레스의 형이상학』. 서광사.
알랭 바디우. 박정태 옮김(2018).『일시적 존재론』. 이학사.
윌리엄 셰익스피어. 신상웅 옮김(2019).『셰익스피어 전집』. 동서문화사.
＿＿＿. 이경식 옮김(2024).『템페스트』. 문학동네.
이경란(2017).『로지 브라이도티, 포스트휴먼』. 커뮤니케이션북스.
＿＿＿(2019).「로지 브라이도티의 포스트휴먼: 포스트휴먼 주체와 비판적 포스트휴머니즘을 향하여」.『탈경계인문학 Trans-Humanities』 12(2).
이종관(2017).『포스트휴먼이 온다』. 사월의책.
이준석(2022).「신유물론의 새로운 개념들: 행위자-네트워크 이론과 객체지향존재론으로 보는 과학기술적 인공물의 구성방식 분류」.『사회와 이론』 42.
이중원(2020).『인공지능과 포스트휴머니즘』. 이학사.
이지영(2017).「포스트휴머니즘과 과학기술 윤리의 문제-스피노자를 중심으로」.『한민족문화연구』 59.
이지영 외(2023).『현대철학 매뉴얼』. 그린비.
이화인문과학원(2013).『인간과 포스트휴머니즘』. 이화여자대학교출판부.
진태원(2023).「인류세, 신유물론, 스피노자」.『코기토 Cogito』 100호.
토마스 렘케. 김효진 옮김(2024).『사물의 통치』. 갈무리.
프란체스카 페란도. 이지선 옮김(2021).『철학적 포스트휴머니즘』. 아카넷.
홍찬숙(2024).「아도르노의 부정변증법과 벡의 위험사회 사회학」.『사회와 이론』 47.